아주 작은
대화의 기술

How to Talk to Anyone

: 92 Little Tricks for Big Success in Relationships by Leil Lowndes

Copyright © 2003 by Leil Lowndes
All rights reserved.

This Korean edition was published by Hyundae-Jisung Publishing Co., Ltd. in 2024 by arrangement with Leil Lowndes c/o Jill Grinberg Literary Management, LLC through KCC(Korea Copyright Center Inc.), Seoul.

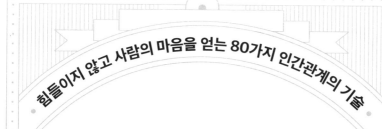

힘들이지 않고 사람의 마음을 얻는 80가지 인간관계의 기술

아주 작은
대화의 기술

레일 라운즈 지음 | 정지현 옮김

HOW TO TALK TO ANYONE

현대
지성

"이 책은 데일 카네기의 『인간관계론』 실전편이다!"

인간관계의 기본 재료는 말이고, 그 통로는 대화이다. 『아주 작은 대화의 기술』은 말과 대화라는 구체적인 도구를 활용하여 바람직한 관계 맺기의 방법을 친절히 설명한다. 저자는 마치 한국 독자들만을 위해 책을 쓴 것처럼 우리의 정서와 상황에 맞는 생생한 사례를 들어 설명하고 있다. 또한 제목 그대로 이 책은 누구나 일상에서 바로 활용할 수 있는 실용적인 대화의 기술로 가득하다.

이 책에서 소개하는 80가지 방법 그 어느 것 하나 버릴 게 없다. 하나하나 모두 밑줄을 긋고 별표를 치며 읽었다. 빈말이 아니다. 인간관계와 관련한 거의 모든 문제를 총망라하고 있다. 어쩌면 이렇게 평소 어려움을 느끼고 궁금했던 곳 구석구석을 시원하게 긁어주는지, 다 읽고 나면 통쾌 상쾌 개운해진다. 읽어보면 내 말이 과장이 아님을 알 수 있다.

나는 감히 이 책을 데일 카네기의 『인간관계론』 실전편이라고 말하고 싶다. 『인간관계론』은 인간관계의 원리가 동서고금을 막론하고 보편적이라는 통찰을 제공했지만, 구체적이고 실용적인 방법을 적용하기엔 다소 미흡했다. 하지만 『아주 작은 대화의 기술』은 이러한 아쉬움을 단숨에 해소해준다.

지금도 인간관계로 인해 고민하는 분이라면, 그리고 데일 카네기의 『인간관계론』에서 깊은 영감을 얻은 분이라면 이 책을 통해 일상에서 누구나 당장 써먹을 수 있는 통찰을 얻게 될 것이다.

강원국
『강원국의 인생 공부』, 『대통령의 글쓰기』 저자

작은 습관, 큰 변화!
대화 고수의 비밀노트를 훔쳐보다

대화에 관한 책을 여러 권 썼지만, 늘 쉽지 않다. 말 하나 잘못해서 관계가 엉망이 되기도 한다. 표정 하나 소홀히 하다가 관계가 서먹해지기도 한다. 직장, 모임, 심지어 집에서도 그렇다. 시간이 갈수록 누군가와 간단한 대화를 나누는 것조차 조심스러워진다. 친분 있는 사람과 잠깐 만나 일상적인 이야기를 나누고 헤어져도 아쉬운 부분이 먼저 생각나는 것은 나만의 경험은 아닐 것이다.

이 책『아주 작은 대화의 기술』은 인간관계가 두려운 이들에게 간결하면서도 강력한 솔루션을 제시한다. 대화에 대해 수없이 고민했다고 자부하는 나에게도 작고 소박하면서도 강력한 팁들을 아낌없이 알려주고 있어 놀라웠다. 즉시 활용할 수 있는 대화의 기술들이 풍부해서 유익했다.

예를 들어, "#1. 얼굴 전체에 천천히 번지는 미소"는 내가 그동안 가졌던 생각을 바로잡아 주었다. "인사할 때 미소를 곧바로 짓지 마라. 상대방의 얼굴을 잠시 보고, 얼굴 전체에 천천히 번지는 미소를 보여라. '잠깐 멈추었다가 피어나는 홍수 같은 미소'가 답이다." 이 솔루션을 보고 '아차'했다. 무작정의 미소가 최선이라 여겼던 나의 착각을 깨닫게 해주었다.

'이상한 사람'에게 원치 않는 질문을 받을 때 "#36. 원치 않는 질문에는 고장 난 라디오처럼 반복하라"를 참조하면 좋겠다. "누군가 원치 않는 질문을 계속 던진다면, 처음 한 대답을 그대로 한 글자도 틀리지 않게 반복하면 대부분 조용해진다." 속 시원한 솔루션이다.

세상에는 좋은 책이 많지만, 나는 특히 이런 책을 좋아한다. 쉽지만 나를 극적으로 변화시킬 수 있는 책, 그렇게 나를 성장시키는 책 말이다. 내가 사회생활을 시작할 때 이 책을 읽었더라면 어땠을까. 내 인생이 지금과는 다른 방향으로 흘러갔을지도 모른다. 인간관계에서 연금술사가 되었을 것이다. 상대방이 원하는 바를 알아내는 기쁨에 벅차고, 서로 편하게 대화를 나누며 함께 성장하는 즐거움이 가득했을 것이다.

김범준
비즈니스 커뮤니케이션 강연가, 《모든 관계는 말투에서 시작된다》 저자

목차

4부 사람을 얻는 기술

: 어디서든 당신을 돋보이게 하는 25가지

5부 1% 프로들의 소통 기술

: 성공의 8할은 여기 달렸다

인간관계 부자들은
오늘도 이 기술을 사용한다

주위를 둘러보면 남 부러울 것 없어 보이는 잘 나가는 사람들이 있다. 비즈니스 미팅에서 자신 있게 이야기를 나누거나, 어느 사교 모임을 가도 분위기를 주도한다. 놀랍게도 직업도 근사하고, 멋진 배우자에다가 친구들도 뛰어나다. 은행 계좌도 넉넉하고 잘나가는 부자 동네에 산다.

하지만 잠깐! 그들 대부분은 당신보다 똑똑하지 않다. 공부를 더 많이 하지도 않았다. 심지어 외모가 더 뛰어난 것도 아니다! 그렇다면 과연 그들의 성공 비결은 무엇일까? (금수저로 태어났거나 결혼을 잘 했다거나 단순히 운이 좋아서라고 여긴다면 더는 배울 것이 없을 것이다. 사실 그런 사람은 정말 소수다.) 결과적으로 그들은 사람들을 능숙하게 다룰 줄 안다. 그것이 이 책에서 말하려는 핵심 기술이다.

혼자만의 힘으로 정상에 오르는 사람은 없다. 기업이나 사회, 어느 분야에 있든지 '전부 다 가진' 사람들은 오랫동안 많은 이들의 마음을 사로잡았고 그들의 도움을 지렛대로 사용해 성공의 사다리를 차근차근 올랐다.

성공한 이들을 부러워하는 사람들은 사다리의 맨 아래에서 올려다보면서 구시렁거린다. 그들로부터 우정, 사랑, 사업 기회를 얻지 못하면 '배타적'이라고, '그들만의 세상'이라고 투덜거린다. '유리천장'에 부딪쳤다고 불평하기도 한다.

이 불평하는 소인배들은 자기의 잘못을 끝까지 깨닫지 못한다. 연애나 우정, 거래가 틀어진 것이 자신의 의사소통 기술에 문제가 있어서라는 사실을 영영 모를 것이다. 그저 사랑받고 잘나가는 사람들에게는 내가 모르는 우주의 기운이 따라다녀서 손대는 것마다 성공하는 것처럼 보인다.

그렇다면 그들의 비결은 무엇일까? 여러 가지가 있을 것이다. 우정을 돈독하게 하면서 후하게 대접하게 하는 경제력, 마음을 얻는 묘책, 모든 사람의 사랑을 얻는 말투 등등. 또한 그들에게는 좋은 회사에 들어가 승승장구하게 하는 특징, 고객을 단골로 만드는 매력, 경쟁업체가 아닌 그들에게 물건을 구매하게끔 하는 경쟁력이 있다. 사람에게는 누구나 그런 필살기 한두 개쯤은 갖고 있으며, 더 많이 가질수록 막강해 보이는 것은 사실이다. 그런 것을 많이 가진 사람들이 위대한 승자들이다.

이 책 『아주 작은 대화의 기술』에서 나는 그런 승자들이 매일 사용하는, 작지만 확실한 기술 80개를 알려주려고 한다. 이를 통해 당신도 인생이라는 게임을 완벽하게 자기 것으로 만들고, 원하는 것은 무엇이든 얻어낼 수 있을 것이다.

무의식의 신호: 의사소통에서 숨겨진 진실을 찾아서

오래전 대학 시절이었다. 연극과 교수는 내 연기에 화를 내며 소리쳤다. "아니, 아니지! 몸하고 대사랑 따로 놀고 있잖아. 모든 움직임, 모든 자세가 자네 생각을 드러내는 거야. 사람이 지을 수 있는 표정은 7,000가지야, 그 모든 표정이 네가 누구인지, 그 순간 무슨 생각을 하는지를 보여준단 말이야." 그다음에 그가 한 말을 나는 아직도 잊지 못한다. "그리고 몸! 네가 움직이는 방식은 움직이는 자서전이나 마찬가지야."

정말로 맞는 말이었다! 삶이라는 무대에서 당신의 모든 몸짓과 표정을 언뜻 보기만 해도 당신이 걸어온 인생 여정을 어느 정도 짐작할 수 있다. 개는 우리 귀가 감지할 수 없는 소리를 듣는다. 박쥐는 어둠 속에서 우리가 보지 못하는 형체를 알아본다. 그리고 인간은 무의식적으로 하는 행동을 통해 다른 사람을 끌어당기거나 멀리한다. 미소, 찡그림, 당신의 선택을 거쳐 입술에서 나오는 단어 하나하나가 당신의 성격과 가치관을 보여준다. 이러한 요소들을 잘 관리하면 상대방과의 관계를 개선하고 성공적인 삶을 살아갈 수 있다.

어떤 거래를 받아들이지 말아야 한다는 직감이 든 적이 있는가? 그런 직감이 든 이유를 논리적으로 설명하지 못할지도 모른다. 하지만 무의식적인 감정을 구성하는 요소들은 개의 귀나 박쥐의 눈처럼 매우 실제적으로 그런 부분을 가려낸다.

두 사람이 상호작용하는 상황에서 나오는 모든 신호를 복잡한 상자 안에 연결된 회로를 통해 기록한다고 가정해보자. 이때 초당 엄청난 양, 대략 1만 단위의 정보가 교환된다. 펜실베이니아 대학교의 의사소통 전문가는 이렇게 추정한다. "만약 두 사람이 한 시간 동안 상호작용하며 교환하는 정보를 분류하려면, 미국 성인의 절반이 평생을 그 일에 투자해야 할 것이다."[1]

이처럼 길지 않은 시간에 두 사람 사이에 엄청난 양의 미묘한 행동과 반응이 왔다 갔다 하는 것이 현실인데, 우리의 모든 의사소통을 명확하고 자신감 있고 카리스마 넘치게 하는 기술을 뚜렷하게 제시할 수 있을까?

나는 이에 대한 답을 찾기로 결심하고 커뮤니케이션 기술과 카리스마, 사람 간의 화학작용에 관한 책을 닥치는 대로 읽었다. 리더십과 신뢰를 형성하는 것이 무엇인지 알아보기 위해 전 세계의 수많은 연구를 파헤쳤다. 사회과학자들은 대담하게도 모든 수단을 동원해 그 공식을 찾고자 시도하기도 했다. 예를 들어, 낙관적인 중국의 연구자들은 그 공식에 '카리스마'가 들어가기를 바라며 피실험자들의 성격 유형과 소변의 카테콜아민 수치의 연관성을 조사하기까지 했다[2](당연하게도 그 논문은 보류되었다).

어디서나 사람의 마음을 사로잡는
의사소통의 기술 80가지

대부분의 연구는 1936년에 나온 고전, 데일 카네기의 『인간관계론』이 진실임을 확인해주고 있다.[3] 미소를 지으며 다른 사람들에게 관심을 보여주고, 그들의 자신감을 높여주는 것이 성공의 비결이라고 그는 지혜롭게 말했다. "아, 그럴 수 있겠다"라는 생각이 들었다. 수

십 년이 지난 지금도 그 말은 여전히 통한다.

데일 카네기를 비롯한 수많은 사람이 같은 조언을 했고, 그 유용함을 인정하는데도, 친구를 얻고 사람들에게 영향을 미치는 방법을 알려주는 또 다른 책이 지금 이 시대에 필요한 이유는 무엇일까? 그 이유는 크게 두 가지다.

첫 번째, 어떤 현자가 "로마에 가서는 로마법을 따라야 한다"라고 원론적인 이야기를 하지만 실상 중요한 로마법 원리에 대해서는 아무것도 가르쳐주지 않는다고 해보자. 데일 카네기를 비롯한 수많은 커뮤니케이션 전문가들은 그와 같다. 그들은 무엇을 해야 하는지만 알려주고 어떻게 해야 하는지에 대해서는 묵묵부답이다. "미소를 지어라"나 "진정성 있는 칭찬을 해라" 같은 말로는 복잡한 현대 사회에서 충분하지 않다. 지금 이 시대의 머리 회전이 빠른 사업가들은 당신의 미소에서 더 많은 미묘함을, 당신의 칭찬에서 더 많은 의미를 알아차린다.

뛰어난 능력이나 매력을 갖춘 사람들 옆에는 관심 있는 척 미소 짓는 아첨꾼이 넘쳐난다. 고객들은 "옷이 정말 잘 어울리시네요"라고 말하는 판매원들에게 짜증이 난다. 여자들은 저 멀리 모텔 간판을 힐끔거리며 "너 정말 예뻐"라고 말하는 남자들의 속마음을 이미 다 알아차린다.

두 번째 이유는 시대 변화에 따라 성공 공식도 달라지기 때문이다. 1936년의 세상과 지금은 다르다. 나는 이 시대의 새로운 성공 공식을 찾아내기 위해, 오늘날의 슈퍼스타들을 주목하며 그들의 행동을 철저히 분석했다.

판매의 달인이 어떻게 거래를 성사시키는지, 탁월한 강연자는 어떻게 청중을 설득하는지, 사랑받는 성직자는 어떻게 사람들에게 믿음을 권하고, 배우들은 어떻게 무대에서 청중을 몰입시키는지, 섹스심볼이 어떻게 사람들을 유혹하는지, 운동선수들이 어떻게 승리를 거두는지를 탐구했다.

그들을 성공으로 이끄는 데 결정적인 역할을 한, 눈에 보이지 않는 특성들을 구체적으로 찾아냈다. 그리고 누구나 쉽게 활용할 수 있도록 기법으로 만들었다. 의사소통에 어려움을 겪을 때 바로 떠올릴 수 있도록 각 기법에 이름도 붙였다.

그 기법들을 만들어가며, 나는 미국 전역의 청중과 나의 커뮤니케이션 세미나에 참가한 사람들에게 공유하기 시작했다. 그중에는 『포춘』 선정 500대 기업의 CEO들도 포함되어 있었다. 그들은 열정적으로 나의 아이디어에 참여하고 자신의 견해를 보탰다.

나는 성공한 리더들과 함께하는 동안 그들의 몸짓 언어와 표정도 분석했다. 그들의 일상적인 대화, 의사소통의 타이밍, 단어 선택에 주의를 기울였다. 그들이 가족, 친구, 동료, 심지어는 대립 관계에서 어떻게 상호작용하는지까지 관찰했다. 탁월한 의사소통에서 발견되는 작은 마법들을 하나하나 찾아내면서, 그들에게 더욱 자세히 풀어달라고 요청했다. 그렇게 꼭 맞춘 도움을 받아 분석한 후에, 나는 그것을 일상에서 누구나 쉽게 사용할 수 있는 '소통의 기술'로 바꿔 나갔다.

나는 그렇게 발견한 것들과 뛰어난 리더들의 성공 비결을 이 책에 모두 담았다. 그중에는 미묘하거나 예상치 못한 것도 있지만, 모두 쉽게 활용할 수 있는 것들이다. 이 기술들을 능숙하게 사용하게 되면 사람들은 당신을 향해 마음을 활짝 열어놓게 될 것이다. 물론 그들의 지갑도 쉽게 열린다.

　새로 배운 커뮤니케이션 기술을 활용해 살아간다면, 당신에게 기꺼이 도움을 주려고 앞으로 나서는 사람들이 많아진다. 그러면서도 그들의 얼굴은 만족감으로 빛날 것이다.

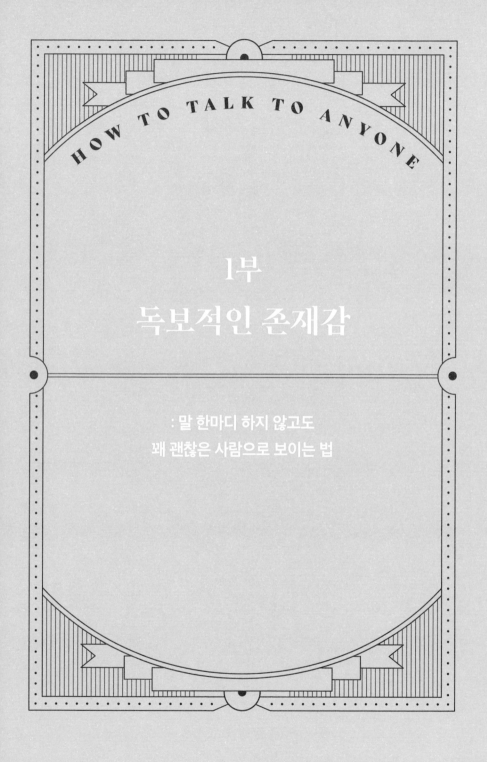

HOW TO TALK TO ANYONE

1부
독보적인 존재감

: 말 한마디 하지 않고도
꽤 괜찮은 사람으로 보이는 법

두 사람의 시선이 서로에게 향하는 순간에는 놀라운 가능성이 숨어 있다. 당신의 첫인상은 마치 정교한 손 글씨처럼, 처음 당신을 본 상대방의 눈 속으로 스며들어 강렬한 흔적을 남긴다.

예술가들은 이런 순간적인 감정의 반응을 잡아낸다. 나의 친구 로버트 그로스먼은 『포브스』, 『뉴스위크』, 『스포츠 일러스트레이티드』, 『롤링스톤』 등 유명 매체에 그림을 싣는 캐리커처 아티스트다. 밥(로버트의 애칭)은 사람들의 신체적 특징뿐 아니라 그들의 성격까지 포착해낸다. 수많은 유명인사의 몸과 영혼이 그의 스케치 패드 위에서 빛을 발하며 살아난다. 그가 그린 캐리커처를 보는 순간, 그들의 성격을 한눈에 이해할 수 있을 정도다.

밥은 가끔 칵테일파티에서 냅킨에 손님들을 간단히 스케치한다. 사람들은 그가 그리는 과정을 지켜보며, 눈앞에서 생생하게 이목구

비가 그려지는 것에 감탄한다. 로버트가 그림을 완성하고 캐리커처 주인공에게 냅킨을 건넬 때, 그들은 종종 "음, 정말 멋진 그림인데 이건 내가 아닌 것 같아요"라며 어리둥절한 표정을 짓는다. 그럴 때마다 주변 사람들은 "그거 바로 너야!"라며 외친다. 그러면 당사자는 혼란스럽게 그림 속의 자신을 다시 보게 된다.

10초 만에 당신이 특별한 사람임을 보여주는 기술

어느 날, 밥의 작업실을 방문했을 때였다. 나는 어떻게 하면 사람들의 성격을 그렇게 정확하게 포착할 수 있느냐고 물었다.

"간단해. 그냥 사람들을 보면 돼."

"그게 아니라, 사람들의 성격을 어떻게 알아내는 건지 궁금해. 그들의 과거나 생활 방식에 대해 미리 알아보는 건 아니야?"

"아니, 난 그냥 그들을 보는 거야."

밥은 자세히 설명했다. "사람들의 거의 모든 성격적 특징은 그들의 외모, 자세, 움직임에서 그대로 드러나. 예를 들어…." 그는 정치인 캐리커처를 가리키며 설명했다. "봐. 이 미소는 클린턴의 소년미, 이 어깨는 조지 부시 1세의 어색함, 이 눈은 레이건의 매력, 이 기울어진 고개는 닉슨의 교활함, 이 코는 프랭클린 루스벨트의 자부심을 나타내는 거야." 그의 말에 따르면, 모든 것이 얼굴과 몸에 담겨 있다는 것이다.

첫인상은 강렬해서 오래도록 지워지지 않는다. 정보가 홍수처럼 밀려들고, 자극이 넘치는 세상에서 우리의 뇌는 휘청거린다. 세상을 이해하고 일을 처리하기 위해선 신속한 판단이 필요하다. 그래서 사람들은 당신을 만날 때마다 머릿속에서 스냅샷을 찍는다. 그 이미지는 그들이 지속해서 참고하는 데이터가 된다.

당신이 입을 열기도 전에 몸은 큰 소리를 낸다

그 데이터가 생각보다 정확하다는 사실은 놀랍다. 당신이 입을 열어 첫마디를 내뱉기도 전에, 당신이라는 사람의 본질이 마치 미사일처럼 그들의 머릿속으로 직행한다. 당신이 어떻게 보이는지, 어떻게 움직이는지는 첫인상의 80퍼센트 이상을 결정한다. 길게 말할 필요조차 없다.

나는 외국에서 살면서 일했다. 당연히 그곳에서는 모국어를 쓸 수 없었다. 그런데도 섬세한 언어적 소통 없이도 내가 느낀 상대방의 첫인상이 얼마나 정확한지를 시간이 입증해주었다. 새 동료를 만날 때마다, 그 사람이 나에게 호의적인지, 얼마나 자신감 있는지, 회사에서 얼마나 높은 지위에 있는지를 한 번에 알 수 있었다. 그저 그들이 움직이는 모습만 보아도 누가 헤비급이고 누가 웰터급인지 추측할 수 있었다.

나에게 초능력이 있는 것은 당연히 아니다. 대부분 당신도 알 수 있는 것들이다. 상대방에 대한 이성적인 생각을 처리하기도 전에 우리의 육감이 먼저 반응하기 때문이다. 연구에 따르면, 감정 반응은 뇌가 그 반응을 일으키는 원인을 알아차리기도 전에 이미 일어난다.[4] 그래서 누군가가 당신을 바라보는 순간, 그는 어떤 인상을 받게 되고 이것이 두 사람 사이에 어떤 기반을 형성한다. 밥은 캐리커처를 그릴 때 이런 최초의 '충격'을 포착한다고 말했다.

나는 그에게 이 책에 필요한 질문을 던졌다. "밥, 누군가를 정말로 멋지게 그리고 싶다면, 그러니까 지적이고 강하고 카리스마 있고 원칙적이고 흥미롭고 배려심 많은 그런 사람을…."

"그거야 간단하지."

내가 말을 끝까지 하기도 전에 밥이 끼어들었다. 그는 내가 정말로 물어보고 싶은 게 무엇인지 정확히 꿰뚫었다.

"멋진 자세와 똑바로 든 고개, 자신감 넘치는 미소, 곧바른 시선이 있으면 돼."

이것이 바로 특별한 사람의 이상적인 이미지이다.

특별한 사람처럼 보이는 법

내 친구 캐런은 가구와 인테리어 장식 분야에서 존경받는 전문가이다. 그녀의 남편은 커뮤니케이션 분야에서 두각을 나타내고 있다. 그들은 두 아이를 두었다. 캐런이 업계 행사에 참석할 때마다, 모두가 그녀에게 존경의 눈길을 보낸다. 그녀는 그 세계에서 높은 위치에 있다. 컨벤션에서는 다들 그녀에게 자연스럽게 다가가 이야기를 나누려고 하고, 『홈 퍼니싱즈 이그제큐티브』나 『퍼니처 월드』 같은 전문지에 그녀와 함께 찍은 사진이 실리길 바란다.

하지만 캐런이 남편과 함께 아이들의 학교 행사에 참석할 때마다 불만을 토로한다. 그곳에서 그녀는 평범한 학부모일 뿐이다. 한번은 그녀가 나에게 물었다. "레일, 어떻게 하면 사람들 사이에서 돋보일 수 있을까? 나를 모르는 사람들도 나에게 관심을 보이고, 적어도 흥미를 느끼게 하는 방법 말이야." 1부에서 언급하는 내용이 이러한 것을 다룬다. 앞으로 소개할 아홉 가지 기술을 사용하면, 누구를 만나든 특별한 사람처럼 보일 수 있다. 당신을 보려고 모인 사람들이 아니더라도 그 속에서 눈에 띄게 할 수 있다.

먼저 미소부터 시작해보자.

1

미소 미세조정

: 속도가 중요하다

1936년에 출간된 데일 카네기의 『인간관계론』에서 관계를 좌우하는 여섯 가지 요소 중 하나가 바로 미소였다. 그 이후로 모든 시대를 관통해 사실상 모든 커뮤니케이션 전문가들이 그의 지혜를 공유해왔다. 이제 세월이 꽤 흘렀기에 고수준의 인간관계에서 미소의 역할에 대해 재평가할 필요가 생겼다. 카네기의 격언을 깊게 파헤쳐 보면, 1936년에 유효했던 미소 전략이 항상 효과를 발휘하는 것은 아님을 알게 된다. 요즘은 특히 그렇다.

오늘날 복잡한 세상에서 사람들을 만나자마자 미소를 짓는 전통적인 방식은 더 이상 효과가 없다. 세계의 지도자, 협상가, 기업계 거물들을 관찰해보라. 시도 때도 없이 미소 짓는 아첨꾼은 찾아볼 수 없다. 어떤 분야에서든 성공한 사람들은 자신의 미소가 강력한 무기라는 것을 알고 있으며, 그들의 미소는 덕분에 더 큰 힘을 발휘한다.

세상 역시 그들과 함께 미소를 짓는다.

연구자들은 수십 가지에 이르는 다양한 미소 유형을 분류했다. 궁지에 몰린 거짓말쟁이의 팽팽한 고무줄 같은 미소부터 간지럼 타는 아이의 부드럽고 말랑말랑한 미소까지, 따뜻한 미소가 있으면 차가운 미소도 있고, 진심 어린 미소와 가짜 미소도 있다. ("집에 와줘서 고맙다"라고 하는 친구나 "이 지역을 방문하게 되어 기쁘다"라고 말하는 대선 후보에게서 가면 쓴 미소를 자주 보았을 것이다.) 성공한 사람들은 자신의 미소가 강력한 무기라는 것을 알고, 미소를 미세조정하여 그 효과를 극대화한다.

천천히 짓는 미소일수록 신뢰도가 높다

작년에 오랜 대학 동창인 미시는 가족이 운영하는 골판지 상자 공급업체를 이어받았다. 어느 날 그녀가 전화를 걸어 새로운 고객들을 유치하기 위해 뉴욕에 온다면서, 여러 잠재 고객들과의 저녁 식사에 나도 초대했다. 워낙 웃음이 많은 친구라서 그 감염력 있는 미소를 다시 볼 생각에 기대감이 컸다. 그녀의 끊임없는 웃음소리는 미시의 가장 큰 매력 중 하나였다.

미시는 작년에 아버지가 돌아가신 후 회사를 이어받게 되었다는 소식을 전했다. 기업의 CEO로서 냉혹한 사업 세계에 미시의 명랑하고 쾌활한 성격이 과연 어울릴지 걱정스럽기도 했다. 하지만 내가 골판지 상자 사업에 대해 뭘 알겠는가?

나는 미시와 그녀의 예비 고객 세 명과 미드타운의 레스토랑 칵테일 라운지에서 만났다. 손님들을 다이닝룸으로 안내할 때, 미시가 나에게 속삭였다.

"오늘은 멜리사라고 불러줘."

"물론이지." 나는 친구에게 윙크하며 대답했다. "기업 CEO한테 미시란 이름은 너무 부드럽잖아!"

웨이터의 안내로 자리에 앉자마자, 나는 멜리사가 내가 대학 때부터 알아 온 그런 웃음꾼이 아닌 완벽히 다른 여성으로 변해 있는 것을 알아차렸다. 매력적이고 자주 웃는 것은 여전했지만, 분명히 무언가가 달랐다. 그것이 무엇인지는 딱 집어 말할 수 없었다.

평소와 같이 활기 넘치지만, 멜리사의 말 한 마디 한 마디가 평소보다 통찰력 있고 진실하게 느껴졌다. 그녀는 진정으로 따뜻하게 잠재 고객들을 대했고, 그들 역시 그녀에게 호감을 보였다. 그날 밤, 친구는 협상에서 완전한 승리를 거뒀다. 저녁 식사가 끝나갈 즈음, 멜리사에게는 새로운 클라이언트가 세 곳이나 더 생겼다.

나중에 택시에서 둘만 있을 때 물었다. "미시, 너 회사 경영을 맡은 후로 정말 많이 성장했구나. 네 성격이 완전히 변했어, 아주 멋지고 날카로운 사업가 같아."

"바뀐 건 딱 하나야." 미시가 말했다.

"그게 뭔데?"

"내 미소."

"뭐라고?" 믿을 수 없다는 듯이 나는 다시 물었다.

"내 미소." 내가 자기의 말을 듣지 못했다고 생각한 듯 친구는 다시 말해주었다. 그리고 먼 곳을 바라보며 말을 이었다.

"아버지가 편찮아지고 내가 경영을 맡게 될 상황이 되었을 때, 아버지가 나에게 한 말은 내 인생을 완전히 바꿨어. 아마도 영원히 잊지 못할 거야. 이렇게 말씀하셨어.

'애야, 미시, 그 옛날 노래 기억나지? 〈난 당신을 사랑하지만 당신의 발이 큰 건 사실이야.〉 비즈니스 세계에서 성공하려면 〈난 당신을 사랑하지만 당신의 미소가 너무 빠른 건 사실이야〉라고 알고 있어야 한단다.'

그리고 아버지는 그때가 되면 나에게 보여주려고 간직해온 누렇게 바랜 신문 기사를 꺼내셨어. 그 기사는 여성 사업가에 관한 것이었지. 비즈니스 세계에서 미소를 천천히 보여주는 여성일수록 더 신뢰받는다는 연구 결과였어."

나는 미시의 이야기를 들으며 마거릿 대처나 인디라 간디, 골다 메이어, 매들린 올브라이트처럼 역사에 발자취를 남긴 강인한 여성들을 떠올렸다. 그중에서 만나자마자 미소를 짓는 사람은 한 명도 없었다.

미시의 설명이 계속되었다. "그 연구에 따르면 환하고 따뜻한 미소는 분명 장점이지만, 그것은 천천히 짓는 미소일 때만 그렇다는 거야. 천천히 짓는 미소일수록 신뢰도가 높아지거든."

미시는 그 이후로 고객들과 사업가들에게 환한 미소를 보이되, 입술이 천천히 벌어지도록 연습했다. 좀 더 진실하고 개인적인 미소를 보이려고 노력했다.

그게 비결이었다! 미시의 천천히 짓는 미소는 그녀의 성격에 깊이와 풍부함, 개성을 더했다. 속도가 겨우 몇 초 정도밖에 느려지지 않았지만 그녀의 환하고 아름다운 미소는 상대방에게 자신만을 위한 특별한 미소처럼 느끼게 하기 충분했다.

나는 미소에 대해 좀 더 알아보기로 결심했다. 신발 산업에 종사하는 사람은 사람들의 발에 주목할 것이다. 머리 스타일을 바꾸기로 결심한 순간, 사람들의 머리 스타일만 보인다. 마찬가지로 몇 달 동안 내 눈에는 사람들의 미소만 보였다. 거리에서 사람들의 미소를 관찰하고, TV에서도 같은 방식으로 눈여겨보았다. 정치인, 성직자, 대기업 거물, 세계 지도자 들의 미소를 지켜봤다. 그래서 무엇을 발견했을까?

잠깐 드러나는 치아와 천천히 벌어지는 입술을 수없이 관찰한 결과, 가장 큰 신뢰와 진실성이 느껴지는 사람들은 미소를 천천히 짓는 경향이 있다는 것을 발견했다. 그들이 마침내 미소를 지을 때, 그것은 마치 천천히 퍼져 나가는 홍수처럼, 얼굴의 모든 곳에 미소가 스며드는 것처럼 보였다. 그래서 나는 이 기술을 '미소의 홍수'라고 부른다.

자, 이제 미소 짓는 입에서 살짝 위쪽으로, 당신이 가지고 있는 강력한 커뮤니케이션 도구인 '눈'으로 이동해보자.

Winning Skill | **#1 얼굴 전체에 천천히 번지는 미소**

누군가에게 인사할 때 미소를 곧바로 짓지 마라. 그저 누구든지 시선이 마주치는 순간 자동으로 미소를 짓는 행위는 최선의 전략이 아니다. 그 대신에, 상대방의 얼굴을 잠깐이

나마 주시하고, 그들의 존재에 완전히 몰입하라. 그다음에 상대방에 대한 반응으로 크고, 환하며, 따뜻한 미소가 얼굴을 가득 채우고 눈에서 넘쳐흐르도록 하라.

이렇게 잠깐 멈추었다가 피어나는 홍수 같은 미소는, 그것이 상대방을 위한 진실한 미소라는 확신을 준다.

2

눈 맞춤

: 지적이고 통찰력 있게 보이려면

어릴 적, 아이티 출신의 가정부 졸라는 우리 가족이 키우는 샴 고양이 루이와 단둘이 있는 것을 무서워했다. 루이의 눈길이 자신의 영혼까지 꿰뚫어본다고 느꼈기 때문이다. 강렬한 시선은 어떤 문화에서는 마법 같은 효과를 내지만, 다른 문화에서는 위협적이거나 무례한 행동으로 여겨진다. 세계를 누비는 거물들은 이 사실을 잘 알기에 출장을 갈 때 그 나라의 문화와 언어 차이를 알려주는 정보를 숙지한다. 미국 문화권에서는 과장된 눈 맞춤이 특히 남녀 간에 유리하다고 알려져 있다. 로맨스와 관련 없는 사업 분야에서도 눈 맞춤이 남녀 사이에 강력한 영향력을 발휘한다.

헬렌의 눈길 한 번에 군대가 움직이고, 데이비드 크로켓(미국의 정치인이자 군인. 서부 개척 시대의 영웅으로 추앙받는다—옮긴이)은 눈빛만으로 곰을 제압했다는 말이 과장이 아닌 이유는 우리 눈이 감정을 폭발시키는 수류탄 같은 힘을 가지고 있기 때문이다. 마치 무술 고수들의 주먹이 치명적인 무기로 사용되듯, 눈 맞춤 기술을 통달하면 당신의 눈도 심리적으로 치명적인 무기로 쓸 수 있다.

인생에서 성공하는 이들은 "계속 시선을 맞춰"라는 통념을 그대로 따르지 않는다. 그들은 시선이 강렬해지면 심리적으로 불안한 사람들에게 큰 불편을 준다는 것을 잘 안다.

보스턴의 한 연구소에서 눈 맞춤의 효과를 알아보기 위한 연구를 진행했다.[5] 연구진은 이성 참가자들에게 2분 동안 대화를 나누도록 한 뒤, 절반의 참가자들에게 상대방이 눈을 깜빡이는 횟수를 세게 하여 무의식적으로 강한 눈 맞춤을 유지하도록 했다. 나머지 절반에게는 특별한 지시가 없었다. 연구 결과, 눈 깜빡이는 횟수를 센 사람들은 상대방에게 더 높은 호감과 존중심을 보였다.

나는 강렬한 눈 맞춤이 처음 보는 사람과의 친밀함을 만들어주는 것도 직접 경험했다. 세미나에서 한 여성이 내 눈에 띄었는데, 이상하게도 강연 내내 눈길이 갔다. 단 한 순간도 내 얼굴에서 눈을 떼지 않았기 때문이었다. 내가 요점을 말하고 잠시 말을 멈추었을 때도 그녀의 눈은 무언가를 갈구하는 듯 내 얼굴에 머물러 있었다. 나는 그녀가 내 말을 더 듣고 싶어 한다는 것을 느꼈다. 그녀의 집중력과 관심은 내가 오랫동안 잊고 있던 이야기까지 기억하고 소개하도록 했다.

강연이 끝나자마자, 나는 내 강연에 집중했던 그 여성을 찾아가 말을 걸어보기로 했다. 사람들이 강연장을 떠날 때 나는 팬의 뒤쪽으로 재빨리 따라갔다.

"잠시만요." 내 팬은 계속 걸어갔다. "실례합니다." 내가 좀 더 큰 소리로 다시 말했다. 하지만 그녀는 발걸음을 늦추지 않고 계속 문 쪽으로 걸어갔다. 나는 그녀를 따라 복도로 가서 어깨를 가볍게 두드렸다. 그녀는 놀란 표정으로 뒤돌아보았다. 나는 그렇게 집중해서 내 강연을 들어주어 고맙고 몇 가지 질문을 하고 싶다고 웅얼거리듯 말했다.

"세미나에서 많은 것을 얻었나요?" 나는 용기 내어 물어보았다.

"음, 별로요." 그녀가 솔직하게 대답했다. "강사님이 무슨 말을 하는지 이해하기가 쉽지 않았어요. 무대에서 다른 쪽을 보면서 계속 왔다 갔다 하셔서요."

그 말을 듣자마자 이해할 수 있었다. 그녀에게는 청각 장애가 있었다. 생각과 달리 강연 내용이 그녀를 사로잡은 것은 아니었다. 그녀가 그렇게 집중한 이유는 내 말을 이해하기 위해 입 모양을 읽으려고 애썼기 때문이었다!

그래도 그녀의 눈 맞춤은 강연하는 동안 나에게 큰 기쁨과 영감을 주었고 좀 피곤하기는 했지만 그녀에게 커피를 한 잔 마시자고 청했다. 그리고 한 시간 동안 세미나의 내용 전체를 그녀에게 요약해주었다. 눈 맞춤이라는 것은 이렇게나 강력했다.

눈 맞춤이 많을수록 긍정적인 감정이 발생할까?

강렬한 눈 맞춤과 관련된 다른 이론이 있다. 눈 맞춤은 상대방에게 호감과 존중받는다는 느낌을 줄 뿐만 아니라, 당신의 지적 수준이 높다는 인상을 준다. 추상적으로 사고하는 사람들은 구체적으로 사고하는 사람들보다 외부에서 들어오는 정보를 더 잘 통합할 수 있으므로, 조용한 순간에도 상대방의 눈을 주의 깊게 관찰할 수 있다. 그들은 상대방의 눈을 들여다보면서도 주의를 잃지 않는다.[6]

용감한 심리학자들의 연구를 다시 살펴보자. 예일대학교 연구팀은 눈 맞춤 효과에 대한 확고한 믿음으로 새 연구를 진행했다. 그들은 "눈 맞춤이 많을수록 긍정적인 감정이 발생한다"라는 가설을 확인하려고 했다. 참가자들은 개인적인 정보를 공개하는 독백을 하도록 연구가 설계되었고, 상대방의 이야기를 듣는 동안 눈을 마주치는 정도를 그룹별로 다르게 설정했다.

결과는 어떠했을까? 여성이 다른 여성에게 개인적인 이야기를 했을 때는 예상대로 눈을 마주칠수록 친밀감이 증가했다. 그러나 남성들의 경우는 그렇지 않았다. 일부 남성은 다른 남성과의 눈 맞춤이 지나치게 오래 지속되면 적대감을 느꼈다. 상대방의 과도한 관심에 부담을 느껴 '한 대 치고 싶은' 기분을 느끼는 사람도 있었다.

당신의 지긋한 시선에 대한 상대방의 감정 반응은 생물학적인 요소에 기반을 두고 있다. 당신이 누군가를 집중적으로 바라볼 때, 상대방의 심박수가 빨라지고 스트레스 호르몬인 아드레날린 수치가 상승한다.[7] 이것은 사랑에 빠질 때의 신체 반응과 같다. 일상적인 상황이나 사회적인 상호작용에서 의도적으로 눈 맞춤을 증가시키면, 상대방은 자신이 당신에게 매력 있어 보인다고 생각한다.

남자가 여자에게 말할 때와 여자가 남자나 여자에게 말할 때는 내가 '접착제 눈 맞춤'이라고 부르는 이 기술을 사용하라. 이것은 상대방에게 즐거움을, 당신에게는 이익을 준다.

남자들이 눈 맞춤의 힘을 활용하는 법

남자들 사이에서도 '접착제 눈 맞춤' 기술을 적용할 수 있다. 개인적인 이야기를 할 때는 상대방이 위협을 느끼지 않도록 적절히 시선을 조절하는 것이 중요하다. 여성과의 대화처럼 눈을 오래 맞추거나 집중적으로 응시하기보다는 약간 더 편한 눈빛 교환이 좋다. 눈 맞춤은 이해와 존중의 메시지를 본능적으로 전달한다.

나의 친구 새미는 자신도 모르게 사람들에게 오만한 인상을 주곤 했다. 새미의 무뚝뚝한 태도 때문에, 주위 사람들은 그가 자신의 감정을 무시하는 것처럼 느꼈다.

어느 날 저녁 식사 중에 나는 그에게 '접착제 눈 맞춤' 기술에 대해 설명해주었다. 웨이터가 왔을 때 새미는 무뚝뚝하게 주문하는 대신 웨이터와 눈을 맞추며 미소를 지었다. 그 순간 새미는 완전히 다르게 보였다. 세심하고 배려심 많은 사람처럼 보였던 것이다. 단지 몇 초 동안의 눈 맞춤으로 이런 변화가 가능했다. 웨이터에게도 효과가 있었다. 그날 저녁에 우리는 특별히 친절한 서비스를 받았다.

일주일 후 새미는 전화를 걸어왔다. "접착제 눈 맞춤 기술이 내 인생을 바꿔놨어. 실전에서 의도적으로 적용해봤거든. 상대가 여성이면 시선을 완전히 고정하고, 남성이면 조금 덜 고정했어. 이제 사람들이 나를 얼마나 존중하는지 느껴져. 심지어 이번 주 매출이 지난한 달 매출보다 더 많았다고!"

직장에서 고객을 상대할 때 이 기술을 사용한다면 확실히 수익이 올라갈 것이다. 우리 문화에서는 깊은 눈 맞춤이 신뢰와 전문성을 상징하며, "당신에게 집중하고 있습니다"라는 메시지를 전달한다.

마치 달콤한 캐러멜이 붙어 떨어지지 않듯, 상대방의 눈을 지속적으로 주시하라. 상대방의 말이 끝나도 시선을 빠르게 거두지 말고 천천히 떼어내라. 캐러멜이 서서히 끊어지듯이.

3

시선 교환으로
호감을 일으키는 법

이제 눈동자를 강렬하게 움직여보자. 이 기술을 "강렬한 시선 교환"이라고 부르자. 기업의 리더들은 이 눈을 활용해 직원들을 평가하며, 경찰 수사관들은 이 기술로 용의자들을 겁먹게 만든다. 영리한 남성들은 이를 사용하여 사랑하는 여성의 마음을 얻는다. (사랑을 얻는 것이 목표라면, '강렬한 시선 교환'은 그 효과가 입증된 최강의 연애 비법이다.)

이 눈 기술을 제대로 활용하기 위해서는 최소한 세 명이 필요하다. 당신, 목표 대상 그리고 다른 한 사람. 작동 방식은 다음과 같다. 보통 여러 사람과 대화를 나눌 때는 말하는 사람을 바라보기 마련이다. 그러나 이 기술에서는 듣는 사람—당신의 목표 대상—에게 집중해야 한다. 그럼 그 사람은 당황하면서 '왜 말하는 사람이 아니라 나를 바라보는 거지?'라는 의문을 가질 것이다. 결국, 나는 상대의 반응에 관심이 있음을 자연스럽게 알리게 되는 것이다. 이는 비즈니스 상황에서 특히 유용하다.

　인사 담당자들은 '강렬한 시선 교환' 기술을 자주 활용한다. 단순히 기술적인 측면이 아니라, 채용 후보자들이 어떤 질문에 어떻게 반응하는지를 관찰하기 위함이다. 변호사, 상사, 경찰 수사관, 심리학자와 같이 특정 대상의 반응을 살펴보아야 하는 사람들 또한 이 기술을 분석 도구로 활용한다.

　'강렬한 시선 교환' 기술은 상대방에 대한 관심을 보여주는 동시에 강한 자신감을 전달한다. 그러나 주의 깊게 사용하지 않으면, 자칫 평가하거나 판단하는 태도로 비칠 수 있다. 이 기법을 지나치게 사용할 경우, 오만하고 뻔뻔해 보일 위험이 있으므로 적절한 조절이 필요하다.

　이 같은 시선은 때때로 과도할 수 있으므로, 좀 더 부드럽고도 효과적인 방법으로 조정하는 것이 좋다. 대화 상대를 바라보되, 핵심적인 내용을 이야기할 때만 의도적으로 시선을 집중하라. 이런 접근 방식을 통해 상대에 대한 관심을 적절하게 표현하면서도, 시선의 강도를 적절히 조절할 수 있다.

강렬한 눈 맞춤은 흥분을 유발한다

로맨틱한 상황에서 강렬한 시선 교환은 다른 메시지를 전달할 수 있다. 이는 마치 "당신에게서 눈을 뗄 수가 없어요" 또는 "내 눈에는 당신만 보여요"라는 말을 하는 것과 같다. 인류학자들은 눈을 "사랑의 가장 기본적인 신체 기관"이라고 말했다. 강렬한 눈 맞춤이 우리의 심장박동에 혼란을 일으킨다는 것이 연구를 통해 확인되기도 했다.[8] 그것은 또한 우리의 신경계에 페닐에틸아민phenylethylamine 같은 화합물을 분비한다. 이것은 성적인 흥분 상태에서 분비되는 물질이므로 강력한 눈 맞춤이 흥분을 유발하는 효과가 있다고 볼 수 있다.

남성들이여, 이 강력한 눈 맞춤 기술은 여성에게 매우 효과적이다. 당신이 그녀에게 매력을 느낀다면 말이다. 그녀는 당신의 강렬한 시선에 따른 뜻밖의 신경 반응을 사랑의 씨앗으로 해석할 것이다. 그러나 만약 그녀가 당신에게 호감을 느끼지 않는다면, 그 시선은 굉장히 불편하게 할 뿐이다(경찰에 신고당할 수 있으므로 공공장소에서 모르는 사람에게 이 기술을 사용하지는 말 것!).

Winning Skill | **#3 강렬한 시선 교환**

다른 사람이 말하고 있을 때, 당신의 시선은 호감을 보내려는 그 사람에게 쏠리게 하라. 누가 말하든, 그 사람을 계속 응시한다. 이 기술은 다소 부담스럽거나 뻔뻔하게 느껴질 수 있지만, 그 효과는 놀라울 정도로 강력하다.

4

어디를 가든 승자처럼
보이는 자세가 있다

의사가 당신의 무릎을 작은 망치로 가볍게 치면, 당신의 다리는 자동으로 앞으로 튕겨 나온다. 바로 '무릎 반사'라는 원리다. 이와 마찬가지로, 당신의 몸에는 본능적인 반응이 있다. 행복감이라는 강력한 충격이 당신의 심장을 때리고 승리의 감각에 휩싸이면, 당신의 머리는 자동으로 위로 들리고 어깨는 뒤로 젖혀진다. 입술에는 미소가 자리 잡고 눈빛은 부드러워진다.

이것이 바로 승자들이 늘 보여주는 표정이다. 그들은 확신에 찬 태도로 서서, 자신감 넘치게 걷고, 자부심 가득한 미소를 짓는다. 이런 자세는 당신이 정상에 익숙한 사람이라는 상징이다. 의심의 여지가 없다.

아무리 엄마들이 아이들의 어깨를 펴주려 하고 교사들이 학생들에게 "똑바로 서!"라고 말해도 효과는 미미하다. 특별한 사람처럼 똑바로 서는 법을 배우려면, 선생님보다 엄격하고 부모님보다 설득력 있는 방법이 필요하다.

어떤 직업에서는 완벽한 자세, 완벽한 평정, 완벽한 균형이 삶과 죽음을 좌우하기도 한다. 줄타기 곡예사는 한 번이라도 움직임이 흐트러지거나 어깨가 힘을 잃거나 쭈뼛거리기만 해도 목숨을 잃을 수 있다.

처음으로 엄마와 함께 서커스를 구경하러 간 날이 아직도 머릿속에 선하다. 7명의 남녀가 무대 중앙의 링을 지나갈 때, 관객들은 일제히 자리에서 일어나 환호했다. 엄마는 그들이 안전장치 없이 7인 인간 피라미드를 만들고 줄타기를 하는 전 세계에서 유일한 서커스단, 그레이트 월렌다스Great Wallendas라고 속삭이듯 말해주었다.

관객들이 순식간에 조용해지던 그 순간, 칼과 허먼 월렌다가 독일어로 신호를 보냈다. 단원들은 꼼꼼하고도 장엄하게 인간 피라미드 형태를 만들었다. 그다음에 그들은 단단한 흙바닥에서 족히 수십 미터는 되는 높이에 걸린 가느다란 철삿줄 위에서 위험천만하게도 균형을 잡았다. 그들과 바닥 사이에는 안전망이 없었다. 한순간의 실수만으로도 목숨을 잃을 수 있는 상황이었다. 그 광경은 아직도 잊히지 않는다.

그리고 7명의 월렌다가 천막 중앙으로 달려가 인사하던 모습도 기억난다. 모두가 어깨를 펴고 고개를 똑바로 든 모습은 상당히 커 보였고 여전히 발이 땅에 닿는 것 같지 않았다. 그들의 몸에서는 자부심, 성공 그리고 여전히 살아있다는 기쁨이 느껴졌다. 그렇게 자부심과 성공, 살아있다는 기쁨을 습관적으로 느끼게 해주는 시각화 기술을 소개한다.

자세는 성공의 가장 큰 표지판

당신은 세계적으로 유명한 곡예사로, 링글링 브라더스 앤 바넘 앤 베일리 Ringling Bros. and Barnum & Bailey 서커스에서 "철의 턱" iron-jaw 묘기를 선보이는 주인공이라고 상상해보자. 곧이어 중앙 무대로 질주하며 균형과 정확성으로 관객들을 사로잡아야 한다.

사무실, 파티룸이나 회의실 혹은 주방으로 들어가는 문 등 어떤 문을 통과하든 간에, 줄에 매달린 가죽으로 된 재갈을 상상한다. 그 재갈은 당신의 머리 바로 위에 가죽 줄로 매달려 있다. 문을 통과할 때마다 당신은 고개를 뒤로 젖히며 그 재갈을 무는 모습을 상상한다. 그 순간, 당신의 입술은 웃는 모양이 되고, 재갈과 연결된 외줄이 당신을 들어 올린다.

당신은 공중으로 솟아오르며, 몸은 완벽하게 수직을 이룬다. 고개는 똑바로 들고, 어깨는 확장되고, 가슴은 펴지며, 두 발은 가볍게 떠 있는 것처럼 느껴진다. 천막의 천장에서 당신은 팽이처럼 우아하게 회전하며, 관객들은 감탄과 놀라움으로 당신을 바라본다. 당신은 승자처럼 보인다.

어느 날, 나는 재갈을 물고 매달리는 상황을 상상하며 문을 통과하는 횟수를 세어 보았다. 집에서만 60번이었다. 하루에 60번이나 시각화한다면 이것은 습관이 된다! 좋은 자세는 승자의 첫 번째 특징이다.

이제 당신은 군중을 사로잡거나 계약을 체결할 준비가 되었다. (혹은 어떤 장소에서 가장 중요한 사람처럼 보이게 할 수도 있다.)

"훌륭한 자세, 똑바로 든 고개, 자신감 넘치는 미소, 직접적인 시선." 이제 캐리커처 아티스트 밥이 당신을 승자로 그리는 데 필요한 모든 기본 요소를 갖추었다. 이것이 바로 특별한 사람처럼 보이는 이상적인 이미지이다.

이제는 이런 상상을 실제 행동으로 옮겨볼 차례다. 당신의 주의를 외부로, 대화하고 있는 상대에게 집중하라. 다음에 소개할 두 가지 기술을 사용하여 상대방이 아주 기분 좋게 느껴지도록 해보자.

Winning Skill | **#4 고개만 똑바로 들어도 자신감이 채워진다**

당신이 어떤 곳으로든 들어갈 때마다, "철의 턱" 묘기에 사용되는 재갈이 매달려 있다고 상상해보라. 그 재갈을 당신의 입으로 꽉 물면 당신의 몸이 끌어올려진다. 이렇게 재갈을 물고 매달릴 때, 온몸의 근육은 완전히 똑바로 펴진다.

5

상대방의 '내면 아이'를
존중하라

한 코미디언이 무대에 올라와 맨 먼저 "흠, 제가 마음에 드세요?"라고 농을 던진다. 그리고 관객들은 웃음을 터뜨린다. 우리 모두가 속으로 떠올리는 질문이기 때문이다. 우리는 다른 사람을 처음 만나면, 그 사람이 우리에게 어떻게 반응할지 의식적이든 무의식적이든 궁금해한다.

상대방이 나를 쳐다보는가? 미소 짓는가? 몸이 내 쪽으로 기울어져 있는가? 내가 얼마나 멋지고 특별한지 알아차리는가? 우리는 그렇게 해주는 사람들을 좋아한다. '사람 볼 줄 아네.' 상대방이 나의 멋진 모습을 알아차리지 못한다면? '바보 같으니!'

처음 만나 서로 알아가는 두 사람은 서로의 냄새를 맡는 강아지와 같다. 꼬리를 흔들거나 털을 곤두세우는 대신, 우리는 눈을 가늘게 또는 크게 뜬다. 아니면 주먹을 꽉 쥐거나 무의식적으로 손바닥이 위로 향하는 '수용적인' 모습을 보인다. 이 밖에도 누군가를 처음 만났을 때 순간적으로 나오는 무의식적 반응이 있다.

변호사들은 이러한 점을 잘 안다. 그들은 본능적인 신체 반응에 주의를 기울인다. 당신이 질문에 어떻게 대답하는지, 얼마나 앞으로 또는 뒤로 몸을 기대고 있는지를 유심히 살핀다. 당신의 손도 주목한다. 손바닥이 위를 향해 있으면 당신이 그들의 말을 수용하고 있다는 의미이다. 반면에 주먹을 살짝 쥐고 있으면 거부 신호를 보내는 것이다. 피해 보상이나 사형제와 같이 민감한 주제를 논의할 때 시선을 피하는 순간도 놓치지 않는다. 때로 변호사들은 당신이 불안해하는 모든 순간을 기록하는 보조원을 대동하기도 한다. 변호사들은 이런 일들을 여성에게 맡기는 경우가 많다. 전통적으로 여성이 남성보다 미묘한 신체 신호를 더욱 예리하게 포착하기 때문이다.

변호사와 그의 조수는 당신이 무의식적으로 드러낸 수십 가지 신호의 '점수'를 검토한다. 그 총점에 따라 당신은 배심원 임무를 수행할 수도, 아니면 배심원 대기실에서 마냥 기다릴 수도 있다. 재판 변호사들은 보디랭귀지(몸짓 언어)를 너무 의식한 나머지, 1960년대에 있었던 유명한 시카고 세븐Chicago Seven(1960년대 미국의 반전 운동과 민권 운동을 대표하는 사건 중 하나로, 1968년 미국 민주당 대선후보 결정 총회 도중 발생한 대규모 시위에 참여한 7명의 활동가가 연방 정부에 의해 음모와 폭동죄로 기소된 사건—편집자) 재판에서 피고 측 변호사 윌리엄 쿤트슬러William Kuntsler는 실제로 판사 줄리어스 호프만의 자세에 이의를 제기하기도 했다. 검찰 최후 변론 중에 호프만 판사가 몸을 앞으로 기울여 배심원들에게 주의와 관심을 표했다는 주장이 있었다. 반면 쿤트슬러는 자신의 최후 변론 때 호프만 판사가 몸을 뒤로 기대 배심원들에게 무관심한 인상을 줬다고 불평했다.

이러한 사례들을 통해, 우리는 상대방의 미묘한 신체 언어와 반응이 얼마나 중요한지 알 수 있다. 우리의 몸은 말로 표현되지 않는 내면의 생각과 감정을 무의식적으로 드러내기 때문이다. 따라서 상대방의 비언어적 요소를 잘 읽고 이해하는 것은 서로의 이해를 넓히고 더 좋은 관계를 만든다. 이는 사람을 얻는 기술의 중요한 부분이다.

몸이 보내는 메시지는 변하지 않는다

변호사들이 중범죄 재판의 배심원단을 구성할 때처럼, 당신이 만나는 모든 이들은 잠재적으로 당신과 친밀해지고 싶은지를 가늠한다. 사람들은 '내가 마음에 들어?'라는 무언의 질문에 당신이 보이는 몸짓 언어로 그것을 판단한다.

당신의 첫 반응은 상대방과의 관계를 결정하는 근본적인 토대가 된다. 만약 새로 알게 된 사람에게 무언가를 원한다면, 그들의 무언의 질문에 '당신은 나에게 정말로 중요해요'라는 긍정적인 답을 보내야만 한다.

네 살짜리 아이는 수줍음을 느낄 때, 몸은 웅크리고, 두 팔을 가슴에 대고 뒤로 물러나 엄마 뒤쪽에 숨는다. 어린 조니는 퇴근하는 아빠를 보면 눈이 커지고 활짝 미소를 짓는다. 그리고 두 팔을 벌리며 아빠에게 달려간다. 사랑이 넘치는 아이의 몸은 햇살을 받으며 피어나는 작은 꽃봉오리처럼 보인다.

시간이 지나도 조니의 행동은 크게 달라지지 않는다. 40세가 된

조니는 소심함을 느낄 때 몸을 웅크리고 두 팔로 가슴을 감싸 안는다. 판매원이나 사업 동료를 거절하고 싶을 때 고개를 돌리며 다양한 신체적 신호를 이용해 상대를 차단한다. 그러나 사랑하는 사람이 집에 돌아오면 다 큰 조니는 폭풍우가 지나간 후 떠오른 햇살에 수선화 꽃잎이 펼쳐지듯 몸을 활짝 연다.

상대를 다 큰 아이처럼 대하라

이혼 후 새로운 삶을 시작한 매력적인 친구, 칼라와 함께 재계의 스타들이 모인 파티에 참석한 적이 있다. 칼라는 유명한 광고 대행사에서 카피라이터로 활동했지만, 전반적으로 광고업계에는 감축 바람이 불고 있었다. 그래서 친구는 직장생활도 결혼생활도 접은 상태였다.

그 파티는 칼라에게 두 방면에서 좋은 기회였다. 칼라와 내가 서서 이야기를 나누는 동안, 멀지 않은 곳에서 남자들이 우리를 바라보는 순간이 몇 차례 있었다. 그들은 칼라에게 매력적인 미소를 보내며 호감을 표시했다. 칼라 역시 호의를 표시하기 위해 어깨 너머로 은은한 미소를 던지기도 했지만, 우리의 대화를 위해 다시 집중하곤 했다. 마치 내가 말하는 단어 하나하나를 놓치지 않으려는 듯이 말이다. 그녀는 외면하는 것처럼 보였지만, 나는 그녀가 실제로는 긴장하고 있음을 알 수 있었다. 사실, 칼라는 속으로 '왜 다가와서 말을 걸지 않는 거야!'라고 외치고 있었다.

또 다른 멋진 남자가 칼라에게 미소를 보냈지만, 그녀의 무반응에 그는 사람들이 붐비는 곳으로 사라졌다. 나는 참지 못하고 칼라에게 귓속말로 말했다. "칼라, 저 남자 알아? 파리에 있는 영 앤 루비캠Young & Rubicam의 사장이라고. 파리로 오고 싶은 카피라이터를 찾고 있대. 게다가 싱글이라고!" 칼라는 괴롭다는 표정으로 끙끙거렸다.

그때, 칼라의 왼쪽 무릎 근처에서 "안녕하세요!"라는 작은 목소리가 들려왔다. 우리는 동시에 아래를 내려다보았다. 파티 주최자의 사랑스러운 아들, 다섯 살짜리 윌리가 관심을 받고 싶다는 얼굴로 칼라의 치마를 잡아당기고 있었다.

"어머나." 칼라의 얼굴에는 환한 미소가 번졌다. 그녀는 윌리를 향해 고개를 돌렸다. 무릎을 꿇고 윌리의 팔꿈치를 만지며 노래하는 듯한 어조로 말을 걸었다. "안녕, 윌리. 엄마 파티 재미있어?"

윌리가 함박웃음을 지었다.

윌리가 관심을 줄 만한 다른 사람의 옷을 잡아당기기 위해 다른 곳으로 가고 나서 칼라와 나는 다시 어른들의 대화로 돌아갔다. 우리가 이야기를 나누는 동안 역시나 유능하고 멋진 남자들이 계속 칼라를 바라보며 미소를 보냈고 칼라도 마지못해 웃음으로 답하는 일이 계속되었다.

그녀는 그중에 직접 다가오는 사람이 없다는 사실에 실망했다. 나는 그녀에게 할 말이 많았지만, 입을 꾹 다물었다. 더 이상 참지 못할 지경이 되었을 때 칼라에게 말했다. "칼라, 지금까지 네 근처로 와서 미소를 지어 보인 남자가 네다섯 명은 될 거야."

"알아." 칼라가 작은 목소리로 대답했다. 누군가 우리의 대화를 엿듣지 않는지 불안하게 주변을 살폈다.

"그런데 넌 그 사람들에게 억지웃음만 지어줬어."

"알아."

"아까 윌리가 다가와서 네 치맛자락을 잡았을 땐 어떻게 했지? 아이 쪽으로 고개를 돌리고 활짝 웃어주면서 우리의 대화로 기꺼이 초대했지?"

"으응." 그녀가 머뭇거리며 대답했다.

"칼라, 부탁이 있어. 다음에 널 보고 웃는 남자에게는 아까 윌리에게 했던 것처럼 활짝 웃어줘. 윌리에게 했던 것처럼 상대방 쪽으로 고개를 돌려야 해. 윌리에게 그랬던 것처럼 그 사람의 팔을 만지고 우리의 대화로 끌어들여도 좋고."

"저런! 레일, 난 그렇겐 못해."

"칼라, 그렇게 해야 해!"

아니나 다를까, 몇 분 지나지 않아 또 다른 매력적인 남자가 우리 근처로 와서 미소를 보냈다. 이번에 칼라는 완벽하게 나의 제안을 실행했다. 상대방 쪽으로 완전히 고개를 돌려 치아를 드러내며 아름다운 미소를 지으며 말했다.

"같이 얘기해요." 남자는 바로 칼라의 초대를 받아들였다.

잠시 후 나는 양해를 구하고 자리를 피했다. 두 사람은 대화에 완전히 집중하느라 내가 사라진 것을 의식하지 못했다. 그날 파티에서 칼라는 새로 사귄 친구의 팔을 잡고 나란히 밖으로 빠져나갔다.

지금 이야기하려는 "상대를 아이처럼 대하라"라는 기술의 탄생 스토리다. 이 기술은 거친 밀림과도 같은 커리어 환경에서 어떤 맹수를 마주치든 상대로부터 원하는 것을 얻게 해줄 수 있다.

기억하라. 모든 이의 마음속 깊은 곳에는 '나는 특별해'라고 인정받기를 갈망하는 아이가 있다. 다음 기술은 바로 그 아이의 마음을 건드린다.

Winning Skill | **#5 상대를 인정받고 싶어 하는 아이처럼 대하라**

누구든 처음 만나면 아기처럼 대하라. 인사를 마치자마자 상대에게 관심과 보상을 줘라. 상대를 향해 몸과 시선을 돌리고 따뜻하게 미소 짓기를 잊지 마라. 마치 바짓가랑이를 붙잡고 올려다보며 환하게 웃는 아이를 보듯 상대에게 집중하라. 이렇게 함으로써 '나에겐 당신이 아주 특별해요'라는 메시지를 전할 수 있다.

6

만나자마자
절친이 되는 방법

지그Zig라는 독특한 이름을 가진 지혜로운 한 남자가 나에게 이렇게 말했다.[9] "사람들은 당신이 얼마나 많이 아는지에 대해 별 관심이 없다. 당신이 그들에게 관심을 보이기 전까지는 말이다." 지그 지글러의 말에 공감한다. 당신이 다른 사람을 좋아한다는 것을 보여주면, 그 사람도 당신을 좋아하게 될 것이다!

당신의 몸은 24시간 방송국과 같다. 당신의 모든 행동과 태도는 당신이 어떻게 느끼는지를 주변 사람들에게 보여준다. 고개를 들고 자신감 있는 자세를 유지하면 사람들에게 존경을 얻을 수 있다. 또한, 환한 미소로 사람들에게 친절하게 대하고, 강력한 시선으로 그들의 마음을 사로잡는 것도 중요하다.

그러나 몸의 다른 부분이 달리 행동한다면, 그 모든 노력은 헛수고가 될 것이다. "나는 당신에게 관심이 있다"라는 메시지를 전하려면, 이마의 주름부터 발끝까지 당신의 전체적인 행동이 완벽하게 조화를 이루어야 한다.

타인을 만날 때, 우리의 뇌는 과도하게 돌아가기 시작한다. 셰익스피어는 『줄리어스 시저』에서 카시우스에 대해서 "그는 늘 굶주림에 시달리는 것처럼 보이며, 생각을 너무 많이 한다. 그런 사람은 위험하다"라고 말했다. 처음 만난 사람과 대화할 때도 수줍음을 이겨내거나 혼란을 극복하려 노력하면서 우리 뇌는 바빠진다. 또한 뇌는 마치 굶주림에 시달리는 것처럼, 상대방과의 관계에서 얻을 수 있는 이익을 과도하게 고민하기도 한다. 그러다 보니 진심 어린 대화보다는 너무 많은 생각에 휩싸이기 쉽다. 이는 우정, 사랑, 협력 관계를 위험하게 만들 수 있다.

우리 몸은 초당 수만 개의 자극에 반응하면서, 그중 일부는 숨기고 싶던 수줍음이나 부정적 감정을 드러내기도 한다. 이를 막고 상대방의 마음에 완벽하게 쏘아야 할 '명사수'가 필요하다.

"오랜 절친"을 만난 것처럼

우리가 아무런 걱정 없이 보디랭귀지를 사용하는 유일한 시간은 언제인가? 그것은 우리가 아무런 긴장도 느끼지 않을 때다. 가까운 친구와 대화를 나누거나, 사랑하는 사람을 바라볼 때 그렇다. 이런 순간에는, 우리는 머리부터 발끝까지 복잡한 생각 없이 따뜻하게 반응한다. 우리의 입은 자연스럽게 열리며, 더 가까이 다가가고 손을 내민다. 눈은 커지고, 눈빛은 부드러워진다. 손바닥은 상대를 향하며,

몸 전체는 친구에게 기울인다.

모든 사람에게 따뜻함을 전달할 수 있다. 이를 실현하는 시각화 기술이 있다. 나는 이 기술을 "오랜 친구처럼 대하기"라고 부른다.

누군가를 처음 만날 때, 마음속으로 그가 오랜 친구라고 상상하라. 과거에 정말 가까웠지만, 그동안 연락이 끊긴 친구다. 계속 연락을 시도했지만, 찾을 수 없었다. 그런데 갑자기 수년 만에 다시 만난 것이다! 당신은 무척 기쁜 마음이다.

실제로 오랜 친구인 듯 행동할 필요는 없다. 안거나 깊은 인사말을 나눌 필요 없이 그저 일반적인 인사로도 충분하다. 하지만 마음속으로는 오랜 친구를 보는 기쁨이 담겨 있을 테고, 그것이 표정과 몸짓으로 드러난다. 상대방도 그 따뜻함을 충분히 느낄 것이다.

세미나에서 이 기술을 알려주기 전에, 참가자들이 서로 자기소개를 하도록 한다. 격식 없이 편하게 대화를 나눈다. 그런 다음 모르는 사람에게 마치 자신이 옛 친구인 것처럼 소개하라고 한다.

그 차이는 놀랍다. 이 기술을 사용하면 분위기가 확 바뀐다. 사람들의 기분이 좋아지고 활력이 넘친다. 서로 다가가 진심으로 웃고, 손을 내민다. 마치 시끌벅적한 친구 모임에 온 기분이 든다.

말하지 않아도 된다

'옛 친구처럼 대하라' 기술은 언어 장벽을 뛰어넘는다. 특히 현지 언어를 전혀 모르는 외국을 여행할 때도 유용하다. 당신이 모르는 언어를 사용하는 사람들 사이에서, 그들이 당신의 오랜 친구들이라고 생각한다. 잠시 영어를 잊어버린 친구들 말이다. 그러면 언어적 소통이 없더라도 호의적인 몸짓을 보이게 된다.

　나는 유럽 여행에서 이 기술을 사용했다. 그곳에 사는 영어권 친구들에 따르면, 유럽의 동료들은 그들이 만나본 미국인 중에 내가 가장 친절했다고 말한다. 실제로는 한마디도 하지 않았음에도 말이다.

행동은 믿음을 현실로 만든다

이 기술의 또 다른 장점은 자기실현적 예언을 만들어낸다는 것이다. 즉, 어떤 사람을 좋아하는 것처럼 행동하면, 실제로 그 사람을 좋아하게 된다. "행동은 믿음을 현실로 만든다"라는 아델피 대학의 연구는 그 사실을 증명한다.[10] 연구진은 참가자들에게 상대방을 좋아하는 것처럼 행동하라고 지시했다. 그 결과, 그들은 정말로 상대방에게 호감을 느끼게 되었다. 마찬가지로 상대방도 그들에게 더 큰 존중과 호감을 느낀다는 결과가 나왔다. 한마디로 사랑은 사랑을 낳고 존중은 사랑을 낳는다. '옛 친구를 만난 것처럼 대하라' 기술을 사용하면 상대방은 정말로 '오래된 친구'처럼 당신을 좋아하게 될 것이다.

　이제 당신은 만나는 모든 사람에게 특별하고 친절한 사람처럼 보이게 해주는 기본적인 기술을 모두 갖추었다. 하지만 아직 끝이 아니다. 호감을 얻는 것도 중요하지만 신뢰할 수 있고 지적이고 확신 있게 보이는 것도 중요하다. 앞으로 소개할 세 가지 기술이 그 목표에 이르게 할 것이다.

누군가를 처음 만날 때, 마음속으로 그 사람이 오랜 친구나 예전에 정말 좋아했던 사람이라고 생각하라. 예전에는 무척 친했지만, 세월이 흘러 어느새 연락이 끊겼다. 그런데 다른 친구와의 모임에서 그 친구를 다시 우연히 만난 것이다.

이 기쁨의 순간은 당신의 몸에 놀라운 연쇄 반응을 불러일으킨다. 눈썹부터 발가락까지 모든 근육이 풀어지고, 상대방을 향한 온화함이 가득 차오른다.

7

100퍼센트 신뢰할 만한 사람처럼 보이는 방법

내 친구 헬렌은 헤드헌팅 분야에서 능력을 인정받는 전문가다. 그녀는 클라이언트들에게 가장 적합한 인재를 찾아주는 능력이 탁월하다. 성공 비결을 물었을 때, 그녀는 이렇게 답했다. "아마도 지원자가 거짓말하는 것을 알아챌 수 있기 때문일 거야."

"그걸 어떻게 알 수 있는데?"

"지난주에 작은 기업의 마케팅 책임자 포지션에 지원한 젊은 여성을 인터뷰했어. 인터뷰 내내 그 여성은 다리를 꼬고 두 손을 무릎에 얹고 나를 똑바로 바라보는 자세였어. 연봉에 대해 물었더니 계속 같은 자세로 나를 바라보며 대답했어. 이전 직장에 대한 만족도를 물었을 때도, 계속 그랬지. 그런데 이전 직장을 그만둔 이유를 묻는 순간, 시선이 흔들리더니 다시 나를 쳐다보더라고. 그리고 질문에 답하는 동안 자세를 고쳐 앉았어. 오른쪽 다리를 왼쪽에 올렸지. 그리고 두 손을 입으로 가져갔고 말이야.

그것만으로도 충분했어. 말로는 '성장 기회가 제한적이라서 그만뒀다'라고 했지만, 그녀의 보디랭귀지는 그게 전부가 아니라는 것을 알려줬거든."

불안해하는 모습만으로는 거짓말의 확실한 증거는 아니라고 헬렌은 덧붙였다. 하지만 그녀가 문제를 좀 더 깊이 들여다보기 위한 충분한 근거가 되었다.

"그래서 나는 테스트를 했어. 다른 주제로 바꿔서, 그녀의 미래 계획에 대해 물었지. 그랬더니 그녀의 불안한 모습이 사라졌어. 다시 무릎에 손을 올리고, 작은 회사에서 실질적인 경험을 쌓기 위해 일하고 싶다고 말했어. 그 후에 다시 이전 직장을 그만둔 이유를 물어봤어. 그랬더니 다시 자세를 바꾸고, 시선이 잠시 다른 곳으로 향했어. 이전 직장에 대해 이야기하면서 팔을 문지르기 시작하더라고."

헬렌은 결국 그 지원자가 마케팅 책임자와 의견 차이로 크게 싸운 후 퇴사한 것이었다는 사실을 밝혀냈다. 지원자들을 인터뷰하는 인사 담당자나 범죄 용의자들을 심문하는 경찰관들은 거짓말을 탐지하는 특별한 훈련을 받는다. 그들은 구체적인 신호를 포착할 줄 안다. 하지만 일반인들도 때로 직감으로 상대의 거짓말을 알아챈다.

얼마 전에 사내 예약 담당자를 채용하려는 지인이 있었다. 그녀는 지원자와의 인터뷰 후에 이렇게 말했다. "음, 그 사람이 얘기하는 성과들이 진실로 느껴지지 않아요."

"거짓말하고 있다고 생각해요?" 나는 물었다.

"그런 것 같아요. 그런데 왜 그렇게 확신하는지를 설명하긴 힘들어요. 그 사람은 나를 똑바로 바라보고, 모든 질문에도 바로 대답했어요. 그런데도 뭔가 찝찝한 느낌이 들어요."

고용주들은 종종 이런 식으로 느낀다. 그들은 명확한 이유를 들 수는 없지만, 뭔가 석연치 않은 느낌이 든다는 것이다. 그래서 큰 회사들은 거짓말 탐지기를 사용하는 경우가 많다. 은행, 약국, 슈퍼마켓 등은 사전 평가 과정에서 거짓말 탐지기에 크게 의존하며, FBI, 법무부, 대부분의 경찰서도 용의자들을 상대로 이를 사용한다.

그런데 사실 거짓말 탐지기는 실제로 거짓말을 탐지하는 기계가 아니다! 그 기계는 단지 호흡 패턴, 땀, 홍조, 심박수, 혈압 등 감정적인 각성 징후를 나타내는 자율신경계의 변화를 감지할 뿐이다.

그렇다면 거짓말 탐지기는 정확한가? 대부분은 그렇다. 일반적으로 사람들이 거짓말을 할 때는 감정적인 각성이 일어나고, 이로 인해 신체 변화가 생기기 때문이다. 보통 사람들은 이것을 통제하기 어렵다. 그러나 경험이 많거나 특별히 훈련받은 거짓말쟁이들은 이마저도 속일 수 있다.

중요한 의사소통에서는 움직임을 최소화하라

문제는 중요한 대화에서도 긴장이나 위협을 느끼면 거짓말과 유사한 반응이 나타난다는 것이다. 예를 들어, 매력적인 여성에게 자신의 사업 성공을 자랑하는 젊은 남자는 눈치를 보며 자세를 고치기도 하고, 중요한 거래처에 회사의 매출에 관해 이야기하는 여성은 긴장해서 목을 만지기도 한다.

하지만 상황에 따라 문제가 발생하기도 한다. 사업가가 옷깃을 잡아당기는 것은 긴장 때문이 아니라 실내가 더워서일 수도 있다. 정치인이 야외에서 연설하며 눈을 과도하게 깜빡이는 것은 먼지 때문일 수 있다. 하지만 이런 다른 원인이 있음에도, 부자연스러운 움직임을 보며 상대방은 이상하다고 느끼거나, 말하는 사람이 거짓말하고 있다고 생각하게 된다.

이런 위험을 잘 알고 있는 의사소통 전문가들은, 찔리는 구석이 있는 것처럼 보일 가능성을 철저히 제거한다. 그들은 듣는 사람에게 시선을 고정하고, 절대로 손을 얼굴에 가져가지 않는다. 팔이 저려도 문지르지 않고, 코가 간지러워도 만지지 않는다. 덥다고 옷깃을 잡아당기지 않고, 눈에 먼지가 들어갔다고 과도하게 눈을 깜빡이지 않는다. 대중 앞에서는 땀방울을 닦거나 햇살을 가리는 일도 하지 않는다. 불안해하는 모습이 신뢰성을 떨어뜨린다는 것을 알기 때문에 잠시 불편해도 참는다.

1960년 9월 25일에 TV로 방송된 리처드 닉슨과 존 F. 케네디의 대선 토론을 생각해보자. 정치 전문가들은 닉슨이 메이크업을 하지 않았던 것과, 안절부절못하는 모습, 카메라 앞에서 이마의 땀을 닦은 것이 선거 패배의 원인이라고 분석했다. 전적으로 신뢰받는 사람으로 보이고 싶다면, 중요한 의사소통을 할 때는 외부적인 움직임을 모두 제거해야 한다. 나는 이 기술을 "불안한 모습을 최소화하라"라고 부른다.

이제 똑똑해 보이는 법에 대해 알아보자. 알고 보면 생각보다 쉽다. 산수 계산을 할 수 있었던 똑똑한 말 한스에 대해 들어본 적 있는가? 역사상 가장 똑똑하다는 평가를 받는 한스는 바로 내가 지금 설명하려는 기술을 활용했다.

Winning Skill | #7 불안하다면 움직임을 확 줄여라

정말 중요한 대화를 진행할 때는 코가 가렵거나 귀가 따끔하거나 발이 저리더라도 참아야 한다. 꼼지락거리거나, 몸을 비비거나 긁는 행동은 하지 않는 것이 좋다. 그리고 가장 중요한 것은, 손을 얼굴에 가져가지 않는다. 얼굴을 손으로 만지거나, 꼼지락거리는 모든 행동은 상대방에게 거짓말을 하고 있다는 인상을 줄 수 있다.

8

표정과 몸짓으로
사람의 마음을 읽어라

똑똑한 말 한스는 이 기술에 대한 영감을 주었다. 베를린에 사는 폰 오스텐은 한스에게 오른쪽 앞발굽을 두드리는 방법으로 간단한 산수 문제를 푸는 훈련을 시켰다. 1900년대 초, 한스의 놀라운 능력은 전 세계에 퍼져 나가며, '영리한 한스', '산수 푸는 말' 등으로 불리게 되었다.

폰 오스텐은 한스에게 덧셈뿐만 아니라 뺄셈과 나눗셈까지 가르쳤다. 곧 한스는 구구단까지 완벽하게 익혔다. 한스 이야기는 전 세계에 돌풍을 일으켰다. 주인이 한 마디도 하지 않아도, 한스는 청중의 수를 세고, 안경 쓴 사람들의 수를 발굽으로 치고, 모든 계산 문제에 답했다.

결국, 한스는 인간과 동물을 구분하는 궁극적인 능력, 즉 언어 능력을 얻었다. 알파벳까지 '배운' 것이다. 글자마다 발굽을 두드리며,

한스는 사람들이 신문에서 읽거나 라디오에서 들은 것에 관한 문제에 답했다. 심지어 역사, 지리, 인간 생물학에 대한 일반적인 질문에도 대답할 수 있었다.

한스는 큰 화제를 일으키며 헤드라인을 장식했고, 유럽 전역에서 저녁 모임의 주요 토론 주제가 되었다. 이 '사람 같은 말'은 곧 과학자와 심리학 교수, 수의사, 심지어 기병 장교들의 관심을 끌었다. 그들은 말이 그런 행동을 할 수 있다는 것에 회의적이었고, 한스가 진정한 천재 말인지 아니면 사기치는 것인지를 밝혀내기 위해 공식 위원회를 구성했다. 그러나 의심과는 별개로 한스가 똑똑한 말이라는 것은 누구나 인정할 만했다. 한스는 다른 말들과 비교했을 때 특별했다.

중요한 시험의 날이 도래했다. 사람들은 모든 것이 한스의 주인 폰 오스텐의 속임수라는 것을 확신했다. 입석만 있는 상태에서 강당에는 과학자들, 기자들, 신통력 있는 사람들, 심령술사들, 말 애호가들로 가득 찼다. 그들은 기대에 차서 답을 기다렸다. 위원회는 오늘 한스의 속임수가 드러나리라고 확신했다. 속임수를 드러내기 위한 준비를 철저히 했기 때문이다. 그들은 폰 오스텐을 출입금지 시키고, 말이 혼자 있는 상태에서 시험을 진행하려 했다. 그들은 군중이 모였을 때 폰 오스텐에게 강당에서 나가달라고 했다. 놀란 주인이 떠나고 한스는 의심과 불안으로 가득한 군중과 함께 강당에 남았다.

자신감 넘치는 위원장은 한스에게 첫 번째 수학 문제를 제시했다. 그런데 한스는 발굽을 두드리며 정답을 맞혔다! 두 번째 문제, 세 번째 문제도 모두 정답이었다. 그 후에는 언어 문제를 제시했고, 한스는 이 문제도 모두 맞혔다.

위원회는 당황했다. 비평가들은 말문이 막혔다. 그러나 청중은 그렇지 않았다. 그들은 새로운 위원회를 구성하라고 요청했다. 세계가 이 일을 주목하는 동안, 과학자들, 교수들, 수의사들, 기병 장교들, 기자들이 다시 한자리에 모였다.

이제 두 번째 위원회가 한스를 시험한 후에야, 영리한 말에 대한 진실이 드러난다. 두 번째 위원회는 간단한 덧셈 문제를 제시하여 형식적으로 조사를 시작했다. 그러나 이번에는 모두가 들을 수 있도록 큰 소리로 질문하는 대신, 한 연구자가 한스의 귀에 숫자를 속삭이고, 다른 연구자가 다른 문제를 속삭였다. 사람들은 한스가 덧셈의 답을 발굽으로 두드릴 것으로 예상했다. 그러나 한스는 아무런 반응도 보이지 않았다! 연구자들은 세상이 궁금해하던 진실을 드러냈다.

진실이 무엇이었을까?

힌트를 주자면, 청중이나 연구자가 답을 알고 있을 때만 한스도 답을 알았다. 이제 이해가 되는가?

사람들은 한스가 정확한 숫자를 발굽으로 두드리는 순간, 매우 미묘한 신호를 보냈다. 한스가 질문에 대한 답으로 발굽을 두드리기 시작하면, 청중은 미묘한 긴장감이 담긴 신호를 보냈다. 그리고 한스가 정답에 도달하면 청중은 안도의 한숨을 내쉬거나 긴장을 풀었다. 폰 오스텐은 바로 그 순간 한스가 발굽 두드리는 것을 멈추도록 훈련시킨 것이다.

한스는 청중의 반응을 예리하게 관찰하고, 그에 따라 자신의 행동을 조절했던 것으로 보인다. 즉, 한스의 놀라운 능력은 사실 청중과의 교감과 상호작용에서 비롯된 것이었다.

몸짓 언어를 포착하면 유리한 고지에 선다

TV를 보다가 전화벨이 울린 적이 있는가? 누군가 전화를 받아야 해서 음소거 버튼을 누르라고 요청한다. 이제 TV에서는 소리가 나지 않아, TV 화면에 나오는 배우들의 움직임에 더 집중하게 된다. 배우들이 웃거나, 눈살을 찌푸리거나, 히죽거리거나, 눈을 가늘게 뜨는 등 다양한 표정을 짓는 것을 볼 수 있다. 그들의 표정만으로도 어떤 생각을 하고 있는지 알 수 있게 되어, 이야기를 이해하는 데는 큰 무리가 없다.

이것이 바로 '한스의 상식' 기술이다. 사람들이 어떻게 반응하는지 관찰하고, 그에 따라 행동하는 것이다. 대화할 때는 상대방의 눈을 바라보며, 상대방이 자기 말에 어떻게 반응하는지 살펴본다.

상대방이 미소를 지으며 고개를 끄덕이고 손바닥을 보인다면, 당신의 말이 마음에 든다는 뜻이다. 눈살을 찌푸리거나, 고개를 돌리거나, 손을 꽉 쥐고 있다면, 당신의 말이 마음에 들지 않는다는 뜻일 수 있다. 목을 만지거나, 뒤로 물러서거나, 발이 문 쪽을 향하고 있다면, 자리를 뜨고 싶은 것일 수 있다.

우리는 이미 인생 경험을 통해 이런 신호를 읽는 능력을 키워왔다. 대화 상대가 뒤로 물러서거나 고개를 돌린다면, 내 말에 관심이 없다는 표현임을 대부분 알고 있다. 짜증이 나면 목을 만지작거리고, 자신이 우월하다고 느낄 때는 손을 첨탑 모양으로 만드는 것도 마찬가지다.

앞으로 보디랭귀지에 대해 좀 더 살펴볼 것이다. 여기서는 몸짓만으로 상대방에게 어떤 메시지를 전달할 수 있는지에 주목하자.

지금까지 살펴본 8가지 기술을 활용하면, 자신감 넘치고 신뢰할 수 있으며 카리스마 있는 사람처럼 보일 수 있다. 또한 만나는 사람들의 기분을 좋게 만들 수 있다. 다음 글에서는 이 모든 기술들을 통합하여, 주저 없이 행동하는 방법을 알려줄 것이다.

Winning Skill | #8 상대방의 반응에 따라 행동을 미세 수정하라

대화할 때는 두 가지 행동을 습관화하라. 첫째, 상대방이 내 말에 어떻게 반응하는지 주의 깊게 살피는 것, 그리고 둘째, 그에 따라 행동을 조정하는 것이다.

말[馬]이 할 수 있다면 당연히 사람도 할 수 있다. 이 기술을 익히면, 아무리 미세한 단서라도 놓치지 않는 예리한 관찰력을 지닌 사람으로 인정받는다.

9

마음의 대화로
완성하는 의사소통 기법

TV에서 스키를 타는 프로 선수의 모습을 본 적이 있을 것이다. 선수가 활강 코스 최상단에서 출발 신호를 기다리며 온몸의 근육을 긴장시키는 모습, 그의 눈을 보면 마치 유체 이탈 중인 것처럼 보인다. 그는 이미 속력을 내며 비탈길을 내려가 결승선을 통과하는 모습을 머릿속에 그리고 있다. 한마디로 그는 루트를 시각화하고 있다.

모든 스포츠 선수들이 이런 시각화를 활용한다. 다이빙, 달리기, 점프, 창던지기, 수영, 스케이트, 곡예 등에 참여하는 선수들은 경기가 시작되기 전에 자기 몸이 어떻게 움직이고, 어떻게 성공적으로 경기를 마무리할 것인지를 머릿속에 상세하게 그린다. 바람을 가르고 물이 첨벙거리고 창이 획 날아가 쿵 떨어지는 소리를 듣는다. 잔디와 시멘트, 수영장, 먼지 냄새를 맡는다. 몸을 움직이기 전에 경기가 승리로 끝나는 영화 한 편을 모두 시청한다.

스포츠 심리학자들은 이런 시각화가 프로 선수들뿐만 아니라 일반 사람들에게도 효과적이라고 말한다. 연구에 따르면, 이른바 '심리적 시연'mental rehearsal은 골프, 테니스, 달리기 등의 취미 스포츠를 하는 사람들의 성능 향상에도 큰 도움을 준다. 전문가들은 실제 행동을 하기 전에 머릿속에 시나리오를 그리는 것이 큰 효과를 발휘한다는 데 동의한다.

침대에 누워서 준비한 마라톤

내 친구 리처드의 이야기를 들어보자. 리처드는 마라톤을 즐기는 사람이다. 몇 년 전 뉴욕 마라톤 대회를 3주 앞두고 차량 사고로 병원에 2주 동안 입원해야 했다. 친구들은 리처드가 대회에 참가하지 못할 것이라고 생각했다. 그러나 대회 당일 아침, 리처드는 운동복 차림으로 센트럴 파크에 나타났다.

"리처드, 정신 차려! 네 몸은 달리기할 수 있는 상태가 아니야. 2주나 침대에 누워 있었잖아!" 친구들이 하나같이 소리쳤다.

"몸은 침대에 있었지만, 나는 계속 달리고 있었어." 그가 대답했다.

"뭐라고?" 다들 놀라 물었다.

"그래, 침대에서 매일 정확히 42.195킬로미터를 뛰었어."

리처드는 자신이 그 거리를 달리는 모습을 상상 속에서 시작부터 끝까지 다 보았다고 했다. 그는 코스를 보고, 소리를 듣고, 근육이 경련하는 움직임까지도 느꼈다. 마라톤을 뛰는 자기 모습을 완벽히 시각화한 것이다. 그는 이전만큼의 좋은 성적은 내지 못했지만, 시각화 덕분에 과도한 피로감 없이, 부상 없이 마라톤을 완주했다.

이런 이야기가 심리학에서 말하는 허튼소리로 들릴 수도 있다. 그러나 이것은 사실이다! 시각화는 어디에 적용하든 효과적이다. 의사소통 능력 향상에도 효과가 있다. 시각화는 당신이 완벽하게 편안한 상태에서 가장 잘 작동한다. 마음이 평온할 때 가장 생생하고 명확한 이미지를 떠올릴 수 있기 때문이다. 파티나 컨벤션 혹은 중요한 회의 전에 조용한 공간에서 시각화를 해보자. 앞으로 일어날 일들을 마음속에서 미리 경험해보는 것이다.

이제 새로운 사람을 만날 때 올바른 시작을 돕는 기술들을 모두 갖추었다. 처음 만날 때를 로켓이 발사되는 순간으로 생각해보자. NASA에서 달을 향해 로켓을 발사할 때는, 지상에서 100만 분의 1의 실수가 생기면 달에 도착했을 때는 수천 킬로미터의 오차가 난다. 마찬가지로 관계의 시작에서 사소한 보디랭귀지 실수 하나가 그와의 관계를 완전히 빗나가게 할 수 있다.

1부에서 배운 홍수 같은 웃음, 강력한 눈 맞춤, 입으로 물기, 아이처럼 대하기, 옛 친구처럼 대하기, 초조함 최소화, 한스처럼 생각하기, 앞으로 펼쳐질 상황을 미리 보기 등의 기술을 활용하면, 사업, 우정, 사랑 등 어떤 관계든 성공으로 이끌 수 있다.

이제 행동에서 말로 넘어가 보자.

앞으로 보여줄 자신의 멋진 모습을 미리 시연하라. 고개를 똑바로 들고 꼿꼿한 자세로 걷고 악수하고 홍수 같은 미소를 보이고 강렬한 눈 맞춤으로 바라보는 자기 모습을 상상한다. 모두와 편안하게 담소를 나누는 소리를 듣는다. 자신감 넘치는 모습으로 모두의 관심을 끌어당기는 내 모습에 만족감을 느낀다. 이처럼 자신감 넘치는 나를 시각화하라. 그러면 실제로도 이 모든 일이 자연스럽게 일어난다.

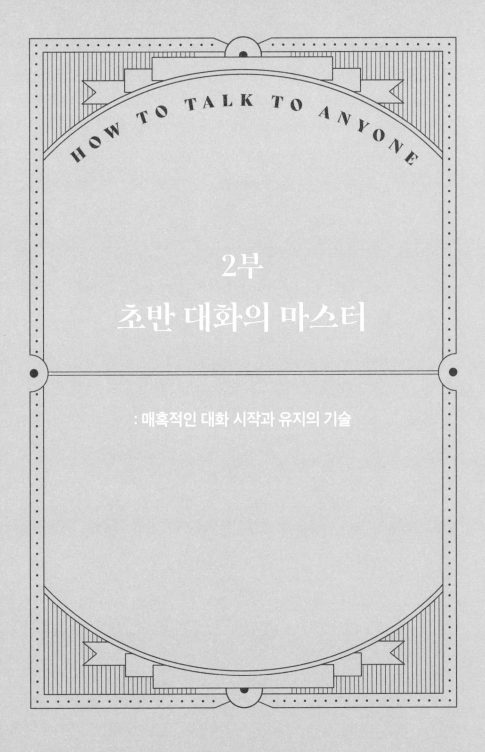

HOW TO TALK TO ANYONE

2부
초반 대화의 마스터

: 매혹적인 대화 시작과 유지의 기술

첫인상은 눈으로 강렬한 시작을 만드는 것이 필수지만, 첫마디로 귀를 즐겁게 만드는 것도 중요하다. 대화 상대가 환영받는 기분을 느끼게 하려면 잡담의 기술을 익혀야 한다.

아무리 용감한 사람이라도 처음 만나는 사람과 '잡담'small talk 을 나누는 일은 쉽지 않다. 아는 사람이 하나도 없는 모임에서 허둥대는 모습, 모두는 그런 어색함과 불편함이 무엇인지 알고 있다.

알고 보면 성격이 밝은 사람일수록 잡담을 싫어하는 경우가 많다. 포춘 500대 기업을 대상으로 컨설팅을 하면서 이 사실을 깨달았다. 중요한 발표나 연설에 익숙한 임원들도 잘 모르는 사람들과의 잡담에서는 쉽게 방향을 잃는다고 말했다.

잡담을 부담스러워하기는 유명 인사들도 마찬가지란 사실에 위안을 얻는다. 잡담에 대한 두려움과 무대 공포증은 비슷하기 때문이다.

최고의 공연자들도 낯선 이들에게 둘러싸여 있을 때는 불안감을 느낀다. 첼로의 거장 파블로 카잘스는 평생 무대 공포증에 시달렸다. 가수 칼리 사이먼은 무대 공포증 때문에 라이브 공연을 줄여야 했다. 닐 다이아몬드와 일했던 내 친구는 그가 무대 공포증으로 가사를 까먹을까 봐, 40년 동안 부른 노래 〈우울한 노래〉Song Sung Blue 가사를 프롬프터로 띄웠다고 했다.

잡담 공포증은 고칠 수 있을까?

과학자들은 의사소통에 대한 두려움을 치료할 수 있는 약이 나올 수도 있다고 말한다. 이미 프로작Prozac으로 성격을 바꾸는 실험이 진행 중이지만, 부작용을 두려워하는 사람도 많다. 하지만 우리 뇌는 생각하거나 특정 감정을 느낄 때, 즉 특정 상황에 대처할 자신감이 있을 때 스스로 해결책을 찾아낸다. 잡담에 대한 두려움을 병으로 본다면, 이 섹션에서 다루는 확실한 기술은 그 치료제가 될 수 있다.

과학 분야에서는 사람들의 긴장이 우연이나 환경 때문이 아님을 인정하기 시작했다. 우리 뇌에서는 뉴런이 신경전달물질을 통해 소통하는데, 일부에게는 아드레날린과 비슷한 노르에피네프린 수치가 과도하게 높다. 유치원에 가면 테이블 아래로 숨기 바쁜 아이들도 있다.

나 역시 어릴 적에는 테이블 아래에서 많은 시간을 보냈다. 10대 초반에는 남학생과 말하면 다리가 후들거렸다. 중학생 때 학교 댄스파티에 함께 갈 남학생이 필요했는데, 후보는 많았지만 내가 아는 사람은 유진뿐이었다. 그래서 용기를 내어 그에게 전화하기로 했다.

댄스파티가 2주 앞으로 다가올 때부터 손에 땀이 찼다. 전화 거는 게 두려워졌다. 일주일 전이 되자 심장이 빠르게 뛰었다. 또다시 전화를 미뤘다. 댄스파티 3일 전에는 숨 쉬는 것조차 힘들었다.

시간이 없었다. 그래서 나는 할 말을 미리 적어두기로 하고 이렇게 적었다.

"안녕, 나 레일이야. 지난여름 캠프에서 만났는데 기억나?" (그가 '응'이라고 대답하기를 바랐다.)

"이번 주 토요일 저녁에 열리는 캐더럴 학교 댄스파티에 네가 내 파트너로 같이 가줬으면 해." (그가 '응'이라고 말하기를 기도했다.)

목요일이 되자 더 이상 미룰 수 없었다. 전화기를 들고 번호를 눌렀다. 전화받기를 기다리는데 땀이 내 팔꿈치로 흘렀다.

"여보세요?"라는 매력적인 저음이 들렸다.

나는 긴장한 텔레마케터처럼 빠르게 말했다. "안녕, 나 레일이야. 지난-여름-캠프에서-만났는데-기억나?" 그의 답을 기다려야 한다는 사실을 잊고서 곧바로 이어서 말했다. "이번-주-토요일-저녁에-열리는-캐더럴-학교-댄스-파티에-네가-내-파트너로-같이-가줬으면-해."

크고 밝은 목소리로 "좋아, 나도 그러고 싶어!"라고 대답하는 게 아닌가! 그제야 그날 처음으로 편안한 숨을 내쉬었다. 그는 계속해서 말했다. "7시 30분에 여자 기숙사로 데리러 갈게. 분홍색 카네이션 가져갈게. 네 드레스와 잘 어울릴까? 그리고 내 이름은 도니야."

도니? 도니라고? 도니가 누구지?

어찌됐든, 도니는 내 학창 시절 최고의 댄스파티 파트너였다. 도니는 대화 기술이 뛰어나서, 나를 처음부터 편안하게 해주었다. 빨간 머리와 뻐드렁니는 그의 매력을 더욱 돋보이게 했다.

토요일 저녁, 도니는 카네이션을 한 손에 들고, 얼굴에는 미소를 띠며 나를 문 앞에서 맞았다. 그는 댄스파티에 꼭 가고 싶었다고, 그래서 다른 남학생에게 걸려온 전화였음에도 응했다고 했다. 그의 농담은 나를 더욱 편안하게 했다. 그는 "목소리 예쁜 여학생"의 전화를 받았을 때, 자기가 댄스파티에 가야겠다고 결심했다고 말했다.

그가 대화를 이끌면서 나는 도니에게 점점 더 관심을 갖게 되었다. 결국, 그는 내 첫 남자친구가 됐다.

도니가 익숙하게 사용했던 잡담 기술을 법칙으로 변환해, 당신도 잡담을 더 잘할 수 있게 돕고자 한다. 이 기술을 완전히 숙지한다면, 당신도 도니처럼 모든 사람의 마음을 사로잡을 수 있을 것이다.

물론 이 책의 목표가 단순히 잡담의 달인이 되는 것은 아니다. 커뮤니케이션 능력이 뛰어날 뿐만 아니라 카리스마를 겸비한 사람이 되게 도움을 줄 것이다. 그리고 잡담은 그 목표를 향한 첫 번째 중요한 단계이다.

10

기분 맞추기가
잡담의 성공을 좌우한다

누구나 한 번쯤은 낯선 사람과 대화할 때 당황한 경험이 있을 것이다. 악수를 나누고 시선이 마주칠 때, 머릿속이 하얘지면서 할 말을 잃어버리곤 한다. 어색한 침묵을 피하려 말을 꺼내보지만, 분위기를 살리는 데 실패하고 상대방은 어느새 다른 곳으로 가버린다.

우리는 모두 대화를 시작할 때 반짝이고 재치 있는 말을 하고 싶어 한다. 내가 얼마나 매력적이고 흥미로운 사람인지 단박에 알려주고 싶은 마음이다.

몇 년 전 모든 사람이 그렇게 반짝이고 재치 넘치고 자기 통찰력을 과시하는 자리에 있었다. 지적 능력이 상위 2%에 속하는 멘사Mensa 회원 모임에 기조 연설자로 초대받았을 때였다. 호텔 로비에서 칵테일 파티가 한창이었을 때 도착해 체크인 후, 엘리베이터에 올랐다. 엘리베이터 안은 파티를 즐기려는 사람들로 북적였다. 엘리베이터가 올라가면서 나는 "흠, 엘리베이터가 좀 느리네요"라고 말했다. 그 말에 엘리베이터 안의 사람들은 자신이 IQ 140 이상임을 보여주려는 듯이 한마디씩 하기 시작했다. "분명히 레일 가이드 정렬 불량일 겁니다." "계전기 접촉 문제에요." 그 순간, 나는 마치 스피커에 갇힌 메뚜기가 된 기분이었다. 어서 이 공간에서 벗어나고 싶었다.

나중에 호텔 방에 혼자 있을 때, 가만히 생각해보니 멘사 회원들의 대답이 흥미롭다는 것을 깨달았다. 그런데 왜 그 순간에는 그렇게 거부감이 들었을까? 피곤한 상태에서 그들의 강렬한 에너지를 너무 빨리 마주했기 때문이었다.

잡담의 핵심은 사실이나 말 자체가 아니라 음악과 멜로디에 있다. 잡담은 사람들을 편안하게 만드는 데 목적이 있다. 아이들의 즐거운 흥얼거림, 사람들이 모여 부르는 합창처럼, 잡담은 마음에 위안을 주는 소리인 것이다. 그래서 무엇보다 상대방의 기분에 맞추는 것이 중요하다.

음악 선생님이 하모니카로 학생의 음을 맞추듯, 대화의 달인들은 상대방의 목소리 톤을 파악해 거기에 맞춘다. 만약 멘사 회원들이 처음부터 힘찬 에너지를 쓰지 않고, 나의 무기력한 기분에 맞추어 "그러게요, 엘리베이터가 정말 느리네요" 정도로 공감했다면 어땠을까? 아니면 "혹시 엘리베이터가 느린 이유가 궁금하세요?"라고 먼저 물었다면, 나는 그렇다고 했을 것이다. 그리고 여러 복잡한 설명도 기꺼이 들었으리라. 어쩌면 친분도 쌓였을지 모른다.

당신도 서로 맞지 않는 에너지 수준의 공격을 받은 경험이 있을 것이다. 동료가 지나치게 흥분한 상태로 질문 공격을 퍼부으면 긴장이 풀리는가? 반대로 당신이 회의에 늦어서 서두르고 있을 때 동료가 당신을 붙잡고 느릿느릿 장광설을 늘어놓기 시작한다면 어떻겠는가? 아무리 재미있는 이야기라도 기분이 다를 때는 귀에 잘 들어오지 않는 법이다.

따라서 성공적인 대화를 시작하는 첫 번째 단계는, 상대방의 기분에 맞추는 것이다. 잡담에 대해 생각할 때, 음악을 떠올려보자. 상대방은 아다지오인지, 알레그로인지를 파악하고 그에 맞추는 것이다. 나는 이것을 "상대방 기분에 맞추기"라고 부른다.

공감의 접점 찾기: 감정을 맞추는 대화의 기술

잡담에서 중요한 것은 고객의 기분에 맞추는 것이다. 몇 년 전, 나는 친한 친구 스텔라를 위해 깜짝 파티를 준비했다. 스텔라에게는 축하할 일이 3가지나 있었다. 생일, 약혼 그리고 꿈에 그리던 직장에 입사한 것. 그래서 파티 준비는 평소보다 훨씬 더 복잡했다.

나는 프랑스 레스토랑에 예쁜 파티룸이 있다는 소문을 듣고, 그곳으로 갔다. 매니저는 나른한 표정으로 앉아 있었고, 나는 스텔라를 위한 축하 파티에 대해 설명하며 파티룸을 보고 싶다고 말했다. 그런데 그는 웃음기 없는 얼굴로 "파티룸은 안쪽에 있습니다. 원하시면 가서 보세요"라고 말했다. 그의 반응에 나의 기분은 식어버렸다. 그는 나의 흥분한 기분에 전혀 공감하지 못했다. 그래서 나는 그곳을 떠나 다른 장소를 물색하기로 했다.

엄마들은 본능적으로 알고 있다. 아기가 울 때, 엄마들은 "조용히

해"라고 소리치지 않는다. 대신, "아이고, 이런, 아팠쩌?" 하는 혀짧은 소리를 내며 아기의 기분에 공감해준다. 그리고 점차 둘 다 차분해지는 것이다.

대화 상대도 마찬가지다. 상대방이 당신의 말에 동의하게 만들려면, 상대방의 기분에 맞추는 것이 중요하다.

Winning Skill | **#10 상대의 기분과 맞춰라**

대화 전에 목소리의 샘플을 얻어 상대방의 감정 상태를 가늠해보자. 표정을 마음속으로 스냅샷 찍듯 관찰하며 지금 흥분한 건지, 지루해하는 건지, 딴 생각 중인지 체크한다. 상대를 내 이야기 속으로 끌어들이려면 기분과 톤을 조금이라도 맞추려 애쓰는 태도가 필수적이다.

11

소통의 첫 단추

: 처음 만남을 즐겁게 만드는 방법

몇 년 전, 어떤 파티에서 한 남자를 보았다. 그는 팬클럽 회원들에게 둘러싸여 있었고, 사람들은 그의 이야기에 빠져들어 있었다. 나는 그의 이야기가 무엇인지 궁금해 가까이 가서 들어보았다. 그의 이야기는 그다지 특별하지 않았다. 그저 평범한 이야기를 열정적으로 하고 있을 뿐이었다. 그 순간, 나는 이야기의 내용이 아니라 어떻게 이야기하는지가 중요하다는 것을 깨달았다.

첫마디, 어떻게 꺼내야 할까?

사람들은 종종 처음 말을 걸 때 뭐라고 해야 할지 묻곤 한다. 그럴 때마다 예전 직장 동료의 대답이 떠오른다. 그녀는 점심시간이 되

85

어도 계속 일하곤 했다. 그래서 나는 "도티, 점심 사올 때 뭐 사다줄까?"라고 물었다. 그녀는 "아무거나 괜찮아요"라고 했다. 이런 상황에서 나는 항상 '아무거나'가 아니라, 정확히 원하는 것을 말하라고 했다. "네가 원하는 걸 말해봐. 호밀빵 햄치즈 샌드위치? 아니면 통밀빵 볼로냐 샌드위치에 마요네즈는 빼고? 바나나 넣은 땅콩버터와 젤리? 제발 콕 짚어서 말해줘. '아무거나'는 너무 어렵단 말이야."

하지만 처음 말을 걸 때 무엇을 말해야 할지에 대해서는 나도 "아무거나!"라고 답한다. 당신이 무슨 이야기를 하든, 열정을 가지고 이야기하고 상대방을 편안하게 해주면 되기 때문이다. 어떻게 편안하게 할 수 있을까? 간단하다. "나는 당신과 비슷한 부류"라는 느낌을 주면 된다. 그러면 공포, 의심, 불신이라는 장벽이 무너진다.

평범한 이야기로 유대감을 쌓을 수 있는 이유

일본계 미국인인 새뮤얼 하야카와는 대학 총장, 미국 상원의원, 우수한 언어 분석가였다. 그는 우리에게 '진부한 말'의 가치를 잘 보여주는 이야기를 들려준다.[11]

1943년, 일본의 진주만 공격 이후 미국 내에 일본 스파이가 있다는 소문이 돌던 시기, 하야카와는 위스콘신주 오시코시에 위치한 기차역에서 기다리고 있었다. 주위에서 그를 의심하는 눈빛들을 느낀 그는, 그들이 불안해한다는 것을 알아차렸다. "어린이와 함께한 부부가 나를 특히 의심하며 불편한 기색으로 대화하고 있었다."

그래서 하야카와는 어떤 대응을 했을까? 그는 평범한 이야기를 꺼내 그들을 안심시켰다. 그는 부부에게 "이렇게 추운 날에 기차가 늦어 아쉽군요"라고 말했고, 남자도 고개를 끄덕였다.

이어 하야카와는, 겨울에 기차 시간이 확실치 않아서 아이와 함께 기다리는 게 특히 힘들겠다고 말했다. 남자는 또다시 동의했다. 하야카와는 아이의 나이를 물었고 나이에 비해 크고 건강해 보인다고 말했다. 이 말에도 동의했고, 이번에는 미소를 띠며 긴장감이 조금씩 풀리기 시작했다.

몇 번의 대화를 주고받은 후, 그 남편이 하야카와에게 물었다. "실례가 되진 않을까 모르겠는데, 당신은 일본인인가요? 일본이 이 전쟁에서 이길 수 있을 거라고 생각하나요?"

하야카와는 "글쎄요. 제가 아는 것도 당신과 비슷합니다. 신문에서 읽은 것밖에 모르지만, 석탄과 철, 석유가 부족한 일본이 미국과 같은 강력한 산업 국가를 이길 수 있을지는 의문이군요"라고 답했다.

하야카와는 이어서 적었다. "내가 한 말은 독창적이거나 박식한 것이 아니었다. 이미 수많은 라디오 해설자들이 반복해 말한 내용일 뿐이지만, 상황에 적절했기에 상대방이 쉽게 동의할 수 있었다."

남자는 안도하는 듯 그의 말에 곧바로 동의했다. 그리고 덧붙였다. "전쟁 중에 당신의 가족들이 일본에 있지 않길 바랍니다."

"사실 일본에 부모님과 여동생 둘이 있어요."

"가족과 연락이 되나요?"

"당연히 되지 않습니다."

그의 대답에 부부는 걱정스러운 표정을 지었다. "전쟁이 끝날 때까지 가족들을 볼 수도, 소식을 들을 수도 없다는 말씀이신가요?"

더 많은 대화가 이어졌지만, 결국 그들은 10분 만에 하야카와를 저녁 식사에 초대했다. 처음에는 의심스러운 눈길로 바라보던 그를, 자신들의 집으로 초대한 것이다. 그 모든 것은 하야카와의 평범하고 독창적이지 않은 대화 덕분이었다.

탁월한 대화 기술을 가진 사람들은 상대방을 편안하게 하는 첫마디가, 독창적이지 않아도 된다는 것을 잘 알고 있다. 하야카와처럼 그들은 진심과 열정을 담아 자신의 감정을 전달한다.

평범함에 담긴 특별함

물론, 항상 평범한 말만 해야 하는 것은 아니다. 상대방의 반응이 괜찮으면 그에 맞춰 대화를 이끌어 나가는 것도 좋다. 이런 식으로 대화는 자연스럽게 확장된다. 하지만 너무 서두르면 오히려 잘난 척하는 것처럼 보일 수 있으니 주의해야 한다. 대화를 시작할 때 가장 중요한 것은 용기를 내어 '진부함'을 보여주는 것이다. 사람들은 대화 내용보다는 어떻게 말하는지에 더 관심을 가지기 때문이다.

다시 말하자면, 불평하거나 무례하거나 불쾌한 것이 아니라면 잡담의 첫마디는 뭐든지 다 괜찮다.

만약 당신의 입에서 나오는 첫마디가 불평이라면 당신은 '불평쟁이'라는 꼬리표가 달릴 것이다. 상대방에게 당신에 대한 첫인상은 불평하는 모습이기 때문이다.

당신이 평소에 긍정적인 사람일지라도, 처음 만난 사람이 그걸 어떻게 알겠는가? 첫마디가 불평이라면, 당신은 불평쟁이로 인식될 수

밖에 없다. 첫마디가 무례하다면, 상대는 당신을 불쾌한 사람으로 생각한다. 아주 단순한 원리다.

이런 부정적인 인상을 줄 수 있는 이야기를 제외한다면, 어떤 이야기든 괜찮다. 어느 지역에서 왔는지, 파티 주최자와 어떤 관계인지, 멋진 양복은 어디서 구했는지 등 이야기할 수 있는 주제는 무궁무진하다. 비결은 상대방을 대화에 끌어들이려는 열정을 가지고 평범한 질문을 하는 것이다.

샌드위치를 기다리고 있는 도티의 사무실로 돌아와 보자. 도티에게 어떤 샌드위치를 사다 줄까 고민하며 뒤를 돌아보면, 가끔 그녀가 이렇게 외친다.

"소시지 빼고 다 좋아요!"

처음 만나는 사람들에게 다가가 먼저 말을 거는 것이 어색하다면, 의미 있는 소통의 지름길로 한 번 가보자. 사람들에게 다가가기 위한 간단하고 쉬운 3가지 방법과, 잡담에 의미를 더해주는 9가지 기술을 소개하겠다.

Winning Skill | #11 평범함에 열정을 담아라

처음에 어떤 말을 해야 할지 걱정되는가? 괜찮다. 상대방이 당신에 대해 만드는 첫인상의 80퍼센트는 당신의 말이 무엇인지와는 전혀 상관이 없다. 처음에는 무슨 말이든 해도 된다. 아무리 평범하고 진부하더라도 상대방의 기분에 공감하

고 긍정적이고 열정적인 태도를 보여준다면 상대방의 흥미
를 끌 수 있다.

――――――――――――――――――――――――――

12

남들이 나에게
말을 걸게 하려면

미혼 남녀는 소개팅 없이도 연인을 만나는 데 능숙하다. 이런 기술은 사교적 목적이나 커리어를 위한 인맥 관리에도 효과적이다. 이 기술에는 특별한 재주가 필요 없다. 단지 "시각적 소품"을 착용하는 용기만 있으면 된다. 가령 특이한 핀, 흥미로운 지갑, 개성 넘치는 넥타이나 모자, 만년필 등 당신이 착용하거나 가지고 다니면서 사람들의 눈길을 끌 만한 물건이라면 다 좋다. 이것은 사람들의 주목을 받고, 당신에게 다가와 "그거 뭐예요?"라고 말을 걸게 만드는 물건이다. 개인의 성격이나 모임의 특징에 따라 미묘하거나 눈에 확 띌 수 있다.

나는 빈티지 스타일의 특이한 안경을 목에 걸고 다닌다. 종종 호기심 많은 사람이 다가와 "그거 뭐예요?"라고 물으면, 할머니가 물려준 옛날 안경이라고 설명한다. 그러면 안경과 노화로 인한 시력 저하, 할머니에 대한 애정, 앤틱 장신구에 대한 애정 등 다양한 주제로 대화가 이어진다.

어쩌면 당신도 이미 이 멋진 기술을 사용하고 있을지 모른다. 말을 걸어보고 싶은 사람이 눈에 띄었을 때, 그 사람에게 흥미로운 아이템이 있다면, 그것은 당신에게 말을 걸 좋은 기회가 된다.

사람과 사람을 이어주는 '그것'

당신이 사업 아이디어를 찾거나 새로운 연애를 시작할 때도 그것은 상대방과 친밀감을 쌓는 도구가 된다. 친구 알렉산더는 그리스 염주를 착용하고 다닌다. 이는 마음을 진정시키려는 목적이 아니라, 여성들이 먼저 다가와 "그거 뭐예요?"라고 물어보기 때문이다.

남자들이여, 한번 생각해보라. 파티에서 매력적인 여자가 저쪽에서 당신을 보고 호감을 느끼지만, "저 사람은 매력적인데, 다가가 말을 걸 구실이 없네"라고 망설일 수도 있다.

마찬가지로, 당신은 다가가 말을 걸고 싶은 사람의 옷 스타일에 주목할 필요가 있다. 부자의 손수건, 부유한 이혼녀의 브로치, 함께 일하고 싶은 CEO의 졸업반지 등을 보고 말을 걸어보라. 당신 상품을 대량 주문할 수도 있는 큰손의 옷깃에 작은 골프 클럽 핀이 달려 있다면? "실례합니다. 옷핀이 정말 매력적이라 눈에 확 들어오네요. 골프 치세요? 저도 좋아하거든요. 어떤 골프장에 가보셨어요?"

당신의 명함과 아이템은 사교활동에서 중요한 역할을 한다. 엘리베이터를 타거나 계단을 올라가거나 파티 장소로 가는 도중에도 당신의 아이템이 잘 보이게 하라.

다음에 알아볼 간단한 기술은, 자신의 선거운동에 도움이 될 만한 사람을 발견하면 절대 놓치지 않는 끈질긴 정치인들에게서 배운 것이다.

Winning Skill | **#12 특별한 아이템으로 대화 열기**

붐비는 모임에 갔더라도 사람들이 다가와 "실례합니다, 그거 뭐예요?"라고 물어볼 수 있도록, 당신만의 독특한 아이템을 착용하거나 지니고 다녀라.

13

관심사 접근법

: 새로운 인연은 이렇게 접근한다

당신이 인연을 맺고 싶은 사람을 멀리서 꼼꼼히 살펴봤다고 해보자. 그 사람을 머리부터 발끝까지 자세히 봤지만, 아이템이라고 부를 만한 물건이 눈에 띄지 않는다.

그런 물건을 찾지 못했다면, 모임 주최자에게 접근하여, "저기 저 사람이 흥미롭게 보이는데, 누구인가요?"라고 물어보고 소개를 부탁해보라. 주저하지 말라. 주최자는 당신이 자기 파티에 참석한 손님에게 관심을 가지는 것에 기뻐한다.

하지만 주최자가 다른 손님들과 이야기를 나누고 있을 때는 소개를 부탁하기가 조심스러울 수도 있다. 그럼에도 '누구' 기술을 사용할 수 있다. 주최자에게 정식 소개를 부탁하는 대신, 필요한 기본 정보만 얻어내면 된다. 예를 들어, 그 사람의 직업, 관심사, 취미 등을 물어보라.

주최자가 "아, 저 사람은 조 스미스야. 무슨 일을 하는지는 정확히 모르겠지만 스키 타는 걸 좋아해"라고 말했다고 하자. 그러면 먼저 다가가 말을 붙일 만할 소재를 얻은 것이다. 곧바로 조 스미스에게 가서 말을 건다. "안녕하세요, 조 스미스 씨? 수잔에게 방금 들었는데 스키를 잘 타신다고요. 주로 어디서 스키를 타시나요?" 어떤 식으로 하면 되는지 이해되었을 것이다.

Winning Skill | **#13 소개를 요청하라**

이것은 매우 효과적이지만 (정치인이 아닌 일반인은) 거의 사용하지 않는 사교 기술이다. 방법은 아주 간단하다. 모임에서 흥미로워 보이는 사람이 있으면 주최한 사람에게 소개를 부탁하거나 먼저 다가가 말을 걸 만한 정보를 몇 가지 얻어내면 된다.

14

자연스러운 대화 참여는
이렇게 한다

당신이 마음에 드는 사람을 발견했지만, 그들에게 말을 걸 만한 아이템이 보이지 않는다. 또한, 모임 주최자도 찾기 어렵다고 해보자. 그 사람이 친구들과 이야기를 나누느라 바쁘고, 아무래도 바로 다가가 말을 걸기에는 적절하지 않은 상황이다. 이런 경우에, 정치인들이 활용하는 '엿듣고 끼어들기' 기술을 사용해볼 수 있다. '엿듣다'라는 단어는 은밀하고 불법적인 행위를 연상하게 한다. 도청이나 침입, 어둠 속에서 살그머니 돌아다니는 스파이가 떠오른다.

그러나 이 기술은 그런 부정적인 이미지와는 거리가 멀다. 당신은 대화에 참여하고 싶은 사람 옆에 그저 서 있으면 된다. "실례합니다, 옆에서 우연히 들었는데…"라는 말로, 자연스럽게 대화에 끼어들 수 있다. 예를 들어, 이렇게 말한다. "실례합니다. 옆에서 우연히 들었는데 버뮤다에 대해 말하고 계시는 것 같아서요. 사실 제가 다음 달에 처음으로 버뮤다에 가거든요. 혹시 추천해주실 만한 게 있을까요?"

이렇게 하면, 당신은 자연스럽게 대화에 참여하게 되고, 원하는 방향으로 대화를 이끌 수 있게 된다.

자, 그럼, 이제 잡담으로 시작해 의미 있는 대화를 가능하게 해주는 구체적인 기술에 대해 알아보자.

Winning Skill | **#14 옆에서 자연스럽게 끼어들기**

아이템이나 주최자가 없더라도 문제없다. 단지 대화에 끼어들 수 있는 이야깃거리를 찾기 위해, 조금 더 주의 깊게 대화를 들어보면 된다.

당신이 대화에 끼어든다면, 그들은 당황하지 않을까? 처음에는 그럴 수 있다. 하지만 곧 자연스럽게 받아들일 것이다. 그리고 당신은 원활하게 대화를 이어나갈 수 있다.

97

15

당신의 미소가
들리게 하라

나에게는 티나라는 친구가 있다. 그녀는 몇 년 전 작지만 호평받은 연극의 의상을 디자인했다. 그 덕분에 브로드웨이까지 진출했지만, 그곳에서는 성공하지 못했다.

티나에게 실패 이유를 물었더니, 감독이 배우들에게 새로운 환경에 맞춰 연기를 바꾸라고 하지 않았다고 했다. 작은 무대에서는 배우들의 절제된 움직임이 감동을 주었지만, 커다란 브로드웨이에서는 그 힘이 떨어졌다. 관객들은 배우들의 미묘한 몸짓과 가슴 아픈 표정을 볼 수 없었다. 티나는 배우들이 훨씬 더 큰 무대에 맞게 동작을 바꾸는 일을 소홀히 했다고 말했다.

이것은 배우들뿐만 아니라 우리 모두에게 중요한 교훈이다. 우리는 의사소통할 때 사용하는 매체를 고려해야 한다. 큰 스크린에서는 윙크나 눈썹 치켜올림으로 메시지를 전달할 수 있지만, 오디오에서는 그런 것들이 의미가 없다.

우리의 보디랭귀지와 표정은 대화에서 절반 이상을 차지한다. 전화로만 대화하다 보면, 상대방이 잘못된 인상을 받기 쉽다. 음성을 통해 올바른 인상을 주려면, 우리의 감정을 소리로 전달해야 한다. 연구에 따르면 사람들은 전화 통화할 때 에너지 수준의 30퍼센트를 잃으므로 목소리를 과장해야 한다.

예를 들어, 만약 내일 중요한 사람과 처음 만난다고 해보자. 당신은 상대와 눈을 마주치며 웃고, 고개를 끄덕이며 상대의 말에 귀를 기울일 것이다. 하지만 만약 눈가리개와 손을 묶은 상태에서 그 VIP와 대화한다면, 어떻게 그에게 좋은 인상을 줄 수 있을까?

전화에서는 눈을 마주치고 미소를 짓는 대신, 적절한 단어를 사용해야 한다. 상대의 이름을 자주 부르고, 대화 중간중간에 '네'나 '맞아요' 같은 반응을 넣어줘야 한다. 그래야 상대는 당신이 잘 이해하고 따라오고 있다는 것을 알 수 있다. 또한, 상대가 무슨 말을 하든 그에 대해 반응을 보여주는 '말로 하는 제스처'를 사용해야 한다. 예를 들어, "놀라운데!"나 "세상에!", "정말 현명하시군요" 같은 말도 간간히 넣어준다.

물론 당신의 성격이나 상황에 맞는 표현을 사용하면 된다. 중요한 것은 전화기 너머의 상대가 당신의 감정을 확인하는 것이니까.

전화를 받을 때마다 당신은 소리만 나오는 드라마의 주인공이라고 생각해보자. 흥미로운 사람으로 비치려면, 미소를 소리로 바꾸고, 고개 끄덕임도 소리로 바꿔야 한다. 당신의 모든 제스처를 상대가 들을 수 있게 말로 옮기고, 그 강도를 30% 높여 다소 과장스럽다고 생각될 정도로 해보라.

16

뻔한 질문에 뻔하지 않게
대답하려면

어느 날, 무역협회에서 네트워킹과 대화 기술 향상에 대한 기조연설을 하게 되었다. 연설 전에 협회장인 데블린 부인을 만났다. 서로 간단한 인사를 나눈 후에, 데블린 부인은 나의 전문적인 대화 기술을 맛보기로 기대하는 눈치였다. 나는 부인에게 고향이 어디냐고 물었다. 그녀는 "오하이오주 콜럼버스예요"라고 대답했고, 그런 그 답변을 받아 이야기를 이어나가야 했다.

'오하이오주 콜럼버스라…. 한 번도 가본 적 없는데. 내가 알고 있는 것 중에 콜럼버스에 대한 것은 뭐가 있지?' 결국, '오하이오주 콜럼버스는 크리스토퍼 콜럼버스의 이름을 딴 것 아닐까?'라는 생각이 들었지만, 확실하지 않아 그런 이야기는 하지 않았다. 그 후에도 여러 가지 이야깃거리가 떠올랐지만, 너무 뻔하거나 유치하거나 엉뚱해서 결국 제쳐두었다.

"아, 콜럼버스라고요." 나는 자포자기한 듯 중얼거렸다. 몇 초가 지나자, 데블린 부인의 얼굴에는 서서히 미소가 사라지고 있었다. 앞으로 1시간 있다가 협회 회원들에게 대화의 비결을 가르쳐줄 소위 '대화 전문가'인 나에게서 재치 있고 지혜로운 말을 기대했던 게 분명했다.

그녀의 얼굴에는 근심이 가득했다. 수술 메스를 든 집도의에게 "맹장이 어디죠?"라는 질문을 받은 환자처럼 보였다. 당시, 나는 콜럼버스에 관한 흥미로운 이야기를 떠올리지 못했다. 하지만 이 경험 덕분에 '출신 지역에 관한 흥미로운 사실을 알아두라'라는 조언을 보탤 수 있었다.

모임에 알몸으로 참석하는 것은 상상도 할 수 없는 일이다. 마찬가지로, 대화하다 보면 언제나 나오는 "집이 어디세요?", "무슨 일 하시죠?" 같은 질문에 아무런 대비 없이 가는 것도 그렇다. 대부분은 직장이나 고향만 달랑 대답하고 끝이다. 하지만 나중에야 더 나은 소개 방법이 있었다며 후회한다.

당신이 컨벤션에 참석하고 있다고 해보자. 여러 사람이 모인 이런 장소에서는 "고향이 어디세요?"라는 질문을 받을 확률이 높다. 단지 "아이오와주 머스캐틴 출신이에요"(상대방이 모를 가능성이 높은 지역)라고만 한다면, 상대방이 어떤 반응을 보일까? 당연히 멍한 표정을 짓지 않을까? 비교적 큰 도시 출신이라도 상대방이 지리학 교수가 아니라면 당황스러운 표정을 지을 것이다. '이제 뭐라고 말하지?' 그들의 머릿속은 정신없이 돌아간다. 심지어 뉴욕이나 시카고, 워싱턴, 로스앤젤레스와 같은 세계적인 도시들도 상대방에게 흥미로운 답변을 끌어내기는 쉽지 않다.

"고향이 어디예요?"라는 질문에 짧게 답하지는 마라. 대화를 이어가기 위한 연료를 제공한다는 생각으로 이야기를 더해보자. 당신의 출신 지역에 대한 재미있는 사실이나 독특한 견해 등을 더한다면, 상대방을 흥미로운 대화로 이끌 수 있다.

새우와 상어의 미끼는 달라야 한다

어부가 배스와 블루피쉬를 잡기 위해 다른 미끼를 사용하는 것처럼, 우리도 대화 상대에 따라 다른 미끼를 사용해야 한다. 예를 들어, 나는 워싱턴 D.C. 출신이다. 미술관에서 "고향이 어디세요?"라는 질문을 받으면, "워싱턴 D.C.입니다. 여기는 파리를 디자인한 사람이 디자인했어요"라고 대답한다. 이런 대답은 도시계획이나 유럽 여행 등에 관한 주제로 대화를 이끌 수 있다.

반면, 미혼들 모임에서는 다른 방식으로 답한다. "난 워싱턴 D.C. 출신인데, 남녀 성비가 1:7이라서 떠났어요"라고 말하면, 이로 인해 미혼의 장단점이나 좋은 상대를 만나기 어려운 현실 같은 이야기로 대화를 이어갈 수 있다.

정치 관련 모임이라면 워싱턴의 변화하는 정치적 이슈에 대해 언급하면 된다. 어떤 대화가 이어질지는 따로 예측할 필요가 없다. 그저 상대방이 대화를 이어나가는 데 필요한 '미끼'를 제공하는 것이 중요하다.

대화를 이어 나가는 미끼는 어디서 구할 수 있을까? 인터넷에서 그 지역을 검색하거나 사전, 여행자 블로그 등을 찾아보는 것도 좋다. 역사, 지리, 비즈니스 통계 또는 상대방을 즐겁게 할 수 있는 재미있는 정보를 미리 알아두자. 이런 정보들은 모두 흥미로운 대화를 이끌어내는 데 도움이 된다.

데블린 부인과의 대화가 실패로 끝난 후, 나는 이를 기회 삼아 연구에 더 매진하기로 했다. 당신이 오하이오 콜럼버스 출신이고 처음 만난 사람이 "어디에서 왔어요?"라고 묻는다고 해보자. 상대방이 사업가라면, "오하이오주 콜럼버스에서 왔습니다. 많은 대기업이 콜럼버스에서 상품을 테스트한다고 하죠. 그만큼 상업적으로 미국을 대표하는 도시라서요. 콜럼버스가 호황이면 미국도 호황이고 콜럼버스가 불황이면 미국도 불황이죠" 정도로 답하면 여러 대화 기회를 얻을 수 있다.

대화 상대가 독일 성을 가진 사람이라면, 콜럼버스에 있는 전통적인 독일 마을에 대한 이야기를 해줄 수 있다. 반대로, 상대방이 이탈리아 성을 가졌다면, 이탈리아 제노바가 콜럼버스의 자매도시라는 사실을 말해주자.

미국 역사를 좋아하는 사람이라면, 콜럼버스가 정말로 크리스토퍼 콜럼버스의 이름을 딴 것이고 그의 배 산타마리아호의 복제품이 사이오터강에 정박해 있다고 언급한다. 상대가 학생이라면? 콜럼버스에 있는 다섯 개의 대학에 대해 말해준다. 이런 식으로 조금만 알아두어도 대화 소재는 무궁무진하다. 상대방에게 예술적 재능이 있다면? "화가 조지 벨로스가 콜럼버스 출신이죠"라고 말을 꺼낸다. 이처럼 대화의 방향은 상대방의 관심사에 따라 다양해진다.

당신이 오하이오주 콜럼버스 출신이라면, 상대방에게 알려준 재미있는 사실이 또 있다. 미국에는 '콜럼버스'라는 이름의 도시가 무려 15개나 있어서 꼭 '오하이오주' 콜럼버스라고 말해야 한다는 것이다. 이렇게 말하면 상대방의 호기심을 자극할 수 있다.

콜럼버스에서의 끔찍한 경험에 대해 제프에게 털어놓았을 때, 제프가 사는 곳은 콜럼버스에서 떨어진 외곽 소도시라고 했다. 그 이름은 오하이오주 가하나. 가하나는 히브리어로 '지옥'이라는 뜻이라고 한다. 그리고 고대 히브리 역사가들이 선견지명이 있었던 것 같다고 그는 덧붙였다.

"사람들이 다음에 자기 자신이 말할 차례가 올 것을 알면, 당신의 말에 귀를 기울일 것이다"라는 명언을 잊지 말자.

Winning Skill | **#16 출신 지역에 관한 흥미로운 사실을 알아두어라**

'집이 어디세요?'라는 질문에 대답할 때는, 상대방이 대화를 이어갈 수 있도록 자신의 출신 지역에 대한 흥미로운 사실을 몇 가지 준비해두는 것이 좋다. 그럼 상대방이 대화를 이어가는 데 흥미를 느끼며, 당신을 대화 잘하는 사람으로 인식하게 될 것이다.

17

직업 소개에
재치 한 스푼을 더하라

이 세상에서 죽음과 세금만큼 확실한 것은 없다는 말이 있다. 세 번째로 확실한 것은 처음 만난 상대방이 당신에게 "무슨 일을 하세요?"라는 질문을 던질 것이라는 사실이다. 우선은 그 질문을 멋지게 대화로 이어 나가게 해주는 몇 가지 기술을 살펴보기로 하자.

첫째, 이 질문에 간결하게 답해서는 안 된다. 만약 "보험계리사/회계사/작가/천체물리학자입니다"라고 단순히 직업 이름만 언급한다면, 상대방은 당황하게 된다. 상대방이 바보가 된 기분을 느끼며 "정확히 어떤 일을 하시는 건가요?"라는 질문을 던지게 해서는 안 된다. 이런 불편한 상황을 피하려면, 자신의 직업에 대한 설명을 조금 더 구체적으로 하면 좋다.

당신이 변호사라면, 단순히 "변호사입니다"라고 하는 것이 아니라,

당신이 전문으로 다루는 분야나 현재 진행 중인 사례 등을 언급하면 좋다. 예를 들어, 상대방이 젊은 엄마라면 "현재 저는 출산휴가를 추가로 사용했다는 이유로 해고당한 여성의 사건을 맡고 있습니다"라고 말하는 것이다. 상대방이 사업체 오너라면, "취업 면접에서 사적인 질문을 했다는 이유로 고소당한 사업체 오너의 사건을 맡고 있습니다"라고 하면 된다. 이런 식으로 대화의 방향을 제시하면, 상대방도 그에 맞는 이야기를 나눌 수 있다.

약간의 양념을 쳐서 답해도 된다

짧은 답변으로 대화를 끝내버린 사람들에 대한 아픈 기억이 내게도 있다. 언젠가 한 만찬에서 어떤 남자는 "핵 과학자입니다"라고만 답했다. "아, 정말 흥미롭네요"라고 대답하면서 나는 그의 눈앞에서 티끌처럼 작아진 기분이었다.

식탁 반대편에 앉은 다른 남자는 "산업용 연마재 만드는 일을 합니다"라고 말하고는 끝이었다. 분위기를 살리고자 "그쪽 일을 하려면 아주 예리해야겠네요"라고 내가 응수했지만 대화는 잘 이어지지 않았다. 우리 세 사람은 식사 내내 침묵을 지켰다.

지난달에 처음 만난 사람은 자랑스럽게 "저는 트러키 메도우스 커뮤니티 칼리지에서 티베트 불교를 가르칠 예정입니다"라고 말한 뒤로는 입을 꾹 다물었다. 하지만 나는 트러키 메도우스나 티베트 불교에 대해 아는 게 하나도 없었다.

그래서 제안하자면, 누군가 당신에게 무슨 일을 하는지 묻는다면,

그저 직업만 말하는 것이 아니라 약간의 배경 정보를 추가하는 것이 좋다. 그렇게 하면 상대방에게 대화를 이어 나갈 여유가 생긴다.

Winning Skill | #17 직업에 대한 질문에 위트 있게 답하라

"무슨 일을 하세요?"라는 피할 수 없는 질문을 받았을 때 "경제학자/교육자/엔지니어입니다"라는 대답이 무난하다고 생각할 수 있다. 하지만 경제학이나 교육, 공학에 익숙하지 않은 사람에게는 그 답변이 "고생물학자/심리분석가/미생물공학자입니다"라고 말하는 것과 다르지 않다.

살을 붙여라. 처음 만난 사람이 대화를 이어 나갈 수 있도록 직업에 관한 흥미로운 정보를 제공하라. 그렇지 않으면 이내 상대방은 쟁반에 담긴 음식을 먹으러 가버리게 될지도 모른다.

18

대화가 끊어지지 않는 소개법

처음 만나는 사람들 사이의 긴장감을 풀어주는 것은 중요한 일이다. "수잔, 존 스미스를 소개할게요. 존, 이쪽은 수잔이에요." 이런 식으로 두 사람을 소개한다면, 그들이 어떤 대화를 나눌 수 있을까?

"스미스라고요? 음, S-M-I-T-H 맞죠?"

"어, 음, 수잔이라, 재미있는 이름이네요."

이런 식이라면 차라리 안 하는 게 낫다. 존과 수잔이 적극적이거나 활발하지 못하다고 비난할 것도 없다. 잘못은 그들을 소개한 사람에게 있다. 하지만 대부분은 지인을 이런 방식으로 소개한다. 대화가 이어질 수 있는 실마리를 제공하지 않는다.

하지만 성공하는 사람들은 다르다. 지인을 소개할 때, 그들이 많은 말을 하지 않더라도 대화가 멈추지 않도록 한다. 바로 "소개말에 살을 붙여라" 기술을 통해 그렇게 한다. 그들은 사람들을 소개할 때 마치 보험에라도 가입시키듯 몇 가지 추가 정보를 제공한다. "수잔, 이쪽은 존이에요. 존은 멋진 보트를 갖고 있어서 지난여름에 그 보트로 같이 여행도 갔지요. 존, 이쪽은 수잔 스미스예요. 수잔은 『저렴하게 즐기는 미식』 잡지의 편집자예요."

이렇게 소개말에 살을 붙인다면 수잔은 존에게 보트에 관해서 혹은 지난여름 여행에 관해 여러 질문을 할 수 있다. 그리고 존은 수잔에게 자신도 글쓰기나 요리, 음식을 좋아한다고 말할 수 있을 것이다. 그렇게 하면 보트 생활, 여행, 좋아하는 레시피와 식당, 예산, 다이어트, 잡지, 편집 정책 등에 대한 대화로 자연스럽게 이어질 수 있다.

직업에 대한 구체적인 언급이 부담스럽다면, 그 사람의 취미나 재능에 대해 얘기해보라. 얼마 전 참석한 어떤 모임에서 주최자가 나에게 길버트라는 남자를 이렇게 소개했다. "레일, 이쪽은 길버트예요. 길버트는 조각에 특별한 재능이 있어요. 멋진 밀랍 조각을 만들죠." 이런 말을 듣고 나는 '와, 특별한 재능이라니, 소개하면서 대화를 유도하는 방법으로는 정말 멋진 기술이네!'라는 생각이 들었다.

지금까지 성격을 강조하는 2가지 기술, 대화에 불을 붙여주는 3가지 기술, 그리고 대화를 확장하는 기술 3가지를 알아보았다. 이제는 잡담에서 좀 더 의미 있는 대화로 넘어가야 할 시간이다. 다음 기술은 상대방이 대화에 완전히 몰두하게 할 만한 것이다.

사람들을 소개할 때 단지 인사만 시키고 별 내용 없이 입을 다물면, 소개받은 사람들은 할 말을 찾지 못해 당황할 수 있다. 대화가 자연스럽게 이어지도록 어떤 말을 던져주는 것이 중요하다. 그다음에는 다른 곳으로 이동해 다른 사람들과 대화를 나눠도 좋다.

19

단어 탐정이
되어라

아내와 잡담을 나눌 때 이것저것 상세하게 물어보는 배려심 많은 남편이라 해도, 동료와의 대화에서는 같은 질문을 할 수 없다는 것은 상식이다. 하지만 우리는 모두 궁금하다. 그래서 다음에 소개할 기술은 이런 궁금증에 대한 답을 찾는 데 도움이 될 것이다. 이 기술은 상대방이 누구든 대화를 적극적으로 이끌어 나갈 수 있게 한다. 10대 시절, 학교 무도회에 같이 갔던 도니처럼, 상대방의 관심을 끌 수 있는 대화 주제를 찾을 수 있을 것이다.

죽어가는 대화에 숨 불어넣기

셜록 홈즈는 처음에는 해결의 단서를 찾기 어려워도 자세히 들여다

보면 결국 찾아낼 수 있다고 확신한다. 대화에 성공하는 사람들도 마찬가지로, 아무리 조그마한 단서라도 결국에는 적절한 주제를 찾아낸다. 바로 단어 탐정이 되는 것이다. 다음 사례를 보자.

내 친구 낸시는 요양원에서 일하고 있다. 그녀는 노인들을 돌보는 일에 정성을 다하고 있지만, 환자 중 일부는 말수가 적거나 쉽게 짜증을 내는 경향이 있다. 그럴 때마다 공감이 까다롭다고 느낀다.

낸시가 말하길, 특히 오티스 부인이 까다롭다고 했다. "한번은 이랬어. 오티스 부인에게 지난주 폭풍우 이야기를 하면서 '지난주에 폭풍이 정말 심했죠?'라고 물었어. 그런데 오티스 부인은 갑자기 화를 내더라고. 기분 나쁜 목소리로 '식물들한테는 좋아'라고 하면서 말이야."

나는 낸시에게 그 말에 대해 어떻게 반응했는지 물었다.

"내가 뭘 어떻게 반응하겠어? 그냥 더 이상 말 걸지 말라는 식으로 대화를 끊어버린 거잖아."

"부인에게 식물을 좋아하냐고 물어볼 생각은 안 해봤어?"

"식물이라고?"

"그래, 오티스 부인이 그 주제를 꺼냈잖아. 한 번 물어봐."

나는 낸시에게 부탁했다. 친구는 처음에는 거절했지만, 나의 부탁에 '성미 고약한' 오티스 부인에게 식물을 좋아하는지 물어보겠다고 약속했다.

다음날, 낸시가 놀라며 연락해왔다. "레일, 어떻게 알았어? 오티스 부인은 식물을 좋아할 뿐만 아니라 남편이 정원사였대. 오늘도 부인과 문제가 있었지만, 문제는 완전히 다른 거였어. 오티스 부인이 말을 멈추지 않고 계속 떠들더라고! 정원 얘기, 남편 얘기를 얼마나 늘

어놓던지 몰라…."

대화의 달인은 이야깃거리가 무작정 튀어나오지 않는다는 것을 안다. 오티스 부인이 식물 이야기를 꺼낸 이유는 분명 식물과 연관이 있기 때문일 것이다. 그리고 그 단어를 꺼내면서, 그녀는 무의식적으로 식물에 대해 이야기하고 싶다는 뜻을 내비친 것이다.

예를 들어, 오티스 부인이 비에 대해 "식물에 좋다"라 하지 않고 "비가 와서 개가 밖에 못 나간다"라고 대답했다고 해보자. 그러면 낸시는 개에 대해 물어볼 수 있다. 아니면 부인이 "관절염이 더 심해졌네"라고 투덜댔다고 해보자. 여기서 무슨 이야기를 하고 싶어 하는지 짐작할 수 있겠는가?

누군가와 대화할 때는 귀를 기울이며 단서를 찾아보자. 보통과 다른 점이나 다른 장소, 시간, 사람을 떠오르게 하는 것 등 특이한 부분에 주의를 기울여보자. 그런 단서를 발견했다면 꼭 물어보자. 상대방은 기꺼이 이야기해줄 것이다.

나와 상대방의 공통 관심사가 보인다면 자연스럽게 관심을 표현하자. 예를 들어, 상대방이 스쿼시를 언급하면 자신도 스쿼시를 좋아한다고 말할 수 있다. 비록 실제로 하지 않더라도 상대방의 열정에 공감해주는 것으로 족하다.

'단어 탐정'이 되어 주제에 대한 열정을 보여주면 상대방도 대화에 적극적으로 나오게 된다.

이제 열정적인 대화를 시작했다. 이 대화를 계속 유지하는 방법을 알아보자.

아주 작은 대화의 기술

상대방이 선호하는 대화 주제를 말해주는 단서를 찾아라. 상대는 자신도 모르게 그 단서를 흘리게 되어 있다. 단서를 발견하면 '미끼'를 잡듯 대화를 확대하자. 명탐정 셜록 홈즈처럼 상대방이 좋아하는 대화 주제의 단서를 찾아보자.

20

매혹적인 대화의 원칙

: 상대방에게 스포트라이트를 비추라

몇 년 전 친구 다이앤과 함께 우아한 사람들로 가득한 파티에 갔다. 거기 있는 사람들은 다 멋진 삶을 사는 듯했다. 나중에 그 파티에 대해 이야기하며, 나는 다이앤에게 물었다.

"다이앤, 그 파티에 재미있는 사람들이 많았잖아. 누구랑 대화가 가장 즐거웠어?"

다이앤은 고민 없이 "당연히 댄 스미스지"라고 답했다.

"무슨 일을 하는 사람인데?"

"글쎄, 그건 잘 모르겠어."

"어디 사는데?"

"그것도 모르겠네."

"그럼 그 사람의 관심사는 뭐야?"

"글쎄, 그런 이야기는 하지 않았어."

"다이앤, 도대체 그 사람과 무슨 얘기를 한 거야?" 내가 물었다.

"글쎄, 주로 나한테 물어보더라구."

다이앤이 대화의 고수를 만났다는 걸 알 수 있었다. 우연히 몇 달 후 댄을 만날 기회가 왔다. 알고 보니 댄은 파리에 살고, 프랑스 남부와 스위스 알프스에 집이 있었다. 그는 피라미드와 고대 유적에 관한 소리와 빛을 다루는 프로그램을 제작하며 전 세계를 여행하고 글라이딩과 스쿠버 다이빙을 즐긴다. 정말 흥미로운 삶 아닌가? 그런데도 자기 얘기는 거의 안 했던 것이다.

다이앤이 댄과 대화를 나누고도 그에 대해 별로 모른다는 사실을 언급했다. 댄의 대답은 간단했다. "처음 만나는 사람한테 그 사람 얘기를 물어보면 훨씬 더 많은 걸 배울 수 있어요. 저는 항상 상대방에게 스포트라이트를 비추려 노력합니다." 이처럼 자신감 넘치는 사람들은 말하기보다 듣기가 중요하다는 것을 안다. 그렇게 해서 상대방을 사로잡는다.

나를 어필하는 최고의 세일즈 기술

몇 달 전 강연자 콘퍼런스에서 동료 브라이언 트레이시를 만났다. 브라이언은 세일즈맨을 가르치는 최고의 명강사다. 그는 학생들에게 판매하려는 제품에 스포트라이트를 비추면 구매자의 관심을 끌기 어렵다고 말한다. 잠재 고객에게 스포트라이트를 비춰야 활발한 거래가 이루어진다는 것이다.

이 기술은 특히 세일즈 순간에 중요하다. 스포트라이트를 내게서는 멀리하고 상품은 약하게, 구매자는 강하게 비추어야 성공률이 높아진다.

| #20 스포트라이트를 적절하게 비춰라

처음 만날 때, 나와 상대 사이에 큰 스포트라이트가 있다고 생각하자. 내가 말할 때는 나를, 상대방이 말할 때는 상대방을 밝게 비춘다. 스포트라이트가 상대방을 향할수록 나 자신은 더 흥미로운 사람으로 인식된다.

21

다음에 할 말을
고민하지 않는 방법

아무리 대화의 달인이라도, 때때로 벽에 부딪히는 순간이 있다. 상대방이 불평하듯 짤막하게 말할 때, 뭐가 문제인지 단서를 찾는 것은 어렵다. 대화의 불씨가 사라져가지만, 인간적인 연민으로 부득불 대화를 계속해야 할 때 불꽃을 살리는 확실한 방법이 있다. 그것은 바로 '앵무새 되기'이다.

TV 화면 앞에서 어슬렁거리며 테니스 경기를 본 적이 있는가? 네트를 사이에 두고 공이 왔다 갔다 하는 소리가 계속 들린다. 그런데 갑자기 탁 소리가 사라진다면, 공이 코트를 벗어난 것이다. 그럴 때 당신은 곧바로 화면을 확인한다.

대화도 마찬가지다. 공이 계속 왔다 갔다 하듯, 나와 상대방은 교대로 말을 한다. 상대방의 말이 코트에 제대로 떨어졌다면, 우리는 고개를 끄덕이거나 "음", "흠" 같은 소리를 낸다.

119

"다음에 뭐라고 말하지?"

그런데 내가 말할 차례가 왔는데, 머릿속이 하얗게 변하는 순간이 있다. 이럴 때도 당황하지 마라. 공을 잘 받았다는 언어적인 신호 대신에, 비언어적인 신호를 보내면 된다. 상대방이 말한 두세 단어를 공감이 담긴 질문으로 반복해보라. 그럼 대화의 공이 다시 상대방 쪽으로 돌아간다.

가끔 친구 필이 공항으로 나를 데리러 온다. 그럴 때마다 보통 나는 너무 피곤해서 조수석에서 잠이 들고 필은 운전기사가 된다.

어느 날, 유난히 피곤했던 여행을 다녀와서 필의 차에 짐을 싣고 앉아, 평소처럼 피곤해서 졸고 있는데 필이 극장에 다녀온 이야기를 했다. 그때 나는 '앵무새 되기' 기술을 시도해봤다.

"극장?" 질문하듯 그의 말을 똑같이 따라 했다.

"응, 정말 멋진 공연이었어." 필이 대답했다.

"멋진 공연이었다고?" 나는 또 반복했다.

필은 내가 보인 관심에 기분 좋게 놀라며 다시 말했다.

"응. 스티븐 손드하임의 〈스위니 토드〉라는 공연이었어."

"스위니 토드?"라고 내가 또 반복하니, 이제 필은 불이 붙어서 "음악도 훌륭하고 믿을 수 없을 정도로 기이한 이야기야"라고 말했다.

"기이한 이야기?" 나는 또 앵무새가 되었다. 필에게 필요한 건 그게 전부였다. 그는 30분 동안 이야기를 이어갔다.

"음악이 훌륭하다고?"라고 물으니, 필은 노래까지 불렀다.

이 방법은 아주 효과적이었다. 분명히 필은 그날의 대화가 우리가 지금까지 나눈 최고의 대화라고 생각할 것이다. 나는 그저 그의 말을 앵무새처럼 따라 한 것밖에 없는데 말이다.

특히 세일즈에 종사하는 사람이라면, 이 앵무새 기술은 소비자들의 숨겨진 마음을 끌어내기에 아주 효과적이니 여러 번 사용하여 자기 것으로 익힌다.

앵무새 되기로 소비자를 사로잡으려면

앵무새 되기는 사람들의 진심을 끌어내는 효과적인 도구이다. 최고의 세일즈맨들은 잠재 고객이 스스로도 제대로 표현하지 못하는 거부감을 드러내기 위해 이 기술을 활용한다.

중고차 딜러인 친구 폴은 최근에 '앵무새 되기' 덕분에 람보르기니를 팔았다. 폴이 잠재 고객과 그의 아내에게 여러 차를 보여주고 있었는데, 그들은 '실용적인 차'를 원했다. 그래서 쉐비와 포드 제품을 보여주었다. 그런데 폴이 남편에게 어떻게 생각하는지 물었을 때, 그는 "글쎄요. 이 차가 저에게 맞는지 잘 모르겠네요"라고 말했다. 폴은 또 다른 실용적인 모델을 보여주는 대신 "고객님에게 맞는지요?"라고 앵무새처럼 되물었다.

"아, 네. 제 성격에 잘 맞는지 모르겠어요." 고객이 중얼거렸다.

"고객님의 성격에 잘 맞는지요?" 폴이 또 앵무새처럼 말했다.

"좀 더 스포티한 느낌의 차가 필요한 것 같기도 하고요."

"스포티한 느낌이요?" 폴은 또 앵무새가 되었다.

"글쎄요, 저쪽 차들이 좀 더 스포티해 보이네요."

아하! 폴은 앵무새 기술을 사용해서 그에게 어떤 차를 보여줘야 할지를 알아냈다. 람보르기니 쪽으로 걸어가자 고객의 얼굴이 환해지는 것이 보였다. 한 시간 후에 폴은 판매 수수료를 두둑하게 챙길 수 있었다.

말하는 것을 줄여서 목을 좀 쉬게 하고 싶은가? 다음에 소개할 기술을 사용하면 대화 상대가 발바닥에 불이 붙은 것처럼 열정적으로 말을 계속하게 해주므로 당신은 그냥 듣기만 하면 된다(심지어 그가 신나게 떠들어대는 동안 몰래 자리를 빠져나가야 할 수도 있다).

Winning Skill | #21 앵무새 되기

이제부터는 뭐라고 말해야 할지 몰라 꿀 먹은 벙어리로 있지 않아도 된다. 그저 상대방의 몇 마디를 앵무새처럼 따라 하다 보면 대화의 리듬이 곧바로 상대방에게로 돌아가고 당신은 듣기만 하면 된다.

22

상대방이 신나게 떠들게
만드는 방법

예전에 나는 이탈리아인 선원들과 미국인 승객들로 이루어진 배에서 일했다. 매주 선원들은 선장 주최 칵테일파티에 참석해야 했고, 선장의 연설이 끝나면 선원들은 모여 이탈리아어로 수다를 떨곤 했다. 미국인 승객들이 알아듣는 이탈리아어는 마카로니, 스파게티, 살라미, 피자 정도였다.

나는 선원들이 승객들과 잘 어울리도록 하는 임무를 맡았다. 선원 한 명의 팔을 잡고 기대에 찬 미소를 띠고 승객들에게 다가가는 것이 나의 방법이었다. 선원이 먼저 대화를 시작하거나 승객이 "다들 여기 나와 있으면 배는 누가 몰아요?"와 같은 독창적인 질문을 던질 것을 기대했지만, 그런 일은 일어나지 않았다. 이런 상황 때문에 나는 매주 열리는 선장의 칵테일파티에 부담을 느끼기 시작했다.

그러던 어느 날 밤, 갑자기 배가 좌우로 심하게 흔들려 깨어났다.

귀를 기울이니 배의 엔진이 멈춘 것 같았다. 나는 겉옷을 걸치고 갑판으로 달려갔다. 짙은 안개 속에서 1킬로미터도 떨어지지 않는 곳에 다른 배 한 척이 보였다. 몇몇 선원들이 우측 가드레일을 잡고 배밖으로 몸을 기울이고 있었다. 나가 보니 우리 배의 사다리를 힘겹게 오르는 한쪽 눈에 붕대 감은 남자가 보였다. 선원들이 즉시 그를 잡고 끌어올려 의무실로 데려갔다. 엔진이 다시 동작하면서 배도 다시 움직이기 시작했다.

다음 날 아침, 사건의 전말이 밝혀졌다. 화물선에서 일하던 한 노동자가 엔진 실린더에 구멍을 뚫는 과정에서 얇고 날카로운 금속 조각이 날아와 오른쪽 눈에 박힌 것이었다. 화물선에는 의사가 없어서 비상 신호를 보냈던 것이다.

국제해양법에 따르면 조난 신호를 받은 배는 반드시 대응해야 한다. 우리 배는 화물선의 조난 신호를 받고 선원을 구명보트에 태워데려왔다. 우리 배의 의사인 로시 박사는 그의 눈에서 금속 조각을 무사히 제거해주었고, 그는 다행히 실명 위기를 넘길 수 있었다.

"당신의 경험담을 풀어라"

다음 칵테일파티에서 나는 선원들과 승객들을 잘 어울리게 하는 어려운 임무를 또다시 해내야 했다. 불쌍하게도 매주 선원 한두 명을 억지로 끌고 와야 했다. 그러나 이번에는 의사를 데려가기로 했다. 그를 승객들이 모여 있는 곳으로 이끌어와 그의 최근 경험에 대해 소개하며 이렇게 말했다. "지난주에 로시 박사님이 밤중에 조난당한

다른 배 선원의 시력을 회복시켜주셨어요. 박사님, 이분들은 그 이야기를 듣고 싶어 하실 거예요."

마치 마법의 지팡이를 휘두르는 듯, 로시 박사의 입에서는 이야기가 술술 흘러나왔다. 평소에는 적합한 단어를 찾는 데 애를 먹던 그였지만, 이번에는 이탈리아 악센트를 더해 유창하게 이야기했다. 그의 이야기를 들으려고 점점 더 많은 승객이 몰려들었다.

이번에는 선장의 팔을 잡고, 역시나 웃는 얼굴로 모여 있는 다른 승객 무리로 데려갔다. "카피에로 선장님, 이분들에게 지난주에 극적으로 다른 배의 선원을 구조한 이야기를 들려주시면 어떨까요?" 그리고 선장은 거기서도 역시 이야기를 술술 풀어나갔다.

그리고 다른 승객들에게는 일등 항해사를 보냈다. "살바고 씨, 지난주 극적인 구조를 위해 선장님을 깨운 이야기 좀 들려주세요." 대화의 비결을 발견한 듯했다.

로시 박사는 기꺼이 앙코르를 했다! 마치 접시돌리기를 하는 기분이었다.

이런 식으로 선장의 칵테일파티는 나에게 큰 즐거움이 되었다. 세 명의 선원들은 매주 새로운 승객들에게 그들의 영웅적인 행동에 대한 이야기를 즐겁게 들려주었다. 이야기가 점점 길어지고 자세해졌다. 타이밍을 조절하기 위해 그들을 다음 관객들에게 데려가야 했다.

상대를 빛나게 하는 앙코르 요청하기

'앙코르!'는 공연에서 관객들이 가수나 댄서, 시인에게 또 다른 노래나 춤, 시를 원할 때 외치는 말이다. 잠재 고객이나 잠재 고용주 또는 중요한 지인에게 이미 아는 이야기를 반복해달라고 요청할 때 사용할 수 있는 기술이다.

"존, 14킬로그램짜리 줄농어 잡은 얘기를 들려주지그래? 다들 좋아할 거야" 혹은 "수잔, 방금 나에게 해준 나무에서 새끼 고양이 구해준 이야기를 여기 있는 분들에게 해주세요"라고 말하면 된다. 처음에는 주저할 것이다. 하지만 한번 더 부탁하라! "너무 재미있어서 다른 사람도 들었으면 좋겠어"라는 의미이므로 기뻐할 것이다. 앙코르 요청은 관객들이 만족해야만 나오니까!

이 방법의 장점은 상대방을 즐겁게 대화에 참여시키고, 그사이에 나는 다른 흥미로운 사람들을 만나러 갈 수 있다는 것이다. 단, 상대방이 빛날 수 있는 이야기를 다시 들려달라고 해야 한다. 중요한 계약을 날린 이야기, 자동차가 망가진 이야기, 술집에서 시비에 휘말린 이야기를 다시 꺼내고 싶은 사람은 없을 것이다. 상대방이 승자처럼 보이도록 해주는 긍정적인 이야기를 '앙코르!' 요청해야 한다. 그 사람이 이야기를 계속할 때, 당신은 그 자리를 빠져나올 수도 있다.

다음 기술은 자기 자신의 긍정적인 이야기를 들려주는 것에 대해 다루겠다.

무대에서 듣는 가장 달콤한 소리는 "앙코르!"라는 함성이다. 대화 상대에게 가장 달콤한 소리는 아마도 사람들이 모여 있을 때 "그 이야기 좀 다시 해줘"라는 요청일 것이다. 중요한 사람과 함께 있을 때, 그 사람이 당신에게 들려준 이야기 중에서 이 자리에 있는 사람들이 즐거워할 만한 이야기를 선택하고, 그 이야기를 다시 들려달라고 요청하면 그에게 스포트라이트를 비출 수 있다.

23

진솔한 이야기가
마음의 문을 여는 순간

사람들은 마음에 드는 사람과의 친밀감을 느낄 때, 자신의 비밀이나 인간적인 면모를 공유한다. 어릴 적에 겪었던 고생거리부터 현재 질병으로 고통받는 이야기까지, 이런 고백은 사람들에게 호감을 살 수 있다.

연구 결과에 따르면, 우리는 자신보다 높은 위치에 있는 사람이 약점을 드러낼 때 더 큰 친밀감을 느낀다. 대통령 후보 애들레이 스티븐슨의 구두 밑바닥에 난 구멍, 브로콜리를 먹지 못한다는 조지 부시 대통령의 고백이 그 예이다.

당신이 성공했다면, 그리고 사람들과 친해지고 싶다면, 빈털터리 시절 이야기를 해줘라. 하지만 아직 성공하지 못했다면, 그 이야기는 나중을 위해 아껴두는 것이 좋다. 사람들이 당신에 대해 잘 모르기 때문에 약점이 의미 있게 다가오지 않는다.

친분이 있는 사람에게는, 당신이 세 번 결혼했고, 십 대 시절 상점에서 물건을 훔치다 걸렸다든지, 대기업에 지원했다가 떨어진 이야기를 해도 될 것이다. 이런 이야기는 탄탄한 인간관계, 놀라운 커리어로 이루어진 삶에 작은 티끌 정도로 보일 뿐이다. 하지만 처음 만난 사람에게 이런 이야기를 털어놓으면 상대방은 본능적으로 당신이 뭘 숨기고 있는지 의심하게 될 것이다. 아무리 좋은 의도에서 비밀 이야기를 털어놓았더라도 처음 만난 사람에게는 의도대로 전해지지 않을 수 있다.

지금까지 처음 만나는 사람들과 자연스럽게 대화하는 방법에 대해 알아보았다. 다음에는 사람들이 뭘 이야기하는지 모를 때 어색하게 웃지 않도록 도와주는 방법에 대해 알아보자.

Winning Skill | **#23 긍정적인 이야기로 마음의 문을 열라**

처음 만나는 사람에게는 부정적인 인상을 주는 이야기는 하지 않는 것이 좋다. 친해진 후에는 그 이야기를 하며 함께 웃을 수 있지만, 처음 만났을 때는 긍정적인 부분을 강조하고 부정적인 부분은 뒤로 미뤄 두어야 한다.

24

분위기를 주도하는
대화 패키지를 준비하라

"입고 갈 옷이 없어 모임에 못 가"라는 말은 흔히 들어봤을 테지만, "할 말이 없어 모임에 못 가"라는 말은 들어본 적 있는가? 네트워킹 기회가 있는 모임에 가려면 옷차림, 신발, 넥타이, 립스틱, 머리 스타일, 명함 등 모든 것을 준비해야 한다. 하지만 이 모든 것 중에서도 가장 중요한 것이 있는데, 바로 "적절한 이야깃거리"를 준비했는지 확인해야 한다.

옷장에서 아무 옷이나 손에 잡히는 대로 입고 가지 않듯, 기대에 부푼 사람들이 모인 곳에서 머릿속에 떠오르는 대로 말하는 건 현명하지 않다. 물론 대화에서 본능을 따르는 게 중요하지만, 영감이 떠오르지 않을 수도 있으므로 최소한의 준비는 필요하다.

대화를 준비하는 가장 좋은 방법은 모임에 가기 전에 뉴스를 듣는 것이다. 현재 세상에서 일어나고 있는 일들은 화재, 홍수, 항공기 사고, 정부의 잘잘못, 주식시장 침체 등 누구와 대화를 나누든 좋은 이야깃거리가 된다.

　이 기술은 역사적으로 가장 오래된 직업 분야에 종사한 여성 사업가와의 약간 난처했던 일화를 바탕으로 탄생했다. 나는 잡지 기사를 쓰기 위해 '메이플라워 마담'으로 잘 알려진 시드니 비들 배로우즈 Sidney Biddle Barrows(고위직 고객들에게 직업여성들을 소개하는 알선소를 운영했다—옮긴이)를 인터뷰한 적이 있다.

　시드니는 사업에서 중요한 원칙을 고수했다. 그녀와 함께 일하는 모든 여성 '독립 계약자'들은 클라이언트와 '좋은 대화'를 나누기 위해 최신 이슈와 시사에 정통해야만 했다. 실제로 그녀가 고용한 여성들은 근무 시간의 대부분을 클라이언트와 '대화'하는 데 할애했다. 그녀는 이 원칙이 사업 성공의 핵심이라고 굳게 믿었다. 전체 시간 중 60퍼센트는 대화, 40퍼센트는 클라이언트의 요구사항을 들어주는 데 사용되었다. 이에 따라 시드니는 직원들에게 클라이언트를 만나기 전에 반드시 신문을 읽거나 라디오를 청취하고, 평소에도 다양한 분야의 지식을 쌓아두라고 강조했다. 그녀는 이 원칙을 도입한 이후로 사업이 눈에 띄게 성장했다고 회상했다. 클라이언트들은 그녀와 협업하는 매력적이고 유능한 여성들을 극찬했다. 탁월한 여성 사업가 시드니 배로우즈는 이처럼 늘 고객의 기대치를 뛰어넘기 위해 부단히 노력했다.

모임에 가기 전에 마지막으로 해야 할 일은, 거울 앞에서 자신의 모습을 확인한 후, 관련 뉴스를 재빨리 훑어보는 것이다. 오늘 있었던 일은 항상 좋은 이야깃거리가 된다. 최근 큰 화제가 무엇인지 알아두면, 사람들이 대체 무슨 이야기를 하고 있는지 몰라 꾸어다 놓은 보릿자루가 되는 불상사를 피할 수 있다. 혼자만 상황을 파악하지 못하면 좋은 인상을 남기기 어렵다.

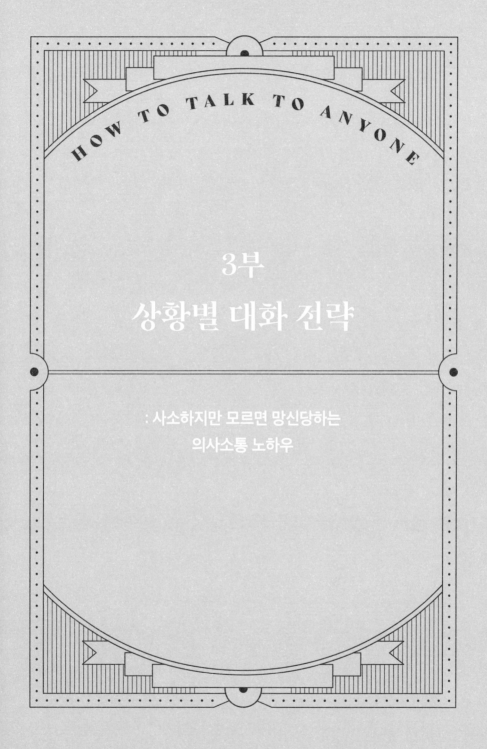

HOW TO TALK TO ANYONE

3부
상황별 대화 전략

: 사소하지만 모르면 망신당하는
의사소통 노하우

호랑이 두 마리가 정글에서 불시에 마주친다면, 빤히 서로를 쳐다보며 본능적으로 계산할 것이다. "맞붙으면 누가 살아남을까?"

인간 세상도 야생 호랑이 세계와 크게 다르지 않다. 인간은 서로 쳐다보며 대화를 시작한다. 비즈니스 세계에서는 "안녕하세요?", "처음 뵙겠습니다", "반갑습니다"와 같은 인사말을 나누며 호랑이처럼 본능적으로 상대방을 평가한다.

발톱이나 이빨 대신, 훨씬 더 강력한 생존 무기인 "의사소통 능력"을 측정한다. 인생에서 성공의 85퍼센트는 의사소통 능력에 직접적으로 좌우된다.[12]

미국 인구조사국의 조사에 따르면, 고용주들은 학력이나 경험, 교육보다는 의사소통 능력과 태도를 더 중요하게 여긴다.[13] 의사소통 능력이 성공의 사다리를 올라가는 데 도움이 된다는 것은 어느 정도

135

알려져 있다. 일상 대화에서 서로를 주의 깊게 관찰하면, 인간의 숲에서 누가 더 강력한 맹수인지 금세 알 수 있다.

누가 '중요한' 사람인지 깨닫는 데는 오랜 시간이 걸리지 않는다. 상투적인 말, 둔감한 말, 지나치게 불안한 반응은 일에서나 삶에서나 당신을 뒤처지게 만든다. 바람직하지 않은 행동 하나가 중요할 친구나 사업상의 지인을 잃게 만들 수 있으며, 직장이나 모임에서 내리막길로 보낼 수도 있다.

3부에서 소개할 여러 기술은 그런 일이 일어나지 않도록 올바른 선택을 하게 도와줄 것이다. 앞으로 배울 대화의 기술들은 어느 분야에서든 성공의 사다리를 올라가는 출발점이 되어줄 수 있다. 그러니 천천히, 꼼꼼히 익혀보자.

25

상대방이 하는 일을
(묻지 않고) 알아내기

밀림 같은 인간 사회에서 만난 두 마리의 고양이는 서로를 파악하기 위해 "무슨 일 하세요?"라는 질문을 던진다. 그리고 웅크리고 앉아서 콧수염을 흔들며 '그 답을 듣고 속으로 너를 판단할게'라는 표정을 짓는다.

하지만 진짜 맹수들은 이처럼 노골적으로 "무슨 일 하세요?"라고 묻지 않는다. 그들은 더욱 미묘한 방법을 택하는데, 더 원칙적이고 심지어는 영적인 인상을 준다. 그들은 내심 '직업이 그를 전부 말해 줄 수는 없다'라고 생각한다.

유혹적인 질문에 저항하는 모습은 그들의 감수성을 보여주기도 한다. 요즘은 기업들이 구조조정과 효율화, 직원 감축을 많이 하다 보니 직접적인 질문은 상대방에게 큰 불편을 줄 수 있다.

직업에 대한 질문은 직장인들에게만 불편한 것이 아니다. 안정적인 직장을 다니는 사람들 중에도 "무슨 일 하세요?"라는 질문을 꺼리는 사람들이 있다. 또한, 육아에 전념하는 능력 있는 여성들도 그러한 질문을 받으면 불편함을 느낀다. 어떻게 대답하든 그저 "집에서 여유 있는 전업주부"라는 말로 들릴까 봐 두려워한다.

성공한 사람들이 "무슨 일 하세요?"라는 질문을 하지 않는 데에는 특별한 이유가 있다. 그들이 그런 질문을 자제함으로써 대화하는 사람들은 자신이 성공한 그룹에 속해 있다는 느낌을 받는다. 최근에 내가 참석한 이지 스트리트Easy Street('월 스트리트'가 금융산업 및 자본주의를 상징하듯, 부유하거나 성공한 사람들이 참석하는 곳을 의미한다—편집자) 파티에서는 아무도 서로의 직업을 묻지 않았다. 그들은 딱히 '직업'이라는 것이 없었기 때문이다.

마지막으로, "무슨 일 하세요?"라는 질문을 하지 않으면 사람들이 경계심을 낮춘다. 이는 당신이 인위적인 관계 형성이 아닌, 그들과의 대화 자체를 즐기고 있다는 인상을 준다.

상대방의 직업을 알아내는 올바른 방법

그렇다면 상대방이 하는 일을 어떻게 알 수 있을까? 간단한 질문이 있다. "대체로 어떤 일에 많은 시간을 보내시나요?" 이 질문은 상대방이 일에 얽매이지 않고 자신의 시간을 어떻게 활용하는지에 대해 궁금하다는 뜻을 담고 있다.

"대체로 어떤 일에 많은 시간을 보내시나요?"라는 질문은 상대방이 어떤 일을 하고 있는지에 대한 부담을 덜어준다. 세금 징수원 또는 이제 막 직장을 잃은 누군가의 부담을 줄여주는 친절한 질문이다. 이것은 육아에 헌신하는 엄마들의 선택을 존중하고, 상대방의 내면을 보는 데 도움을 준다. 이 질문은 당신이 고급스러운 모임에 어울리는 사람임을 보여준다.

물론, 처음 만난 사람이 자신의 직업에 대해 이야기하는 것을 좋아할 수도 있다. 그런 경우에도 "대체로 어떤 일에 많은 시간을 보내시나요?"라는 질문은 자신의 일에 대해 이야기하도록 초대하는 좋은 시작점이다. 그리고 이 질문은 상대방이 자신의 직업에 대해 얼마나 많이 이야기할지 스스로 결정할 수 있는 기회를 제공한다.

마지막으로, 질문을 바꾸는 것은 당신이 성공한 사람처럼 보이게 한다. 즉, 당신이 사람들과의 인맥 형성보다는 그들과의 진실된 대화를 더 중요하게 생각한다는 것을 암시하기 때문이다.

Winning Skill | **#25 무슨 일을 하느냐고 대놓고 묻지 마라**

당신이 품위 있는 사람임을 보여주는 확실한 방법 중 하나는 사람들에게 "무슨 일 하세요?"라고 묻지 '않는' 것이다. 이 질문은 당신이 무작정 성공이나 인맥을 쫓는 사람이라는 인상을 줄 수 있다.

26

당신의 일을 소개하는
가장 매력적인 방법

"무슨 일 하세요?"라는 질문을 받을 때 대부분은 단순히 직업을 말한다. 그러나 승자들은 이 질문을 더 깊이 있게 해석하고, 그에 대한 답을 철저히 준비한다.

직장을 찾을 때 우리는 이력서를 작성한다. 이력서에는 과거의 경력과 학력이 나열되어 있다. 그러나 기업들이 듣고 싶은 이야기를 하는 이력서를 찾기는 쉽지 않다. 승자들은 이 간격을 해결하기 위해 평소에 다양한 업무 경험을 기록해두고, 지원하는 직장에 따라 그중 적합한 경험만 강조해서 이력서를 작성한다.

예를 들어, 친구 로베르토는 실직 후 회사 2곳에 이력서를 제출했다. 하나는 아이스크림 회사의 세일즈 책임자와, 하나는 패스트푸드 체인점의 전략적 계획 책임자 자리였다. 로베르토는 각 회사의 상황을 파악하고, 그에 맞는 경험과 능력을 강조한 이력서를 제출했다.

물론, 그의 이력서 내용은 모두 진실이었다. 하지만 아이스크림 회사에는 매출 증가 경험을, 패스트푸드 체인점에는 해외 경험을 강조했다. 그 결과, 두 회사 모두 로베르토에게 일자리를 제안해왔다.

두 회사 모두 괜찮았지만, 한 곳에서 더 높은 급여와 좋은 혜택을 제안했다. 두 회사는 로베르토를 채용하기 위한 경쟁에 뛰어들었고, 결국 처음에 제시한 급여보다 거의 두 배를 높인 패스트푸드 체인을 선택했다.

모든 만남을 최대한 활용하려면 이 사례에서처럼 상대방에 맞게 자신의 이력을 맞춤화해야 한다. 피할 수 없이 받게 될 "무슨 일 하시나요?"라는 질문에 대해, 질문하는 사람에 따라 10가지 이상의 약간씩 다른 답변을 준비해두는 것이 좋다. 최적의 네트워킹을 위해, 누군가가 직업에 대해 물을 때는 의도적으로 잘 정리된 '구두 이력서'를 제시하라. 답변하기 전에, 질문자가 당신과 당신의 일에 관심을 가질 만한 부분을 고민해보는 것이 중요하다.

"내가 당신에게 큰 도움이 될 겁니다"

최고의 세일즈맨들은 자신이 판매하는 제품이 고객에게 어떤 혜택을 줄 수 있는지를 세세하게 설명한다. 그들은 잠재 고객과 대화할 때 혜택에 관한 이야기로 시작해야 한다는 것을 잘 안다. 브라이언은 영업 활동을 할 때, 단순히 "안녕하세요, 제 이름은 브라이언 트레이시입니다"라고 하지 않고 "안녕하세요. 저는 임원개발연구소의 브라이언 트레이시입니다. 12개월 내에 매출을 20~30퍼센트 늘려주는 검증된 방법에 관심 있으신가요?"라고 말한다. 이것이 바로 '혜택 언급'이다. 그는 자신이 잠재 고객에게 제공할 수 있는 구체적인 이점을 강조한다.

내가 자주 찾는 미용사 글로리아도 모든 고객에게 '혜택 언급'을 꽤 잘한다. 그녀는 여성 기업가 자리에서는 다양한 헤어스타일을 전문으로 한다고 소개하며, 내게 딱 맞는 스타일을 제안했다. 또 다른 모임에서는 세련된 백발 여성에게 전문적인 파란색 염색약을, 10대 소녀들이 모인 자리에서는 최신식 스타일을 언급하는 것이었다.

그러니 "무슨 일 하세요?"라는 질문을 받았다면 한 단어로만 답하지 말라. 그런 대답은 형식적으로 보인다. 비즈니스 네트워킹이 중요하다면 "내 직업적 경험이 이 사람에게 어떤 도움이 될 수 있을까?"를 고민해야 한다. 모든 직업은 결국 사람들에게 도움을 주기 위한 것이다. 부동산 중개사라면 "새로 이사 오는 사람들이 좋은 집을 찾을 수 있게 돕는 사람", 재무 설계사라면 "사람들이 재정적 미래를 계획하도록 도와주는 사람", 무술 사범이라면 "자신을 스스로 지킬 수 있는 방법을 가르치는 사람", 미용사라면 "자신에게 어울리는 머리 스타일을 찾을 수 있게 도와주는 사람"이라고 말하면 어떨까?

'간단 이력서'에 당신이 사람들에게 어떤 도움을 줄 수 있는지를 넣으면, 당신의 직업에 생명력을 불어넣고 깊은 인상을 남길 수 있다. 당신이 제공하는 서비스를 직접 이용하지는 못하더라도, 사람들이 당신의 직업을 듣고 필요한 사람을 연결해줄 수 있을 것이다.

대화 상대에 따라 당신의 직업에 대해 조금씩 다른 부분을 강조해서 이야기하라. "무슨 일 하세요?"라는 질문에 답하기 전에 자문해보라. "이 사람은 나의 어떤 대답에 흥미를 느낄까? 이 사람은 나에게 고객을 소개해줄 수 있을까, 내 제품을 구매할 수 있는가, 나를 채용해줄 수 있는가, 내 자매와 결혼할 수 있는가, 나와 친구가 될 수 있는가?" 어디를 가든지 당신의 삶에 관한 '간단 이력서'를 준비해서 하나의 대화 도구로 활용하라.

27

대화에 센스를
더하는 비밀

사람들은 어휘력이 풍부하면 더 창의적이고 똑똑하다고 생각한다. 어휘력이 뛰어날수록 빨리 채용되고, 빨리 승진하며, 사람들이 그의 이야기에 더 열심히 귀를 기울인다. 그래서 승자들은 풍부한 어휘를 사용하지만, 부자연스럽게 들리지 않는다. 그들의 말은 우아하고 자연스러우며, 대화를 더 풍부하게 만든다. 그들은 대화에 어울리는 단어를 선택한다. 그들은 넥타이나 블라우스를 신중하게 고르듯, 자신의 성격과 주제에 잘 어울리는 단어를 선택한다.

놀라운 사실은, 뛰어난 어휘력과 평범한 어휘력의 차이는 고작 50개 단어 정도밖에 나지 않는다는 것이다! 엄청나게 많은 단어가 아니더라도, 멋진 몇 가지 단어만으로도 당신은 독창적이고 창조적인 사람으로 보일 수 있다.

탁월한 어휘력을 갖추는 일은 그리 어렵지 않다. 어휘력을 높여준다는 책을 파고들거나, 고급스럽다는 영국 발음을 따라 하는 강사의 오디오를 듣지 않아도 된다. 노인들이 듣기엔 얼른 이해되지 않는 어려운 단어를 배울 필요도 없다.

이렇게 해보자. 당신이 가장 많이 사용하는 단어들을 생각해보라. "똑똑하다, 착하다, 예쁘다, 좋다" 같은 말들이다. 그다음에는 동의어 사전을 보라. 자주 사용하는 그 단어의 동의어를 찾아보고, 같은 뜻의 다른 단어로 바꿀 수 있는지 확인해보라.

예를 들면, "똑똑하다"smart는 단어에는 수많은 동의어가 있다. '기발하다'ingenious, '지략이 풍부하다'resourceful, '능숙하다'adroit, '빈틈없다'shrewd 같은 다양하고 풍부한 표현이 있다. 모든 동의어를 하나씩 큰 소리로 읽어보라. 어떤 단어가 적합한가? 마치 옷을 입어보듯 가장 편안하게 느껴지는 동의어를 찾는다. 가장 마음에 드는 몇 개를 선택해 실제 대화에서 사용하며, 입에 붙을 때까지 연습한다. 다음에 누군가를 '똑똑하다'고 칭찬하고 싶을 때, 이렇게 말할 수 있다.

"정말 영리하네요."Oh, that was so clever of you.
"센스가 대단하군요."My how resourceful.
"정말 기발해요."That was ingenious.
"빈틈없군요."How astute of you.

남자들을 위한 조언

여성들은 거울 앞에서 많은 시간을 보낸다. 대학 시절, 데이트 준비에는 15분이면 충분했지만, 시간이 지나면서 준비 시간은 점점 늘어났다. 지금은 저녁 행사에 참석하기 위해 준비하는 데 1시간 30분이나 걸린다. 이럴 때, 여성이 준비를 마치고 방에서 나오거나, 저녁 약속을 위해 여성을 데리러 갈 때, 뭐라고 말하는가? "이제 출발할까?"라는 말밖에 하지 않는다면 그 여성의 기분이 어떨까?

내 친구 게리는 예의 바른 신사다. 그는 나를 가끔 저녁 식사에 초대한다. 첫 만남에서 그가 데이트를 위해 집으로 데리러 왔을 때의 모습을 잊을 수 없다. 그는 문 앞에서 이렇게 말했다.

"레일, 오늘 정말 멋진데?" 나는 그 말에 정말 기분이 좋았다.

한 달 후에 다시 만났을 때도 "레일, 오늘 정말 멋진데"라고 말했다. 처음과 같은 말이지만 역시나 고마웠고 기분이 좋았다.

그와 친구가 된 지 12년이 지났다. 두 달에 한 번씩 만나는데, 그때마다 그는 여전히 같은 말을 한다. (내가 잠옷을 입고 얼굴에 진흙을 바르고 나타나도, 그는 분명 그렇게 말할 것이다.)

세미나에서 나는 남성들이 여성에게 진부한 칭찬을 반복하는 실수를 범하지 않도록 '예쁘다'pretty, '멋지다'great와 같은 말들의 대체어를 제안한다. 그 후 여성 한 명과 몇 명의 남성을 무대 위로 초대해 그 여성을 그들의 아내라고 상상하게 하고, 외출 준비를 마친 아내 앞에서 아름다운 칭찬을 건네보도록 독려한다.

"달라, 오늘 너무 우아해elegant 보이네." 한 남성이 말한다.

"오!" 세미나에 참석한 여성들 모두 안도의 한숨을 쉰다.

"달라, 당신 정말 멋져stunning." 또 다른 남성이 그녀의 손을 잡으며 말한다.

"와!" 주변 여성들 모두 기뻐한다.

"달라, 당신 참 매혹적이야 ravishing." 세 번째 남성이 그녀의 손을 꼭 잡고 말한다.

"우와아!" 모든 여성이 열렬히 환호한다.

남성들이여, 기억하라. 여성은 말에 약하다.

처음 사용할 때는 어색할 수 있다. 하지만 이 단어들은 발음하기 어려운 것이 아니다. 익숙해지는 것이 중요하다. 어휘력에서 중요한 것은 익숙함이다. 새 신발을 계속 신어서 길들이듯 새 단어들을 자주 사용하면 새롭고 찬란한 단어들이 어느덧 편안하게 느껴질 것이다. 자주 쓰다 보면 새 단어도 금세 내 것이 된다.

Winning Skill #27 동의어로 색다른 표현을 자주 사용하라

자주 사용하는 단어들의 동의어를 찾아보라. 그리고 새 신발을 신듯이 그 단어들을 직접 사용해본다. 마음에 든다면 사용 빈도를 높인다. 평범한 어휘력과 풍성하고 창의적인 어휘력의 차이는 단어 50개 정도에 불과하다는 사실을 기억하라. 두 달 동안 하루에 한 단어씩만 연습한다면 당신도 모두가 인정하는 언어의 고수가 될 수 있다.

28

이야기꽃을 피우는
필살기 하나

상대방이 관심사나 경험을 언급할 때, "나도 그 취미가 있어요!"라고 성급하게 말하기보다는 상대방이 즐겁게 이야기할 수 있도록 두는 것이 좋다. 상대방이 컨트리클럽에 대해 이야기하는 동안, 당신도 회원이라는 사실은 잠시 미루는 것이다. 상대방이 아놀드 파머의 스윙을 분석하는 동안, 당신의 실력을 언급하지 않는 것이다.

몇 년 전에 새로 알게 된 사람에게 스키를 좋아한다고 이야기했을 때였다. 내가 가본 스키장에 대해 이야기하는 것을 상대방은 흥미롭게 듣고 있었다. 나는 다양한 스키 리조트에 대해 이야기하고 다양한 조건들을 분석하고 있었다. 인공눈과 자연 눈의 차이에 관해서도 이야기했다. 그렇게 한참 독백에 가깝게 혼자 떠들다가 상대방에게 스키를 타는지 물어보았다.

"네, 아스펜에 작은 아파트도 하나 갖고 있어요." 그의 태도는 인상적이었다. 내가 스키를 좋아한다고 말하자마자 뛰어들어 스키 별장에 관해 이야기했다면 이렇게까지 좋은 인상이 남지는 않았을 것이다. 내 말이 끝날 때까지 기다렸다가 자신도 전용 별장이 있을 정도로 스키를 좋아한다는 사실을 알렸다는 점이 기억에 남았다.

내 이야기가 지루했나요?

어느 컨벤션에서 평소에 기다리던 기회가 찾아왔다. 처음 만난 한 분이 최근 워싱턴 D.C.를 방문한 이야기를 풀어놓기 시작했다. 그녀는 내가 워싱턴에서 자랐다는 사실을 몰랐다. 의회 의사당과 워싱턴 기념비, 케네디 센터 방문 후 록 크릭 공원에서의 자전거 타기까지, 여행의 모든 순간을 즐겁게 이야기해주었다.

상대의 이야기에 푹 빠져서, 나는 이 새로운 기술을 연습하기 위해 입을 다물고 있다는 사실을 잠시 잊었다. 그녀가 이야기하는 장소들을 나는 잘 알고 있었지만, 다른 관점에서 들으니 새롭고 흥미로웠다. 나는 그녀에게 어디서 묵었는지, 어디서 식사했는지, 혹시 아름다운 메릴랜드나 버지니아 교외로 나갈 기회가 있었는지 물어보았다.

그녀는 내가 자신의 여행에 관심을 보이는 것에 기뻐하면서, 나에게 워싱턴 D.C.에 대해 잘 알고 있는 것 같다며 물었다. 그제야 나는 워싱턴이 고향이라고 대답했다. 상대방은 놀라며 왜 그 사실을 말하지 않았냐고 물었다. 나는 일단 여행 이야기가 너무 재미있었고, 거기가 고향이라고 하면 이야기를 그만할까 봐 그랬다고 했다. 그녀의 활짝 웃는 얼굴을 보며, 나는 새로운 친구를 얻었다는 사실을 알 수 있었다.

이처럼 누군가가 자신의 경험, 여행, 클럽, 관심사 등에 대해 이야기할 때, 당신과 공통점이 있다 하더라도 바로 밝히지 않는 게 좋다. 상대방이 즐겁게 이야기하도록 내버려둔다. 그들은 자신의 강점을 직접 드러내기보다는 상대방이 발견하도록 하는 것이 훨씬 더 효과적이라는 사실을 알고 있다. 친분을 쌓으려면 긴장한 것처럼 보이지 않아야 한다. 그리고 상대방의 이야기가 끝나면, 자연스럽게 공통점을 밝힌다.

Winning Skill | **#28 너무 빨리 공통점을 드러내지 마라**

상대방과 공통점이 있다는 사실을 너무 빨리 밝히지 않으면, 상대방은 더욱 감동하고 좋은 인상을 받는다. 너무 빨리 연결고리를 만들려고 안달하는 길고양이가 아니라, 자신감 넘치는 맹수로 보일 것이다. 물론 공통점을 너무 늦게 밝히면 조금은 기만적으로 보일 수 있으니 주의해야 한다.

29

호의를 원한다면
2인칭 중심 대화법을 쓰라

어릴 땐 자기 자신이 세상의 중심이라고 생각한다. 그때는 나만 중요했고 나를 제외한 다른 모든 것은 오직 나를 위해 존재하는 것처럼 착각한다. 어린이의 뇌는 모든 행동과 단어를 "나에게 어떤 의미지?"라는 질문으로 바꿔 생각한다. 성공한 사람들은 우리가 어릴 때와 크게 다르지 않다는 것을 잘 안다. 어른들은 예의와 상식이라는 가면을 쓰지만, 뇌는 여전히 모든 것을 "나에게 어떤 영향을 미치는가"라는 관점에서 바라본다.

예를 들어, 당신이 직장 동료 제인에게 같이 저녁 식사를 하자고 제안한다고 해보자. "새로 생긴 좋은 인도 음식점이 있어. 오늘 저녁에 같이 가볼래?" 제인은 속으로 생각한다. '맛있을까, 분위기는? 인도 음식이 나한테 맞을까?' 이런 생각을 하다 보면 망설이게 된다. 만일 당신이 "제인, 새로 생긴 인도 식당이 있는데 '당신'이 좋아할 거야. 오늘 저녁에 같이 가볼래?"라고 말했다면? 이러한 표현은 제인의 고민을 해결해주므로, '좋아요'할 가능성이 높아진다.

많은 사람은 주체적으로 생각하는 것을 고통스럽게 여긴다. 하지만 성공한 사람들은 자기를 통제하고, 영감을 주고, 사랑받고, 무언가를 판매하고, 누군가와 저녁을 먹고 싶을 때 생각한다. 그들은 가능한 한 모든 것을 '당신'(상대방)이 들어가는 문장으로 바꾼다. 이런 기술을 '2인칭 대화법'이라고 부른다.

2인칭 중심 대화법 사례

2인칭 중심 대화법을 이용하면, 특히 누군가에게 부탁하는 상황에서 훨씬 더 긍정적인 반응을 이끌어낼 수 있다. 이 방법은 상대방의 자존심을 적절히 건드리기 때문이다.

예를 들어, 금요일에 연차를 신청하고 싶을 때 상사에게 어떤 방식으로 요청하면 긍정적인 반응을 얻을 수 있을까? "저, 금요일에 쉬어도 될까요?"보다는 "제가 금요일에 쉬어도 (당신은) 괜찮으실까요?"가 어떨까? 첫 번째 표현을 들은 상사는 "금요일에 이 사람 없이도 괜찮을까?"라는 생각을 해야 한다. 이는 상사에게 더 많은 생각을 요구하는 셈이다. 하지만 두 번째 표현은 상사의 입장을 고려한 것으로, 그날 직원이 없어도 일처리에는 문제가 없다는, 자존심의 문제로 만든다. 그래서 상사는 '당연히. 금요일에 너 없어도 문제는 없어'라고 생각하게 된다.

이 2인칭 중심 대화법은 사회적 대화를 더 풍성하게 만든다. 여성이 당신의 수트를 칭찬한다고 가정해보자. "양복이 (내) 마음에 들어요"보다는 "양복이 (당신에게) 아주 잘 어울리네요"라고 말하는 것이 더 따뜻한 느낌을 준다.

이런 방식을 사용해 성공한 사람들은 비즈니스 프레젠테이션에서도 활용한다. 강연 중에 누군가 질문을 했을 때, "좋은 질문이네요"라고 말하는 것도 좋지만, "좋은 질문을 하셨네요"라고 말하면 더욱 긍정적인 반응을 얻을 수 있다.

세일즈맨은 잠재 고객에게 "~는 중요합니다"라고 말하기보다는 "(고객님은) ~가 중요하다고 느낄 것입니다"라고 말하면 고객에게 확신을 줄 수 있다. 협상할 때도 "결과는 ~입니다"라고 말하기보다는 "(당신이) ~하면 성과를 확인할 수 있습니다"라고 말하는 것이 더 효과적이다.

이런 2인칭 문장은 모르는 사람과 길에서 대화할 때도 유용하다. 한 번은 샌프란시스코에서 길을 잃었던 적이 있다. 차창을 내리고 길을 걷는 사람들에게 금문교로 가는 길을 물어봤다. 오르막길을 걷고 있는 한 부부에게 애타게 물었다. "실례합니다. 금문교로 가는 길을 찾을 수가 없어서요." 그들은 '관광객들은 멍청하다니까'라는 표정으로 서로를 쳐다보며 어깨를 으쓱했습니다. 남편이 "저쪽이에요"라고 중얼거리며 바로 앞쪽을 가리켰습니다.

여전히 길을 찾던 나는 다음으로 마주친 커플에게 또다시 비슷하게 물었다. "실례합니다, 금문교가 어느 쪽이죠?" 그들은 아무런 표정 변화 없이 반대 방향을 가리켰다. 그래서 나는 2인칭 중심 대화법을 한 번 시도해 보기로 했다. 다음으로 만난 산책하는 커플에게 차창 밖으로 물었다.

"실례합니다. 금문교가 어디 있는지 (당신은) 아시나요?"

"물론이죠."

그들은 내 질문에 확실히 긍정적으로 대답했다. 이런 방식으로 질문하면 그들에게는 미묘한 도전과제가 되는 셈이다. 즉, "당신은 길을 알려줄 수 있나요?"라고 물어보는 것이 된다. 그래서 이 질문은 그들의 자존심을 건드렸고, 그들은 내 차까지 와서 명확하게 길을 알려주었다.

'정말 효과적인걸'이라는 생각이 들어 이 가설을 몇 번 더 시도해 보았다. 계속해서 지나가는 사람들에게 세 가지 형태의 질문을 던져 보았다. 역시나 사람들은 "(당신은) ~가 어디 있는지 아시나요?"라는 질문에 더 친절하게 나서서 도와주었다.

심리치료사들은 정신병원에 수용된 환자들이 일반인들보다 1인칭을 약 12배나 더 자주 사용한다고 말한다. 환자의 상태가 호전될수록 1인칭 대명사의 사용 횟수가 줄어들기 시작한다. 1인칭 사용 횟수가 줄어들수록 정신건강이 좋아지고, 대화 상대에게도 좀 더 이성적으로 보인다. 성공한 사람들의 대화를 들어보면 1인칭보다 2인칭을 훨씬 더 많이 사용한다는 것을 알 수 있다.

이제 다음 기술에서는 승자들이 2인칭 중심 대화법을 어떻게 사용하는지 알아보자.

모든 적절한 문장을 2인칭으로 시작하면 듣는 사람의 관심을 즉시 끌 수 있다. 상대방의 자존심을 건드리고, '1인칭'으로 바꿀 필요가 없으므로 더 긍정적인 반응을 얻을 수 있다. 대화에서 2인칭 대화 방식을 소금이나 후추처럼 양념으로 곁들이면 상대방에게는 거부할 수 없는 매력과 도전이 된다.

30

모두에게 똑같은 미소를 보이지 마라

예전에 유람선에서 일할 때의 일이다. 선장과 그의 아내 그리고 몇몇 선원과 함께 배에 올라타는 승객들을 맞이하고 있었다. 환한 미소를 띤 승객 한 명이 관계자들과 일일이 악수하다가 내 차례가 되었을 때, 그는 피아노 건반 같은 하얀 치아를 드러내며 환하게 웃었다. 그의 미소는 어두침침한 무도회장에 찬란한 빛이 비치는 것 같았다. 나는 그에게 즐거운 유람선 여행이 되기를 바란다고 말하고, 나중에 이 매력적인 신사를 찾아보려고 마음먹었다.

하지만 그가 다음 사람에게 인사하면서도 나에게 보였던 것과 똑같은 미소를 보이자, 관심은 급격히 줄어들었다. 그가 네 번째 사람에게도 똑같은 미소를 보이자 마치 체셔 고양이(『이상한 나라의 앨리스』에 나오는 캐릭터로, 신비롭고 예측할 수 없는 미소를 짓는 것으로 유명하다—편집자)처럼 보이기 시작했다. 그리고 다섯 번째 사람에게도 똑같은 미소를 보였을 때, 그 미소는 무도회장 분위기를 어지럽히는 디스코 조명등처럼 느껴졌다. 그는 모든 승객에게 똑같은 미소로 인사를 나누었고, 그 순간 나는 그와 대화를 나눠야겠다는 생각이 싹 사라졌다.

이 남자가 1분 만에 급격히 매력을 잃은 이유는, 그의 미소가 특별히 나에게 보여주는 것이 아니라 모든 사람에게 동일한 것이었기 때문이다. 따라서 그 미소는 특별한 가치를 잃었다. 만약 그가 각각의 사람마다 조금씩이라도 다른 미소를 보였다면, 그는 섬세하고 통찰력 있는 사람으로 남았을 것이다.

프로의 미소는 달라야 한다

저렴한 통신 판매 패션 카탈로그를 본 적이 있을 것이다. 거기에서는 한 모델이 웨딩드레스부터 비키니까지 모든 의류를 입고, 똑같은 인위적인 미소를 짓고 있다. 그런 미소를 짓는 사람을 보면 머릿속이 텅 비어 있을 것 같은 느낌이 들 정도다.

좀 더 세련된 잡지의 모델들은 다양한 표정을 보여준다. 한 페이지에서는 "나에겐 비밀이 있어요"라는 의미를 담은 유혹적인 미소를, 다른 페이지에서는 "당신과 가까워지고 싶기는 한데 잘 모르겠어요"라는 아리송한 미소를, 그리고 또 다른 페이지에서는 모나리자처럼 신비로운 미소를 보인다. 이런 모델의 얼굴을 보면 그 사람의 머릿속이 분주하게 돌아간다는 느낌을 받는다.

총을 소지하는 직업을 가진 사람이라면, 총을 쏘기 전에 총의 구조를 잘 알고 어떤 결과를 원하는지 신중히 선택해야 한다. 마찬가지로, 미소는 대화에서 가장 중요한 무기이다. 그래서 미소의 특징과 그 효과를 잘 알아야 한다. 5분 정도 거울 앞에 서서 다양한 미소를 연습해보라. 미소마다 미묘한 차이를 발견해보자.

인사할 때마다 "안녕하세요?", "반갑습니다", "처음 뵙겠습니다" 등의 다양한 표현을 사용하듯, 미소도 다양하고 그 효과도 다채롭다. 모든 사람에게 동일한 미소를 보일 필요는 없다. 상대방에 대한 조금씩 다른 반응을 미소에 담아보자.

때로는 일부러 짧은 미소를 짓는 것이 효과적일 때도 있다. 예를 들어, 누군가와 인사를 나누고 친해지고 싶지만 기회가 없을 때, 짧은 미소는 매우 유용하다.

이런 미소의 힘은 미주리 대학 연구에서도 입증되었다. 연구진은 "남자를 유혹하는 방법: 바에서의 눈 맞춤과 미소"Giving Men the Come-On: Effect of Eye Contact and Smiling in a Bar Environment라는 제목의 대조군 연구를 실시했다.[14] 여성 연구자들이 바에서 남성과 눈을 마주치면서 미소를 보이거나 아닌 경우를 비교했는데, 여성이 미소를 지었을 때 남성이 먼저 다가올 확률은 60%였다. 반면, 미소를 보이지 않았을 때는 20%였다. 결론은 미소에는 상대방을 유혹하는 힘이 있다는 것이다.

따라서 중요한 상황에서는 모두에게 똑같은 미소를 보이지 않는 것이 중요하다.

모든 사람에게 동일한 미소를 보이면 그 미소는 가치를 잃는다. 그래서 여러 사람과 인사할 때는 각기 다른 미소를 보여주는 것이 좋다. 이렇게 각 사람의 고유한 아름다움에 반응하는 미소를 보여주면, 그 미소는 더욱 가치가 빛난다.

무리에서 가장 중요한 사람에게는 홍수처럼 넘쳐흐르는 환한 미소를 보여주는 것도 좋다.

31

얼간이처럼
보이지 않으려면

고전 영화《애니 홀》에서 다이안 키튼이 우디 앨런을 처음 만나는 장면을 기억하는가? 관객들은 대화를 나누는 그녀의 속마음을 듣는다. '이 남자는 다른 남자들처럼 얼간이가 아니어야 할 텐데.'

승자가 당신을 얼간이로 보지 않게 하는 간단한 방법을 소개하겠다. 그것은 상투적인 표현을 피하는 것이다. 대화의 고수들은 "숟가락 들 힘도 없을 만큼 피곤했다"나 "그녀의 입술은 앵두처럼 예쁘다" 같은 고루한 표현을 선호하지 않는다.

승자들은 진부한 표현을 귀에 거슬리는 소리처럼 느낀다. 그들도 물론 "기운이 펄펄 넘치고", "곤드레만드레 취하고" 할 수 있다. 그들은 주변에서 "제정신이 아니고", "눈뜬장님" 같은 사람들을 보곤 한다. 또한 그들은 "개미처럼 부지런하게" 일하고 "크로이소스만큼" 부자가 된다.

그들은 이런 상투적인 표현으로 자신을 묘사하지 않는다. 그것은 사실상 "나는 상상력이 부족해. 독창적인 말을 생각해내지 못하니까 이런 틀에 박힌 표현만 쓰는 거야"라는 메시지를 전달하는 것이기 때문이다.

다음 글에서는 본격적으로 자신만의 고유한 표현을 활용하는 기술을 알아보도록 하자.

Winning Skill | **#31 절대로 상투적인 표현을 쓰지 마라**

승자와 대화할 때는 절대로 상투적인 표현을 사용하지 마라. 딱 한 번도 안 된다. 바보처럼 보이고 싶다면 써라.

32

동기부여 전문가의
워딩을 훔쳐라

"펜은 칼보다 더 강하다"라는 말이 있지만, 혀는 펜보다 훨씬 강력하다. 혀는 사람들을 웃게 하거나 울게 하거나, 그들이 자리에서 일어나 환호하게 만들 수 있다. 웅변가들은 언어의 힘으로 나라 전체를 전쟁에 휘말리게 하거나, 길 잃은 사람들을 신의 길로 인도할 수 있었다. 그들의 무기는 무엇일까? 바로 눈, 귀, 손, 다리, 팔 그리고 우리 모두가 가진 목소리다.

프로스포츠 선수들은 일반인들보다 더 강한 몸을 지녔고, 가수들은 우리보다 아름답게 노래를 부를 수 있다. 그러나 전문 연설가들은 우리 모두에게 있는 도구로 시작한다. 달변가들은 그 도구들을 적절히 활용한다는 점이 우리와 다르다. 그들은 손과 몸동작, 특정 제스처 사용 시 미묘한 차이점을 알며, 강연 장소를 고려하여 다양한 어조를 사용하고, 표정을 바꾸며, 말의 속도를 조절하고, 침묵도 능숙하게 활용한다.

당신이 연설을 해본 적이 없더라도, 누군가에게 당신의 의견을 분명하게 전달해야 할 때는 분명히 온다. 가족을 설득하여 다음 휴가를 할머니 집에서 보내게 하거나, 주주들을 설득하여 회사 인수 시기가 왔음을 알릴 때는 프로처럼 행동해야 한다. 공개 연설을 잘하는 방법에 대한 책을 몇 권 사서 비법을 익히고, 그 기술을 일상 대화에서 활용해보라.

짧고 강력한 표현 준비하기

감동적인 표현으로 당신의 주장을 효과적으로 전달할 수 있다면, 짧고 강력한 표현도 고려해보라. 강력한 표현을 사용해 정치인은 선거에서 이기고("내 말을 잘 들으세요. 더 이상 새로운 세금은 없습니다"Read my lips: no new taxes), 재판에서 무죄 판결을 받는다("맞지 않으면 무죄입니다"If it doesn't fit, you must acquit).

조지 H. W. 부시가 "세금을 올리지 않을 것을 약속합니다"I promise not to raise taxes라고 말했더라면, 또는 O. J. 심슨의 변호사 조니 코크란이 "장갑이 맞지 않는다면 제 의뢰인은 결백합니다"If the glove doesn't fit, he must be innocent라고 말했다면, 너무 장황해서 유권자나 배심원들의 의식에 깊게 새겨지지 못했을 것이다. 모든 정치인과 변호사들은 강력한 문장 하나가 강력한 무기가 된다는 것을 잘 알고 있다. (조심하지 않으면 나중에 적들에게 오히려 당할 수 있다.)

내가 가장 좋아하는 연사는 라디오 방송인 배리 파버다. 그는 "뜨거운 양철 지붕 위의 고양이처럼 불안하다"라는 같은 상투적인 말을 사용하지 않는다. 그는 직장을 잃어 불안해하는 사람의 심정을 "꼬리가 데이지꽃에 묶인 채로 절벽에 매달린 코끼리"로 표현하고, 예쁜 여자를 보았다는 말 대신 "눈알이 튀어나와 시신경에 대롱대롱 매달렸다"라고 말한다. 처음 만났을 때 나는 그에게 "파버 씨Mr. Farber, 어떻게 그런 독특한 표현을 잘 생각해내시나요?"라고 물었다.

"배리 파버Mr. Farber는 우리 아버지고 나는 배리입니다"(Mr.라는 호칭이 정중한 표현이라 자기에게는 좀 부담스럽다는 의미의 언어 유희—편집자)라고 그는 장난스럽게 말했다. 그는 자신이 사용하는 표현 중 일부는 독창적인 것도 있지만 대부분 사람들에게서 빌려온 것이라고 솔직하게 인정했다. 예를 들어, 엘비스 프레슬리도 "프레슬리 씨Mr. Presley는 우리 아버지고 저는 그냥 엘비스라고 부르세요"라는 말을 자주 했다. 배리 파버와 같은 전문가들은 일주일에 몇 시간씩 책을 읽으며, 인용문과 유머를 수집한다. 다양한 상황에서 사용할 수 있는 재치 있는 말을 수집하는 것은, 특히 예상치 못한 일이 생겼을 때 당황하는 일을 피하기 위함이다.

많은 연사는 릴리 월터스의 책『기차 플랫폼에서 죽어갈 때 뭐라고 말해야 할까』What to Say When You're Dying on the Platform에 나오는, 당황스러운 상황을 모면해주는 말을 활용한다.[15] 농담을 했는데 아무도 웃지 않는다면 "소리 없는 웃음을 노리고 한 농담인데 성공이네요"라고 하는 식이다. 마이크에서 시끄럽게 삐 소리가 나면 "이상하다. 오늘 아침에 양치질하고 왔는데"라고 하고, 대답하고 싶지 않은 질문을 받았을 때는 "다 끝나고 집에 갈 때까지 그 질문을 묻어주실래요?"라고 말한다. 이처럼 프로들은 곤란한 상황에 대비해 훌륭한 탈출구가 될 수 있는 대사를 외워두는데, 조금만 관심을 가지면 누구나 할 수 있는 일이다.

직유법이 소개된 책을 읽어보면 일상적인 대화를 다양하게 만들 수 있다. "종달새처럼 행복하다"happy as a lark (영미권에서 매우 행복하고 즐거운 상태를 묘사할 때 자주 사용하는 표현이다—편집자) 대신 "복권에 당첨된 것처럼 행복하다"라고 하거나 "태어나 처음으로 아이스크림을 먹는 아기처럼 행복하다"라는 표현을 사용해보라. "독수리 같은 빡빡머리"가 아니라 "초짜 해병대원 같은 빡빡머리"나 "황소개구리의 배 같은 빡빡머리"라고 해보자. "생쥐처럼 조용하다"가 아니라 "기름 속에서 수영하는 장어처럼 조용하다" 또는 "먼지떨이에 앉은 파리처럼 조용하다"라고 한다.

시각적으로 영향을 주는 문구를 찾아보라. "죽음과 세금만큼이나 확실하다" 같은 상투적인 표현 대신에 "7월에 해수욕장이 붐비는 것만큼이나 확실하다", "그림자가 우리를 따라오는 것만큼 확실하다"라는 표현을 사용한다. 죽음이나 세금은 눈에 보이지 않지만 7월에 해수욕장 주변의 정체된 도로나 길에서 계속 따라오는 그림자 같은 것은 상대방이 머릿속으로 얼마든지 떠올릴 수 있다.

상황에 맞는 직유법을 사용해도 좋다. 누군가와 함께 택시를 탔을 때 "저 올라가는 미터기처럼 확실하다"라는 표현을 사용한다면 즉각적인 영향력을 확인할 수 있다. 애완견을 산책시키고 있는 남자와 이야기를 나눌 때는 "당신의 개가 저 나무에 대해 생각하는 것만큼이나 확실하다"(개가 나무에 대해 어떤 생각을 하는지 모르듯, 상대방이 무슨 생각을 하고 있는지 전혀 모르겠다는 의미—편집자)라는 유머러스한 표현을 사용해보라.

적재적소에 빛나는 유머의 예술

유머는 대화에 활력을 불어넣는다. 유머는 상황에 적합해야 한다. 예를 들어, 예산 관련 회의에 가면 돈과 관련된 명언을 준비한다. 비즈니스 상황이 긴장되어 있을 때는 가벼운 농담으로 자리를 편안하게 만드는 힘이다.

예전에 참석한 긴장된 재무 회의에서 한 임원이 이렇게 말했다. "걱정하지 마세요. 이 회사는 앞으로 몇 년 동안 끄떡없을 만한 돈이 있습니다. 채권자에게 돈을 갚지 않는다면 말이죠." 이 말은 분위기를 이완시키고 모두에게 깨달음을 주었다. 나중에 그 재치 있는 발언이 유머책에서 발견된 희극배우 재키 메이슨의 말과 비슷하다는 것을 알게 되었다. 하지만 무슨 상관이랴. 그 재치 있는 발언은 그 임원을 탁월한 대화 기술을 가진 사람처럼 보이게 하기 충분했다.

언론에서 인용될 만한 말을 생각해 내려고 고민하는 사람들이 있다. 미시간에 사는 수의사 티모시는 전문 분야 밖에서는 이름조차 알려져 있지 않았지만, 동상으로 발을 잃은 수탉에게 발을 이식하는 수술을 계획하면서 이름이 알려졌다. 그가 그 수술을 '닭 다리 이식'이라고 부른 덕분이다.

프랑스 여성 잔 칼망은 세계 최고령으로 122번째 생일을 맞았을 때, 언론에 "나에게는 주름이 하나밖에 없는데, 내가 지금 그걸 깔고 앉았다"라고 말하며 세계적으로 유명해졌다.

마크 빅터 한센은 이제 그의 분야에서 거물이지만 한때는 전혀 알려져 있지 않았다. 그러나 잭 캔필드와 함께 쓴 책에 『영혼을 위한 닭고기 수프』라는 제목을 붙임으로써 전국적으로 이름이 알려졌다.

전 세계의 열광적인 반응 속에서 "여성의 영혼을 위한 닭고기 수프", "10대의 영혼을 위한 닭고기 수프", "엄마의 영혼을 위한 닭고기 수프", "기독교인을 위한 닭고기 수프" 등이 이어서 나왔고, 하드커버, 페이퍼백, 오디오북, 영상, 달력 굿즈까지 나왔다. 그에 따르면 책의 원래 제목은 "101가지 예쁜 이야기"101 Pretty Stories였다. 그 제목으로 나왔다면 책은 어떻게 됐을까?

아무리 멋진 말이라도 상황에 안 맞으면 폭탄이나 다름없다. 이것은 내가 유람선에서 일할 때 힘들게 깨우친 사실이다. 영국으로 가는 유람선에서 승객들에게 엘리자베스 배럿과 로버트 브라우닝이 사랑에 관해 쓴 시를 읽어주기로 했다.

"어떻게 내가 당신을 사랑하느냐고요? 헤아려 보겠어요."

결과는 대성공이었다. 반응은 폭발적이었고 계속 화제가 되었다. 내가 갑판으로 나갈 때마다 애정이 듬뿍 담긴 목소리로 "어떻게 내가 당신을 사랑하느냐고요?"라고 외치는 승객이 꼭 있었다.

시 낭송의 성공으로 나는 꽤 우쭐한 기분이 들었다. 유명한 시 낭송가가 된 것 같았다. 다음 크루즈의 승객들에게도(영국 근처에도 가지 않는 카리브해 크루즈였다) 영국의 사랑 시를 멋지게 낭독해주기로 했다. 하지만 결과는 대실패였다.

그 후 승객들은 갑판에서 볼 때마다 나를 피했다. "어떻게 당신이 나를 지루하게 하느냐고요? 헤아려 보겠어요." 영국으로 가는 배에서 영국 시인들의 사랑 시는 승객들의 마음을 사로잡았지만, 카리브해로 가는 항해에서는 그저 따분한 잔소리로 느껴졌을 뿐이다.

특별한 인상을 남기고 싶다면, 강렬한 말을 준비해야 한다. 운율이 맞거나 재치 있고 재미있어야 하며, 무엇보다 상황에 잘 맞아야 한다.

연설이든 가족 모임에서든, 사람들에게 감동, 웃음, 동기부여를 주는 말을 미리 준비해두는 것이 좋다. 연설가들의 책을 읽어가며 명언이나 지혜, 웃긴 말을 모아두고, 특정 상황에서 자연스럽게 사용할 수 있도록 한다.

33

승자의 대화법

: 완곡한 표현 뒤에 숨지 마라

헝가리어로 이야기하는 사람들이 가득한 엘리베이터에 탑승했다고 가정해보자. 당신이 헝가리어를 모른다면, 그들이 헝가리어로 대화하고 있다는 사실조차 인지하지 못할 것이다. 하지만 당신이 입을 열자마자, 그들은 당신이 헝가리인이 아니라는 사실을 알게 된다.

성공한 사람들 역시 그들만의 언어를 구사한다. 당신은 그들의 대화를 듣고도 그 속에 담긴 뛰어난 역량을 알아차리지 못할 수 있다. 하지만 당신이 말을 꺼냈을 때 그들의 언어로 소통하지 못한다면, 당신이 초보자라는 사실을 금세 간파할 것이다.

그렇다면 성공한 사람들과 그렇지 못한 사람들의 언어 습관엔 어떤 차이가 있을까? 먼저 성공한 사람들은 솔직하고 직설적인 표현을 마다하지 않는다. 반면 그렇지 못한 이들은 돈에 관한 이야기를 꺼리고 창피해한다. 그래서 완곡한 표현이나 대체어를 쓰려 든다. 이는 마치 "저는 당신만큼 높은 위치에 있지 않습니다. 그래서 점잖은 사람들과 어울리려면 예의 바른 단어만 써야 합니다"라고 말하는 것과 같다.

또한 성공한 사람들은 신체 부위를 언급할 때도 해부학적으로 정확한 표현을 사용하며 내숭을 떨지 않는다. 그리고 외래어 사용에 있어서도, 그 단어를 쓰는 게 적절한지 확신이 없다면 주저 없이 써버린다. 가령 'buttocks'(엉덩이)라는 단어가 부적절하다 생각되면, 같은 뜻의 프랑스어 'derriere'(데리에르)를 택한다. 물론 그들이 프랑스어를 선호해서가 아니다. 그저 점잖게 표현하고자 할 뿐이다.

이처럼 언어 습관 하나만 보아도 그 사람이 성공한 사람인지, 아닌지를 어느 정도 가늠할 수 있다. 성공한 사람들은 솔직하고 당당하게 자신의 생각을 표현하지만, 그렇지 못한 이들은 위축되고 소심한 언어 습관을 보인다. 물론 이는 교양이나 예의범절의 문제가 아니다. 오히려 자신의 진가를 알고, 그에 걸맞은 당당함을 갖추었는지의 문제라 할 수 있다.

Winning Skill | #33 돌려서 말하지 마라

단지 대화를 몇 분 듣는 것만으로도 강자와 약자를 구별할 수 있다. 강자들은 자신의 의견을 명확하고 직접적으로 표

현하는 반면, 약자들은 완곡한 표현 뒤에 숨어 자신의 생각을 감추곤 한다.

성공을 원한다면, 강자들의 언어를 배워야 한다. 완곡한 표현 뒤에 숨지 말라. 솔직한 표현을 사용하라는 말이다. 단지 말하는 방식만이 아니다. 자기 생각을 명확히 정리하고, 논리적으로 전개하며, 상대방을 설득할 수 있는 능력을 포함한다.

34

최악의
대화 습관

광고 대행사 사장인 루이와 그의 아내 릴리언이 주최한 작은 만찬에 참석한 적이 있다. 그날 행사는 칵테일로 시작해 맛있는 음식과 선별된 와인으로 이어졌다. 풍성한 음식, 훌륭한 와인 그리고 활기찬 대화가 행사를 더욱 즐겁게 만들었다.

저녁이 끝나갈 무렵, 루이가 건배를 제안하면서 잔을 들었는데, 와인이 테이블보로 조금 흘러내렸다. 이때 새 미술감독인 밥의 데이트 파트너로 파티에 참석한 젊은 여성이 키득거리며 말했다. "많이 취하신 것 같네요."

그 말에 모두가 순간 놀라서 말문이 막혔다. 루이가 약간 술에 취했다 해도, 농담이라도 그런 식으로 표현하는 것은 선을 넘은 일이었다. 그때 다른 손님이 빠르게 대처하여 그녀의 실수를 잘 수습했다. "우리 모두 마찬가지지요. 하지만 루이와 릴리안과 함께라면 다

좋습니다. 아름다운 오늘 밤을 위해, 건배."

그 후 루이가 모든 손님에게 감사 인사를 전하며 건배했고, 다행히 모두가 즐거운 분위기를 유지했다. 물론 밥은 그렇지 못했다. 그녀의 무례한 말로 인해 자신의 직장생활과 사적인 관계에 부정적인 영향을 미칠 것을 알았다.

누군가를 놀리는 것은 자신이 약자라는 것을 보여주는 확실한 신호다. 약자들은 타인을 희생시켜 재치 있는 말을 던지는 것이 재미있다고 생각한다. 그들은 누군가의 배를 가리키며 "치즈 케이크 맛있어?"라고 하거나 벗겨지는 머리를 보면서 "내일은 하나도 남지 않겠지?"라고 말한다. 그들은 상대방이 기분 나쁘게 반응하면 "그거 열등감이야! 열등감 느끼지 마!"라고 한다.

타인을 희생시키며 던지는 순진무구한 농담은 잠깐의 웃음을 주지만, 진정한 가치는 없다.

Winning Skill | **#34 남을 웃음거리로 삼지 마라**

누군가를 웃음거리로 삼는 행동은 당신이 소인배임을 보여주는 행동이다. 진정한 승자들은 그런 행동을 하지 않으며, 웃음거리로 삼는 당신이 소인배임을 즉시 알아차린다.
다른 사람을 웃음거리로 삼는 행동은 하지 말라. 그 결과는 어떤 방식으로든 자신에게 돌아온다.

35

나쁜 소식을 전하는 방법
(그리고 당신을 더 좋아하게 만드는 법)

고대 이집트에서, 좋은 소식을 전하는 전령은 파라오에게 왕자처럼 대접받았지만, 나쁜 소식을 전하면 그 머리가 잘려 죽었다. 이런 관행이 현대에도 녹아든 듯, 특정 상황에서 나쁜 소식을 전하는 사람들에게 우리는 종종 화가 나곤 한다.

내가 그랬다. 어느 날 친구와 나들이를 가기 위해 샌드위치를 준비하고 행복한 기대감으로 집을 나섰다. 그런데 이웃이 나와서 웃으며 "이런, 소풍 가기엔 안 좋은 날이야. 뉴스에서 비가 올 거라고 했어"라고 말했다. 솔직히 그의 얼굴에 샌드위치를 던지고 싶었다. 날씨가 나쁠 거라고 해서가 아니라 그 웃는 얼굴 때문이었다.

또 다른 날, 버스를 타기 위해 터미널로 달려갔다. 표를 사려고 현금을 내미는데, 판매 직원이 웃으며 "버스 5분 전에 떠났는데요"라고 하는 것이 아닌가. 그 순간, 이집트의 머리 잘린 전령이 떠올랐다!

그렇다. 이런 상황에서 우리를 화나게 하는 것은 소식 자체가 아니라, 그 소식을 전하는 사람의 공감 없는 태도다. 진정한 승자는 공감하는 태도로 나쁜 소식을 전한다.

의사는 환자에게 수술이 필요하다는 소식을, 상사는 부하직원에게 프로젝트에서 탈락했다는 소식을, 항공사의 슬픔 상담사들은 비행기 추락사고로 사랑하는 사람을 잃은 유가족들과 슬픔의 감정을 공유한다. 승자들은 나쁜 소식을 전할 때 상대방의 감정을 이해하고 공유해야 한다는 것을 안다.

그러나 이런 세심함을 갖추지 못한 사람들이 많다. 피곤한 상태로 호텔에 도착했는데, 직원이 즐거운 표정으로 방이 준비되지 않았다고 한다면, 근사한 저녁을 기대하며 식당에 갔는데 웨이터가 방금 마지막 주문이 나갔다고 명랑하게 말한다면 어떤 기분이 들까?

이웃이 공감하는 태도로 비 소식을 전했더라면 나는 그 예보를 고맙게 받아들였을 것이다. 터미널 매표소 직원이 안타까운 표정으로 버스가 이미 떠났다고 말해주었다면 그저 "아, 괜찮아요. 다음 차 타면 되죠"라고 했을 것이다.

진정한 승자들은 나쁜 소식을 전달할 때 상대방이 어떤 감정을 느낄지를 고려한다. 그들은 나쁜 소식을 전달하는 방법을 안다. 또한 그들은 주변의 압박이 심해도 소식을 전하지 '않는' 법도 안다. 이제 그 기술에 대해 알아보자.

축구에서 받을 사람을 생각하지 않고 공을 패스하면 낭패인 것처럼, 소식을 전할 때도 마찬가지다. 상대방이 그 소식에 어떤 기분을 느낄지를 고려하고, 적절한 태도로 소식을 전해야 한다.

36

질문에 답하고 싶지 않을 때

내 고객 바버라는 가구 사업에서 성공을 거두었지만, 최근에 그녀의 남편이자 비즈니스 파트너인 프랭크와 이혼했다. 프랭크는 그녀보다 성공적인 사업가였는데, 이혼 후에도 두 사람은 사업체를 공동으로 소유하되, 직접적인 접촉은 최소화하기로 결정했다.

이혼 직후, 나는 업계의 컨벤션에서 바버라를 만났다. 바버라와 프랭크는 모두 업계에서 주목받는 인물이라, 두 사람 사이의 관계와 그것이 사업에 미친 영향에 대해 궁금해하는 사람들이 많았다. 그러나 아무도 직접적으로 묻지는 못했고, 바버라도 그에 대해 아무 말도 하지 않았다.

나는 마지막 연회에서 바버라 옆에 앉았다. 같은 테이블에 앉은 한 여자는 호기심을 참지 못하고, 디저트를 먹으면서 바버라에게 소곤거렸다. "바버라, 프랭크랑 어떻게 된 거예요?" 바버라는 무례한 질문에도 미소를 지으며 체리 주빌레를 떠먹었다.

"우린 이혼했지만 회사에는 아무런 영향이 없어요."

여자는 만족하지 못하고 더 파고들었다. "계속 같이 일하는 거예요?" 바버라는 디저트를 한 입 더 먹고, 똑같은 답을 반복했다.

"우린 이혼했지만 회사에는 아무런 영향이 없어요." 심문자는 계속 질문했다. "둘이 계속 한 회사에서 일해요?" 바버라는 체리 주빌레에서 마지막 체리를 떠먹고, 미소를 지으며 똑같은 답을 반복했다.

"우린 이혼했지만 회사에는 아무런 영향이 없어요."

그러자 그 여자도 입을 다물었다. 바버라는 이 불편한 질문을 피하는 가장 효과적인 방법, 즉 '고장 난 라디오'처럼 반복하는 기술을 사용해 진정한 승자다운 모습을 보여주었다.

Winning Skill | **#36 원치 않는 질문에는 고장 난 라디오처럼 반복하라**

누군가가 원치 않는 질문을 계속 던진다면, 똑같은 대답을 여러 번 반복하라. 처음에 한 대답을 그대로, 한 글자도 틀리지 않게 반복하면 대부분은 조용해진다.

37

감사의 이유를
구체적으로 밝혀라

3부를 마무리하며, 단순하면서도 품위 있는 기술을 하나 소개하겠다. 이 기술은 당신의 삶에 영향을 미치는 모든 사람에게 적용할 수 있다.

'감사합니다'를 말할 때는 왜 감사한지 명확히 말해라. 이 말은 너무나 흔하게 사용되어, 이제는 한 귀로 듣고 한 귀로 흘리는 경우가 많다. 우리는 가판대에서 거스름돈을 받을 때도 '감사합니다'라고 한다. 하지만 이 말이 당신의 가게에서 큰 금액을 지불한 소중한 고객에게 하는 말과 같은가? 아니면, 맛있는 저녁 식사를 준비한 가족에게 들려주는 감사의 말과 같겠는가?

감사의 말을 할 때는 의식적으로, 구체적인 이유를 들어서 말해야 한다.

"와주셔서 감사합니다." "이해해주셔서 감사합니다."
"기다려 주셔서 감사합니다." "사랑해주셔서 감사합니다."

기장과 부기장이 조종석 옆에 서서 비행기에서 내리는 승객들에게 인사할 때 나는 이렇게 답한다. "무사히 데려다주셔서 감사합니다." 이렇게 하면 놀라운 효과가 있다. 그들은 환한 얼굴로 힘차게 "이용해주셔서 감사합니다!"라고 답한다.

이 기술은 대화에 능통한 사람처럼 보이게 하고, 사람들이 당신에게 호의를 베풀게 한다. 당신을 칭찬하고 싶거나, 사업을 함께 하고 싶거나, 당신에게 애정을 느끼게 만든다.

이제 다음 대화 주제로 넘어가보자. 상대가 누구든지, 회계사든 선종을 수행하는 사람이든, 자신과 아무리 공통점이 적더라도 지적인 대화를 나누는 방법을 살펴볼 차례다.

Winning Skill | **#37 감사의 이유를 확실히 밝혀라**

감사의 말을 할 때는 반드시 구체적인 감사의 이유를 함께 말하라. "물어봐줘서 고마워요"라든가 "지퍼를 올려줘서 고마워"든, 감사의 이유를 정확히 말하라.

아주 작은 대화의 기술

38

좋은 인상을 남기는
통화 에티켓

우리가 누군가와 통화할 때 그 사람의 목소리만 듣는 것은 아니다. 개 짖는 소리, 아기 우는 소리, 혼란스러운 소음 등이 들린다. 누군가가 방문했다거나, 아기가 배가 고프거나, 혹은 집에 사정이 생겼을 수도 있다. 당신이 이런 소리를 듣고 상대방에게 급한 일이 있는지 물어본다면, 상대방은 그 배려에 감사해할 것이다.

직장에서 근무 중인 사람과 통화할 때, 다른 전화벨 소리가 들릴 수 있다. 그럴 때 당신이 "다른 전화가 오는 것 같은데 받으셔야 해요?"라고 물어본다면, 상대방은 급한 전화가 아니더라도 당신의 배려에 감사할 것이다.

이런 상황에서 상대방이 어떤 상황에 처해 있는지 민감하게 인지하는 것이 중요하다. 멀리 떨어져 있거나 다른 나라에 있는 사람과 통화할 때, 상대의 시간대를 기준으로 시간에 대해 말하는 것도 좋은 방법이다. 예를 들어, "그쪽 시간으로 오후 3시에서 5시 사이에 전화해주시면 통화 가능합니다"라고 말하는 것이다.

또한, 외국의 휴일을 고려하는 것도 중요하다. 어느 날, 나는 오스트레일리아에 사는 고객과 통화를 했다. 그가 "독립기념일 주말 즐겁게 보내세요"라고 인사하자, 나는 크게 감동했다. 이 경험으로 나는 세계 여러 국가의 휴일을 찾아보기 시작했고, 다음 '호주의 날'에는 오스트레일리아 친구에게 인사를 하기 위해 1월 26일에 표시해두었다.

만약 당신이 전 세계 사람들과 사업을 하고 있다면, 반드시 해당 국가의 명절에 인사말을 건네라. 당신이 사는 곳에서는 명절이지만 상대가 사는 곳에서는 그렇지 않을 때는 언급하지 않는 것이 좋다. 지난 11월, 캐나다에 사는 고객 및 그의 영업 사원 7명과 전화 회의를 하면서 "즐거운 추수감사절 보내세요"라고 말했던 일을 생각하면 지금도 민망하다.

Winning Skill | **#38 상대의 다른 상황을 먼저 배려하라**

통화 도중에 상대의 주변에서 무슨 소리가 들리면, "전화 오는 소리가 들리네요"라고 말하고, 상대가 그 상황을 처리해야 하는지 묻는다. 이런 세심한 배려는 상대방에게 좋은 인상을 남길 것이다.

39

전화 통화에서
행간을 이해하는 방법

《오즈의 마법사》를 처음 봤을 때 나는 그 이야기에 흠뻑 빠졌다. 두 번째로 봤을 때는 특수효과가 나를 완전히 사로잡았다. 세 번째로 볼 때는 영상미가 너무 아름다웠다. 같은 영화를 두 번, 세 번 보면, 전에는 눈에 들어오지 않은 미묘한 부분이 보이고 새로운 소리가 들린다.

전화 통화도 크게 다르지 않다. 두 번째로 들으면 훨씬 많은 것을 알게 된다. 비즈니스 대화는 영화보다 더 민감한 정보가 많이 오가므로 여러 번 들어야 한다. 다시 들어봐야 실제로 어떤 대화가 오갔는지 파악할 수 있는 경우가 많다.

중요한 비즈니스 대화를 다시 들으려면 법적으로 허용된 한도 내에서 녹음하면 된다. 비즈니스 대화를 녹음하고 '다시 재생'하여 미묘한 차이를 분석하는 것이다.

이런 통화 녹음은 내 친구 로라의 커리어에 큰 도움이 됐다. 영양 전문가인 로라는 훌륭한 건강 음료를 개발했다. 이 음료는 전국적으로 판매될 만한 가치가 충분했다.

어느 날 나는 로라의 사무실에서 그녀의 계획에 대해 이야기하다가, "로라, 당신에게 소개해 줄 사람이 있어요"라고 말했다. 몇 달 전에 슈퍼마켓 체인점 오너인 프레드를 알게 됐는데, 그가 나에게 빚진 것이 있었다. 프레드의 부탁으로 그가 속한 사교 클럽에서 무료 강연을 해줬기 때문이었다. 프레드는 슈퍼마켓 분야에서 매우 중요한 인물이었다. 프레드가 로라의 제품을 좋아하면, 로라는 그의 슈퍼마켓 체인에 건강 음료를 공급할 수도 있었다. 그렇게 되면 로라의 제품은 전국에서 팔 수 있다.

그래서 나는 프레드에게 전화를 걸었고, 그는 로라의 음료에 관심이 있어 보였다.

"전화 바꿔줘요." 프레드가 말했다. 나는 로라에게 전화기를 건넸고, 그들의 대화는 순조롭게 진행되었다. "그럼요, 샘플을 보내드릴게요." 로라가 말했다. "어디로 보내면 될까요?" 곧바로 로라가 또 말했다. "아, 잠시만요. 메모할 것 좀 가져올게요." (내가 재빨리 펜과 메모지를 그녀 앞으로 내밀었다.)

"아, 뭐라고 하셨죠? 4201인가요, 4102인가요? (나는 답답해서 속으로 끙끙거렸다.) 고리 이름 스펠링이 어떻게 되죠? (답답한 신음이 밖으로 터져 나왔다.) 아, 펜이 잉크가 다 떨어졌어요. 레일, 내 책상에 펜 있는지 봐줄래요? (펜을 던지고 싶은 충동이 들었다.) 아, 죄송해요. 뭐라고 하셨죠?"

나는 로라의 손에서 전화기를 낚아채고 싶었다. 주소를 다시 불러

아주 작은 대화의 기술

달라는 하찮은 요구로 VIP를 귀찮게 하다니. 나중에 그의 비서에게 전화해서 확인하면 되는 일이었다. 하지만 로라가 녹음 기능을 사용했다면, 그런 작은 실수도 피할 수 있었을 것이다. 대화를 녹음하고 나중에 다시 들어보면 되는 것이다.

그날 프레드는 로라에게 친절했다. 하지만 그 후로 로라는 프레드로부터 연락을 받지 못했다. 친구는 아직도 그 이유를 모른다. 전화한 통이 계약을 망쳤다는 것을 그녀는 아직도 모를 것이다.

로라가 좀 느렸다고 해도 프레드가 너무했던 건 아닐까? 하지만 그렇지 않다. 아마도 프레드는 이렇게 생각했을 것이다. '사업 거래를 처음 시작할 때부터 내 시간을 소중하게 여기지 않는다면 앞으로는 어떻겠어?' 프레드는 자기 시간을 아끼는 선택을 했다.

로라는 여전히 좋은 친구다. 하지만 그녀에게 사업적인 도움이 될 수 있는 사람을 다시 소개해주어야 한다면 그럴 만한 위험을 감수하기 힘들다.

통화 녹음을 준비하라

통화 녹음을 준비하는 것은 간단하다. 전자제품 판매점에서 전화용 녹음기를 구입하면 된다(원서는 2003년에 초판이 나왔으며, 아이폰은 2007년 6월에 출시되었다. 미국에서는 여전히 상대방 동의없는 통화 녹음은 불법인 주가 많다—편집자). 이 장치를 사용하면 한 번의 통화로 수백 달러를 벌 수도 있다. 어떤 주에서는 상대방에게 녹음 사실을 알려야 할 법적 의무가 있다. 당연히 녹음 내용을 다른 용도로 사용하는 것은 불법이며 비윤리적이다.

이 방법을 사용하면, 상대가 던진 대화의 공을 잘 잡을 수 있다. 예를 들어, 상사와 통화한다고 생각해보자. 상사가 로펌의 네다섯 명에게 서신을 보내라고 요청하면서 그들의 이름, 주소, 우편번호를 빠르게 말한다. 대화의 공이 너무 빠르게 날아왔다. 상사가 "다시 말해야 하나?"라고 물었지만, 당신은 녹음기를 가리키며 "아니요, 괜찮습니다"라고 답했다. 상사는 당신에게 내심 감탄할 것이다.

또한, 당신의 무지를 가릴 수 있다는 장점이 있다. 녹음된 대화를 다시 들어보며 모르는 단어를 찾아보고, 이 분야에 대해 잘 아는 친구에게 무슨 뜻인지 물어보면 된다.

행간을 읽어라

통화를 녹음하면 상대의 말에 담긴 깊은 의미까지도 알아차릴 수 있다. 어떤 아이디어에 대한 열정이나 망설임도 알아챌 수 있다.

우리가 무언가를 원할 때 마음은 우리에게 재미있는 장난을 친다. 상대에게 '예'를 간절히 원하면, 실제로 '예'가 더 잘 들린다. 하지만 보이는 것이 전부가 아닐 때도 있다. 어쩔 수 없는 '예'와 주저하는 '예'는 천지 차이다.

지난달 강연을 신청한 회사의 직원에게 10페이지 분량의 유인물을 복사해줄 수 있는지 물었다. 내가 원했던 '예'라는 대답이 돌아왔다. 하지만 나중에 녹음된 대화를 다시 들어보니, 그 대답에는 주저함이 묻어 있었다. 나는 곧바로 다시 전화를 걸어 "유인물은 신경 쓰지 마세요"라고 말했다.

"정말 다행이에요! 사실 따로 허락이 필요한 부분이었거든요." 그녀가 기쁘게 소리쳤다. 나는 유인물을 복사하는 비용에 비할 수 없을 정도로 훨씬 많은 것을 얻었다.

이제 상대의 얼굴을 직접 마주 보고 하는 소통으로 들어가보자. 파티에서 만난 사람들과 성공적으로 대화하는 방법뿐만 아니라, 유능한 정치인처럼 원하는 모든 사람에게 자연스럽게 다가가는 방법을 알아볼 것이다.

Winning Skill | **#39 두 번 들으면 더 많은 기회를 발견한다**

모든 비즈니스 대화를 녹음하고 나중에 다시 들어보라. 두세 번 들으면 처음에 놓친 중요한 정보를 알아차릴 수 있다. 마치 미식축구 팬이 나중에 경기 장면을 다시 보고서야 선수가 공을 놓친 순간을 발견하는 것과 같다.

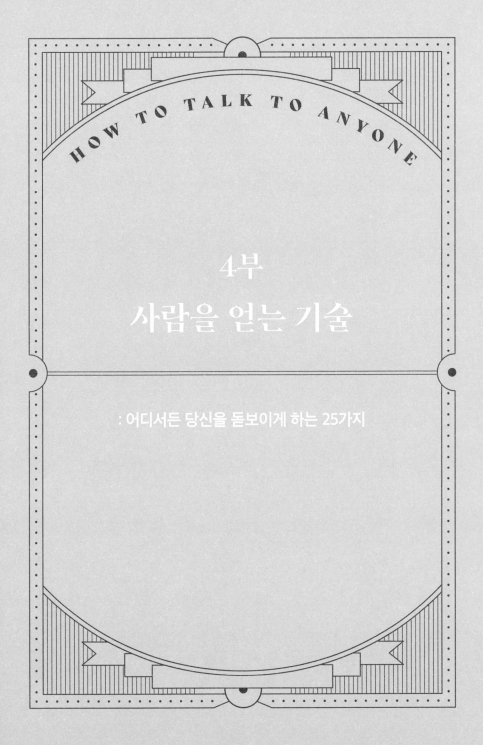

HOW TO TALK TO ANYONE

4부

사람을 얻는 기술

: 어디서든 당신을 돋보이게 하는 25가지

당신이 파티에 참석했다고 상상해보자. 주변에서는 모두가 부실 감사, 코드 제약, 도서관 마케팅 등 당신에게는 생소한 주제로 대화를 나누고 있다. 주위에는 회계사, 건축가, 출판업자들이라 당신만이 내용을 이해하지 못하고 있다. 당신은 무엇을 말해야 할지 모르는 상황에서 어색하게 웃음만 짓고 있다. 자신이 말실수를 할까 봐 입을 열 수 없고, 괜히 자신이 주목받을 것 같아 불안해진다. 그 상황에서 당신은 외부인으로서 침묵 속에서 불편함을 느낀다.

나는 고등학교 때, 특히 자동차에 대한 이야기를 나누는 남학생들 앞에서 이런 느낌을 자주 받았다. 자동차에 대해 아는 게 전혀 없었기 때문이다. 그러던 어느 날 엄마가 나에게 선물한 책이 나의 삶을 바꿔놓았다. 자동차 모델과 구조에 대해 설명해주는 책이었다. 그 책을 통해 나는 포드와 쉐비, 뷰익 자동차에 대해 배웠고, 그래서 남학생들이 자동차 용어를 사용할 때 더 이상 당황하지 않게 되었다. 자세히 알 필요까지도 없었고, 그들이 하는 이야기를 알아듣고, 적절한 질문을 던질 정도면 됐다. 그 결과, 나의 사회생활은 크게 달라졌다.

성인 남녀 모두 일이나 취미와 관련된 주제에 대해 가장 열정적으로 이야기한다. 같은 분야에 종사하거나 관심사를 공유하는 사람들과 대화할 때 가장 적극적으로 참여한다. 과묵하기로 유명한 엔지니어들도 자기들끼리 있으면 기름투성이 터빈이나 여러 다양한 프로젝트에 대해 쉴 새 없이 떠든다. 하지만 그런 대화는 외부인에게는 외계어처럼 들린다.

스쿼시 선수들이 모여 있는 파티에 변호사가 참석하게 되면 어떨까? 스쿼시에 대해 전혀 모르는 그에게는 '로빙'lobbing(완만한 포물선을 그리듯 띄우는 타구법—옮긴이)이나 '드라이브'(스쿼시에서 공을 치는 기술 중 하나—옮긴이) 같은 단어들이 낯설다. 하지만 다음에 소개할 기술을 알고 있다면, 이런 곳에 가도 더 이상 당황하지 않는다.

낚시꾼이 물고기를 잡기 위해 실잠자리 모양의 가짜 미끼를 던지듯, 올바른 질문을 던지면 사람들의 관심을 끌 수 있다. 데일 카네기의 말마따나 관심을 표현하면 사람들은 말문을 연다. 대화에서 호기심만큼 중요한 것이 지식이다. 즉, 상대와 대화하려면 지적인 호기심을 보여줘야 한다.

4부에서는 이런 '열려라 참깨' 같은 기술들을 살펴볼 것이다.

40

현대판 르네상스 인간이
되는 법

"지하철 타는 사람에게 절대로 길을 묻지 마"

나는 친구들이 뉴욕을 찾아올 때마다 이렇게 당부한다. 그럼 친구들은 놀라며, "강도 만날까 봐?"라고 묻는다.

"아니, 목적지를 잘못 찾을까 봐!"

뉴욕 지하철 탑승자 대부분은 자신이 타는 곳과 내리는 곳만 알고, 그 외의 구간에 대해서는 모른다. 이건 취미와 관심사에 대한 지식도 마찬가지다. 자신의 취미와 관련해서는 상세하게 알지만, 그 외는 그들에게 목적지 외의 지하철역처럼 느껴진다.

친구 리타는 볼링에 열정적이다. 매주 수요일마다 친구들과 볼링을 즐기며, 그날의 점수, 평균 점수, 최고점수 등을 끊임없이 이야기한다. 또 다른 친구 월터는 급류 래프팅에 푹 빠져 있다. 어느 강에서 래프팅했는지, 어떤 옷을 입었는지, 어떤 급류를 선호하는지 등 항상 래프팅 이야기를 나눈다. 나는 이 두 친구가 잘 맞을 것 같아 소개해 주었다.

"볼링을 좋아하시는군요!" 월터가 말했다.

"네." 리타는 조용히 웃으며 볼링에 관한 질문이 더 쏟아지기를 기다렸다. 하지만 그게 다였다.

리타는 "래프팅을 좋아하시는군요"라고 말했다. 월터는 래프팅에 대한 구체적인 질문이 올 것을 기다렸다. 하지만 리타는 별로 아는 게 없어서 이렇게 물어보는 것이 최선이었다.

"재미있겠네요. 그런데 위험하지 않나요?"

"아뇨, 전혀 위험하지 않아요." 월터는 답했다.

그리고 두 사람의 대화는 끊어졌다. 만약 리타가 래프팅을 한 번이라도 경험해봤다면, 월터가 볼링을 한 번이라도 쳐봤다면, 상황은 달라졌을 것이다. 대화가 자연스럽게 이어졌을 테고, 두 사람의 인연이 어디까지 흘러갔을지도 모르는 일이다.

한 번의 맛보기로도 충분한 대화 경험이 된다

'새로운 도전 테라피'는 어려운 상황을 깔끔하게 해결해줄 수 있는 참신한 해법이다. 이것은 당신을 다양한 분야에 대해 편안하게 대화를 나눌 수 있는 르네상스 인간으로 탈바꿈시킬 것이다.

새로운 도전 테라피는 쉽게 말해서 평소에 상상조차 해보지 못했던 활동을 체험하는 것이다. 4주에 한 번씩 평소 패턴에서 완전히 벗어나는 일을 해보자. 평소 주말에 테니스를 친다면 이번 주말에는 등산을 한다. 평소 등산을 즐긴다면 이번 주에는 테니스를 배워본다. 볼링을 좋아한다면 급류 래프팅을 하러 가보자. 날씨가 좋은 주말이면 어김없이 그렇듯 이번 주에도 급류 래프팅을 하러 갈 계획이었다면 취소하고 볼링을 한번 시도해본다.

이 모든 경험은 대화 소재가 될 수 있다. 등산, 새 관찰, 당구, 카약, 연날리기 등의 취미를 가진 사람들을 만날 때, 내부자처럼 대화를 나눌 수 있다. 이런 것들은 한 번만 해봐도 충분하다.

스쿠버 다이빙을 아나요?

스쿠버 다이빙 자격증은 없지만, 6년 전 버뮤다에서 눈에 띄는 안내판을 발견했다. "스쿠버 다이빙 체험, 25달러, 경험 필요 없음." 그리고 3시간 후, 나는 스쿠버 다이버와의 대화에 필요한 최고의 속성 코스를 밟게 되었다.

먼저, 수영장에서 간략한 안내를 받고, 산소 탱크와 레귤레이터, 부력 조절 장치, 웨이트 벨트를 메고 균형을 잡는 연습을 했다. 그리고 다이빙 보트에 올라타, 뱃머리가 흔들릴 때마다 마스크와 지느러미를 만져보며, 다이빙 자격증을 가진 사람들이 어떤 이야기를 나누는지 귀를 기울였다.

"자격증 어디에서 받으셨어요?"
"어디에서 해보셨어요?"

"난파선하고 산호초 중에 뭘 선호하세요?"

"야간 다이빙 경험 있으세요?"

"수중 촬영 좋아하세요?"

"가장 오래 잠수한 적이 언제인가요?"

"감압병에 걸린 적 있나요?"

스쿠버 다이빙을 즐기는 사람들이 자주 나누는 대화 내용이다.

이제는 나도 스쿠버 다이버들을 만나면 올바른 질문을 던지고 주제를 제시할 수 있다. 그리고 그들이 피해야 하는 이야기는 무엇인지도 알고 있다(예를 들어, 해산물을 좋아한다는 이야기는 피하는 것이 좋다. 고양이를 사랑하는 사람에게 새끼 고양이 바비큐를 좋아한다고 말하는 것과 같으니까.) 나는 그들에게 스쿠버 다이빙 명소인 코주멜, 케이맨, 캔쿤에 가본 적이 있는지 물어볼 수 있다. 또는 좀 더 자신감 넘치게 대화하고 싶다면, 태평양 트룩 라군Truk Lagoon(태평양 서부, 미크로네시아 연방의 척투크주에 위치한 천연 항만—편집자), 그레이트 배리어 리프Great Barrier Reef(호주 북동부 해안에 위치한 세계에서 가장 큰 산호초 지대—편집자), 홍해에 가본 적이 있는지 물어볼 수도 있다.

이제 스쿠버 다이버들이 사용하는 언어가 내 입에서 자연스럽게 나온다. 스쿠버 다이빙을 직접 해보기 전에는 이런 대화에 참여하지 못했다. 만약 상대가 스쿠버 다이빙을 즐긴다고 했다면, 나는 아마 "스쿠버 다이빙이라. 흥미롭네요. 그런데 상어 만날까 봐 무섭지 않아요?"라고 말했을 것이다. 이런 대화는 스쿠버 다이버와의 대화 시 작점으로는 적절하지 못하다.

저녁 모임에서 스쿠버 다이빙에 대한 이야기가 나왔을 때, 나는 스쿠버 다이빙을 '한 번' 해본 경험을 바탕으로 대화에 참여할 수 있었다. 야간 다이빙을 좋아하는지, 난파선 다이빙과 산호초 다이빙 중 어떤 것을 선호하는지 물어볼 수도 있다.

그리고 번지점프를 즐기는 사람에게는 이렇게 물어볼 수 있다. "허리에 묶고 하는 점프를 좋아하세요, 아니면 발목 번지점프를 좋아하세요?" 대화가 테니스, 무술, 체스, 새 관찰로 바뀌어도 당신은 계속 대화에 참여할 수 있다. 생각만 해도 정말 멋진 일이다!

Winning Skill | #40 한 달에 한 번은 완전히 새로운 도전을 해보라

한 달에 한 번 평소의 패턴을 뒤집어보자. 평소 꿈도 꾸지 않았던 일을 해보자. 스포츠를 하고 전시회를 관람하고 자기 삶과 완전히 동떨어진 듯한 주제의 강연을 듣는다. 딱 한 번의 경험만으로 그 분야의 내부자들이 사용하는 언어를 80퍼센트는 구사할 수 있게 된다.

41

상대의 직업이나 취미에 대해 해박하게 보이는 법

직업에 관한 대화는 때로는 껄끄럽게 느껴질 수 있다. 컴퓨터 데이터베이스 관리자인 부부가 주최한 모임에 참석했을 때, 그 경험은 나에게 악몽과도 같았다. 파티장 입구에서 한 남자가 "도메인 관계 해석이 안전한 표현으로 제한되면 터플 관계…"라는 이야기를 하는 것을 듣고 나는 거기서 빠져나왔다. 그들의 전문적인 언어는 내겐 외국어나 다름없었다. 그래서 나는 그들과의 대화를 이해할 수 있도록 필요한 질문들을 배우기로 결심했다. 지금은 어느 정도 그들과의 대화를 기대하고 있다. 이제는 "어떤 레이드 레벨을 사용하나요?"나 "데이터 웨어하우스 제품은 어느 회사 거 쓰세요?" 같은 질문 정도는 던질 수 있게 되었으니까 말이다. 이처럼 어떤 사람들과 있든 내부자 질문만 몇 개 던지면 대화를 시작할 수 있다.

그리고 가능한 한 빨리 주제를 바꾼다! 그 분야에 대해 실제보다 더 많이 아는 척하면 곤란하다. 질문을 하고 대답을 들으면서 잠시 기초적인 대화를 즐기면 된다.

시작 질문이 중요하다

테니스 선수는 첫 번째 서브로 상대방의 실력이 얼마나 좋은지 바로 알 수 있다. 흥미진진한 한판 대결이 될지, 아니면 지루한 게임이 될지. 대화도 마찬가지다. 당신이 던지는 첫마디로 사람들은 당신이 그들의 삶이나 관심사에 관해 이야기 나눌 만한 흥미로운 대상인지, 지루한 상대인지 알 수 있다.

예를 들어, 내가 누군가를 소개받았는데 그 사람의 입에서 처음 나온 말이 "아, 작가시군요. 위대한 소설은 언제 나오나요?"라고 해보자. 그 사람이 내가 속한 세계에 익숙하지 않다는 것을 단번에 알려주는 말이다.

하지만 상대방이 "아, 작가시군요. 소설을 쓰시나요, 논픽션을 쓰시나요?"라고 묻는다면? 이 사람은 내 세계에 대해 아는 사람이다. 작가들도 서로에게 가장 먼저 묻는 말이니까. 이 사람은 글쓰기에 대해 어느 정도 아는 사람이므로 분명 대화가 즐거울 것이다. 글쓰기에 관한 대화가 그리 오래 이어지지 못하더라도 그는 아는 게 많은 것처럼 보이는 데 성공했다.

모든 직업이나 관심사에는 그 분야의 사람들이 서로에게 가장 먼저 묻는 질문이 있다. 그들끼리는 외부인이 묻는 것처럼 어리석은 질문을 하지 않는다. 예를 들어 우주비행사는 동료를 만나면 "어떤 임무를 수행했나요?"라고 묻는다. ("우주에서는 화장실에 어떻게 가나요?"라는 질문을 하지 않는다.) 마찬가지로 치과의사는 "일반 진료를 하시나요, 아니면 특수진료를 하시나요?"라고 묻는다.

직업에 관한 대화를 시작하는 방법은 다행히 그리 어렵지 않다. 전문용어를 알아둘 필요도 없고 시작 질문만 몇 가지 알면 내부자처럼 보일 수 있다. 재미있는 일도 벌어진다. 사실은 당신이 그 분야와 전혀 관련이 없다는 것을 알면 사람들이 더욱더 감탄한다. 그들은 당신을 흥미로운 대화 상대로 생각하게 될 것이다.

"도와줘! 미술가들이 모인 곳에 가야 해"

직업에 대한 대화 주제를 모으는 것은 그리 어렵지 않다. 예를 들어, 당신이 미술가들과의 교류가 많은 갤러리 오프닝에 초대받았다고 가정해보자. 미술 분야에 대해 잘 모른다면 친구 중에 관련 분야 전문가가 있는지 찾아본다.

그중에 친구인 샐리가 있다고 하자. 샐리에게 연락해서 "샐리, 미술 하는 사람들하고 이야기를 나눠야 하는 행사에 초대받았거든. 어떤 질문을 하면 좋은지 알려줄 수 있어?"라고 물어본다. 샐리는 질문이 좀 특이하다고 생각할지도 모르지만, 당신의 진심을 느끼고 긍정적인 반응을 보인다.

"음, 어떤 매체를 쓰는지 물어봐."
"매체?"

"응. 미술 하는 사람들끼리는 아크릴, 유화, 차콜, 펜 등 무슨 매체를 쓰느냐고 물어보거든."

"아하!"

"작품에 관해 설명해달라고 하면 안 돼." 샐리가 경고한다. "그들은 자기가 활용하는 매체를 시각적으로 설명할 수 없다고 여기거든!"

"그렇군!"

"그리고 그들의 작품이 그 갤러리에 있냐고 묻지 마."

"왜?"

"작가의 아픈 곳을 건드릴 수도 있어. 대신 '당신 작품은 어디에서 볼 수 있나요?'라고 물어봐. 갤러리와 계약을 맺지 않은 미술가라도 그렇게 물으면 좋아해. 작업실로 초대해서 작품을 직접 보여주고 팔 수도 있으니까."

이 정도면 충분하다. 미술 대화를 열어줄 좋은 질문 두 개와 바보 같은 외부인 질문을 하지 말라는 충고.

당신이 적절한 질문으로 첫 대화를 시작했다 치자. 상대는 당신을 즐거운 대화 상대로 여기며 기꺼이 답할 것이다. 그 후 상대가 당신에게 공을 돌려준다. 이제는 다음 질문을 던질 차례다. 여기서 어떻게 해야 할까?

이때 허풍쟁이처럼 보이지 않으려면 다음 기술을 익혀야 한다.

성공한 사람들은 다른 직업에 대한 지식도 갖추고 있다. 평소 다른 직업 분야에서 사용하는 언어에 대해 알아두는 것이다. 그러면 내부자처럼 보일 수 있기 때문이다.

어떻게 그들의 언어를 배울 수 있을까? 책이나 동영상으로 빠른 시간 내에 얻긴 어렵지만 의외로 쉬운 방법이 있다. 특정 직업군의 사람들을 만나야 할 때, 그 분야에 대해 잘 아는 친구에게 대화를 시작하는 몇 가지 질문을 알려달라고 요청하면 된다. 이런 간단한 질문만으로도 큰 보상을 얻을 수 있다.

42

상대의 중요한 관심사를 찾아라

의사인 친구 존은 최근에 매력적인 일본 여성 야미카와 결혼했다. 존은 동료가 많이 모이는 파티에 초대받았을 때, 아내가 당황했다고 말했다. 존 말고는 만나본 미국 의사가 없어서 의학 얘기를 해야 할 상황이 두려웠던 것이다.

존은 특별한 조언을 해줬다. "야미, 걱정하지 마. 의사들은 항상 같은 질문을 하는데, '전공이 무엇인가요?' 혹은 '병원에서 근무하나요?' 같은 걸 물어. 그리고 대화가 깊어지면 '병원과의 관계는 어떤가요?' 또는 '요즘 그쪽 사정은 좀 어때요?' 같은 질문을 해. 의료 분야에는 항상 많은 변화가 일어나기 때문에 이런 게 의사들에게는 중요한 사안이야."

야미카는 이 조언을 따라 파티에서 만난 의사들과 대화를 이어나갔다. 그리고 그녀는 파티의 주인공이 되었다. 동료들은 존에게 매력적이고 지적인 여성을 만났다며 축하의 말을 건넸다.

진짜 관심사를 찾아라

모든 직업에는 그들만의 관심사가 있다. 그러나 외부인은 잘 모르는 경우가 많다. 예를 들어, 독립서점 운영자들은 대형 서점들의 횡포에 불만이 많다. 회계사들은 부실감사 배상책임보험 때문에 밤잠을 설친다. 치과 의사들은 산업안전보건청OSHA과 환경보호청EPA의 규제에 고심한다. 반면에 작가들은 작품에 대한 디지털 권리를 인정하지 않는 출판사에 불만이 있다.

누군가가 작가들의 모임에 불쑥 참석하게 된다면, 글로 생각을 표현하는 작가들과의 대화는 쉽지 않을 것이다. 그러나 그가 참석하기 전에 작가들의 주요 관심사에 대해 알아보았다면, 저녁 내내 즐거운 대화를 나눌 수 있었을 것이다.

갤러리에서 열리는 전시회에 참석하게 된 상황으로 돌아가보자. 이때 샐리에게 미술계에서 가장 뜨거운 이슈가 무엇인지 물어보는 것이 좋다. 그녀는 잠시 생각한 후, "음, 작품 가격 문제가 있지"라고 말할 것이다.

"작품 가격?"

"예를 들어, 1980년대의 미술계는 시장 주도적이었어. 일부 투자자들과 출세주의자들이 과도한 금액을 지불하는 바람에 가격이 치솟았지. 그게 미술을 대중과 멀어지게 했다고 보는 미술가가 많아."

와, 이런 대화로 미술계 이슈에 대한 훌륭한 소재를 얻었다!

"큰일 때 보자!"

이처럼 상대의 직업에 대한 정보를 미리 모으고, 그 분야 종사자들이 사용하는 인사말도 알아두는 것이 좋다. 예를 들어, 연극 배우들은 무대에 오르기 전에 "Good luck"보다는 "Break a leg!"(연극계에서 널리 사용되는 표현으로, "행운을 빕니다"라는 뜻 ─ 편집자)라는 표현을 선호한다. 물론 이 표현은 마라톤 대회에 참가하는 사람들에게는 적합하지 않다. 그들에게는 "신기록 세워요!"라는 말이 더 맞다.

교대 근무를 하는 소방관들은 서로 자주 만나지 못한다. 그들이 모두 모이는 경우는 대형 화재가 발생했을 때뿐이다. 그래서 소방관들의 인사말은 "큰일 때 보자!"See You at the Big One!이다.

예전에 조용한 시골 마을에서 길을 잃은 적이 있었다. 다행히 근처에 소방서가 있었고, 거기에서 두 명의 소방관을 만났다.

"실례지만, 50번 국도로 가는 길을 알려주실 수 있나요?" 나는 차창 밖으로 외쳤다. 그들은 의아해하며 방향을 가리켰다. 나는 "고마워요. 큰일 때 봐요!"라며 대답하고 차를 몰고 떠났다. 백미러로 보니, 그들이 환한 웃음을 지으며 손을 흔들고 있었다. 내부자들만 아는 인사말로 그들의 마음을 잠시나마 사로잡은 게 분명했다.

상대방의 직업을 무시하고 대화에 뛰어들진 말라. 상대방이 어떤 분야에서 일하든 그 분야의 핵심 이슈를 찾아내는 것이 중요하다. 모든 업계에는 외부인들이 잘 모르는 뜨거운 이슈가 있는 법이다. 주변 사람을 통해 미리 이런 이슈를 파악하면 대화의 흐름을 자연스럽게 이끌 수 있다.

43

핫 이슈를
파악하라

상대가 무슨 일을 하든 간에, 대화를 시작하기 전에 먼저 그 분야의 핫 이슈를 찾아보는 것이 중요하다. 모든 업종에는 외부인들이 잘 알지 못하는 이슈가 있다. 이런 정보를 미리 파악해두면, 대화를 자연스럽게 이끄는 데 큰 도움이 된다.

당신이 스마트폰을 켜서 포털에 접속했다고 생각해보자. 커피 한 잔을 따르고 세상 돌아가는 소식을 확인한다. 국제 뉴스, 패션란, 스포츠란, 연예 소식 혹은 만평 … 먼저 보는 기사가 당신의 세상이다. 하지만 이번에는 평소와 다르게, 평소에 읽지 않는 글을 읽어보자. 그렇게 해야만, 다른 세상에 익숙해져서 공통점이 별로 없는 사람과도 대화를 나눌 수 있기 때문이다.

부동산란을 읽어본 적이 있는가? 관심이 없다면 생각만 해도 지루할 것이다. 하지만 언젠가 부동산이나 시장에 관해 이야기하는 사

207

람들과 만날 수도 있다. 가끔 훑어보면 그런 대화에도 익숙해질 수 있다.

광고는 어떠한가? 광고들이 사라지면 세상이 훨씬 쾌적해진다고 생각할 수도 있다. 하지만 광고와 마케팅을 빼놓고 영업하려고 한다면 회사의 매출에는 큰 타격이 올 수 있다. 광고 관련 기사를 읽으면, 광고와 광고인 그리고 광고의 여러 가지 형태에 대해 대화를 나눌 수 있게 된다. '단어'가 아니라 '카피'라는 표현을 사용하게 될 것이고, '에이전시'가 아닌 '숍'처럼 내부자 용어로 대화할 수 있다. 금융 분야에서도, 일반인들은 '주식'이라고 하지만, 금융 전문가들은 '종목'이라는 표현을 자주 사용한다. '펀드'보다는 '상품'이라는 말을 쓰기도 한다.

외부인이 사용하는 표현을 사용하면, 당신이 그 방면에 아무것도 모른다는 게 들통 난다. 유람선에서 일할 때, 승객이 "보트에서 일한 지 얼마나 됐어요?"라고 물을 때마다 직원들은 탄식했다. 유람선 직원들은 배boat가 아닌 선박ship에서 일하는 것을 자랑스럽게 여기기 때문이다.

적합한 단어를 사용하면 대화가 더욱 부드러워진다. 선장과 직원들이 승객들을 맞이할 때, "처음 마스터가 되신 건 언제인가요?"나 "처음으로 항해를 지휘하신 건 언제인가요?"라고 묻는 승객이 있었다. 그럴 때마다 평소 과묵한 선장이지만 즐겁게 자기 이야기를 해주었다. 비록 기사에서 배운 표현이었지만, 질문자에게 그의 바다 이야기를 열정적으로 들려준 것이었다.

이 기술을 사용하면, 만나는 모든 사람과 긍정적인 분위기를 만들 수 있다. 방법은 간단하다. 다양한 기사를 읽고 그들과의 대화에 필요한 질문을 미리미리 생각해두는 것이다.

어떤 직업을 만나도 대화를 활발하게 이어가는 법

특정 업계 내부자처럼 대화하고 싶다면, 그 업계 전문지나 소식지를 읽어보라. 업계의 내부 언어와 뜨거운 이슈들을 파악할 수 있다.

어떤 산업이든 전문지가 존재한다. 〈자동차 뉴스〉나 〈요식업〉, 〈풀 & 스파 뉴스〉, 〈트럭 운송 산업〉 등 다양한 업계의 전문지들이 그 예이다. 심지어는 양돈업자를 위한 〈오늘의 돼지〉 같은 전문지도 있다.

사람들의 취미와 관심사에 대해 알고 싶다면, 관련 분야의 잡지를 읽어보면 된다. 달리기, 운동, 자전거, 스키, 수영, 서핑 등 다양한 취미에 관한 잡지가 있다. 큰 서점에서는 권투, 볼링, 심지어 투우에 관한 잡지까지 찾아볼 수 있다.

나는 매주 다른 분야의 잡지를 구매하곤 했다. 그 효과는 신속하게 나타났다. 컨설팅 잠재 고객의 집으로 저녁 식사에 초대받았을 때, 그녀의 아름다운 정원을 감상하며 〈꽃과 정원〉에서 배운 관상목이니 일년생이니 다년생 같은 내부자 용어를 사용할 수 있었다. 심지어 대화 주제가 "씨앗이나 구근부터 키울 때의 장점"으로 바뀌었을 때도 당황하지 않았다.

그녀와 함께 걸으면서, 주제를 꽃에서 내가 그녀의 회사에 제공할 수 있는 컨설팅 서비스로 자연스럽게 바꾸었다. 서비스 도입에 실제로 앞장선 사람은 누구였을까?

세상이 점점 작아지고 있는 건지, 아니면 우리가 점점 커지고 있는 건지는 모르겠다. 하지만 오늘날의 르네상스 인간은 어디서든 편안하고 자신감이 넘친다.

다음 기술은 당신이 세계 어디서든 내부자가 되고, '어글리 어메리칸'으로 전락하는 것을 피하도록 해준다.

Winning Skill | #43 업계 전문지를 읽어라

중요한 잠재 고객이 골프, 달리기, 수영, 서핑, 스키를 즐기는가? 회계사나 선종 수행자가 많은 행사에 참석하게 되었는가? 온갖 다양한 취미와 관심사를 전문으로 다루는 전문 잡지를 읽어보는 것이 좋다. 그렇게 해서 지식을 쌓아두면, 누구와도 내부자처럼 대화를 나눌 수 있다.

44

글로벌 매너를 익혀라, 대화의 성패가 걸려 있다

해외 출장을 가게 되면 무엇을 준비해야 할까? 여권과 회화책이나 어플은 필수겠지만, 그 나라의 문화에 대한 지식을 담은 지식도 빼놓을 수 없다. 이는 종종 무시되는데, 결과는 종종 치명적이다.

제럴딘은 강연자이자 친구이다. 그녀는 처음으로 일본에서 강연을 하게 되어 기대에 부풀어 있었다. 그녀는 14시간 동안의 긴 비행을 편하게 보내기 위해 좋아하는 청바지와 캐주얼한 재킷을 입었다. 도착한 일본 나리타 공항에서는 정장을 잘 차려입은 네 명의 일본인 남성이 그녀를 맞이했다. 그들은 미소를 지으며 고개를 숙이고 명함을 건넸다. 한 손에 기내용 여행 가방을 들고 있었던 제럴딘은 다른 손으로 명함을 받았다. 그녀는 감사 인사를 하고 명함을 훑어본 뒤 안전하게 뒷주머니에 넣어두었다. 그리고 그녀의 명함을 꺼내 건넸다. 자신의 이름이 발음하기 어려울 것 같아 이름 위에는 '제리'라는 애칭을 적어 뒀다. 일본인 신사들은 명함을 쳐다보고 몇 번이나 뒤집어 훑어보았고 한 명이 그것을 서류 가방에 넣었다.

호텔에 도착한 후, 신사들은 로비에서 차를 마시자고 제안했다. 그들은 그녀에게 선물을 주었고, 그녀는 감동하여 열어보았다. 그녀는 생각지도 못한 선물에 감격해서 평소와 다름없이 호들갑을 떨었다. "정말 예쁘네요!"라는 환호성과 함께 그녀는 신사들을 한 명씩 살짝 포옹했다.

네 명의 일본 신사들이 약간 찌푸린 얼굴로 동시에 자리에서 일어섰다. 그들은 고개를 살짝 숙이고 "사요나라"라고 중얼거리더니 곧바로 자리를 떴다. 가엾은 제리는 어리둥절했다. 그녀가 무엇을 잘못했을까?

전부 다 잘못되었다! 첫 번째 실수는 청바지를 입은 것이었다. 아시아에서는 고객을 만날 때는 절대 캐주얼한 옷차림을 하지 않는다. 두 번째 실수는 명함을 함부로 다룬 것이었다. 아시아에서 명함은 매우 중요한 의전 도구로, 두 손으로 공손하게 주고받아야 한다. 그리고 서로의 명함과 일에 대해 이야기를 나눈 다음에 정중하게 보관해야 한다. 제리가 명함을 뒷주머니에 넣은 것은 매우 무례한 행동이었다.

제리가 네 번째 실수를 알아차린 것은 집으로 돌아온 후였다. 해외 출장을 자주 다니는 그녀의 동료 빌이 그녀에게 상황을 설명해주었다. 신사들이 명함을 뒤집어 본 것은, 그녀의 이름과 직함, 회사명이 뒷면에 일본어로 적혀 있는지 확인하기 위함이었다. 물론 제리의 명함 뒷면에는 아무것도 없었다.

또한 명함에 애칭을 적은 것도 큰 실수였다. 아시아에서는 받은 명함을 존중해야 하며, 손 글씨로 더럽혀서는 안 된다.

제리가 일본에서 겪은 불행한 경험은 더 있었다. 일본에서는 선물을 공개적으로 열지 않는다. 체면을 대단히 중요시하는 나라에서는 만약 자기가 준 선물이 상대에게 받은 선물보다 못하면 당혹스러움을 느낄 것이기 때문이다. 이런 상황이 벌어지는 것을 피하기 위해, 일본에서는 보통 선물을 나중에 혼자서 연다. 그런데 제리는 선물을 준비조차 하지 않았다!

또한, 제리가 선물을 받고서 환호성을 질렀던 것도 잘못된 행동이었다. 아시아에서는 톤이 낮을수록 서열이 높다고 여겨진다. 그리고 제리가 감사의 의미로 신사들을 포옹했다는 것은 일본에서는 절대로 용납되지 않는 행동이다(특히 새 고객이라면). 이러한 일련의 사건들로, 제리는 더 이상 일본에서 강연을 하지 못하게 되었다.

지금 그녀는 엘살바도르에서 강연을 준비하고 있다. 이번에는 같은 실수를 반복하지 않을 것이다. 제리는 엘살바도르 문화를 공부하고 있으며, 거기에서는 포옹을 환영한다. 하지만 누구도 그 이름으로 불러서는 안 된다. 그리고 자신을 '미국인'American이라고 소개해서도 안 된다. 엘살바도르 사람도 아메리카 사람American이니까!

또 다른 동료는 브라질에서 중요한 거래를 망칠 뻔했다. 그는 계약서에 서명하기 전에, 엄지와 집게손가락으로 오케이 신호를 보냈다. 그러나 그 신호는 브라질에서는 성적인 의미를 가지고 있었다. 이런 실수를 미리 숙지하지 못하면 큰 문제가 될 수 있다.

세계 각국의 문화는 서로 다르다. 나는 다른 나라를 여행할 때마

213

다, 그곳의 문화를 존중하려 노력한다. 나 역시 평소에는 청바지를 입고, 포옹하고, 선물을 바로 열어보는 것을 좋아하지만, 미국을 벗어날 때는 그 나라의 문화를 존중하고 미리 알아둔다.

세계의 문화에 대해 알려주는 좋은 책들이 많다.[16] 문화 차이를 이해하는 데 큰 도움이 될 것이다.

내부자 언어를 익히면 실질적인 보상을 얻는다. 반대로, 외부자로 인식되면 거래 비용이 증가할 수 있다. 이런 점을 유념하며, 다른 나라의 문화를 존중하고 이해하는 것이 중요하다.

Winning Skill | **#44 그 나라의 문화를 숙지해라**

해외여행을 할 때는, 그 나라에서 문화적으로 허용되는 것과 금지되는 것을 미리 알고 가는 것이 중요하다. 악수나 선물, 제스처, 심지어 어떤 물건을 칭찬하기 전에 미리 어떻게 행동해야 하는지 확인하라. 실수 하나로 모든 계획이 망가질 수 있기 때문이다.

아주 작은 대화의 기술

45

약간의 전문용어를
익혀라

사람들은 자기 이익을 위해 수단과 방법을 가리지 않는다. "사랑과 전쟁은 수단을 가리지 않는다"라는 속담이 이를 잘 보여준다. 가령, 많은 이가 유명인 이름으로 고급 레스토랑 예약을 한다. 내가 자주 가는 식당 총지배인 말로는 로버트 드니로 이름을 대는 예약 전화가 자주 온다고 한다.

하지만 이런 꼼수는 금방 탄로 난다. 한 여자는 유명인 이름으로 예약을 시도했다가 들통나 사람들 앞에서 망신을 당했다. 또 예약 없이 식당에 나타나 총지배인에게 가서 아무 이름이나 대며 자기가 예약자라고 억지 부리는 이들도 있다.

호텔에서도 비슷한 일이 일어난다. 예약이 꽉 찬 호텔에서 한 남자가 방을 얻기 위해 목숨을 걸었다. 프런트에 방이 없으면 바닥에서라도 자겠다고 소리쳤다. 결국 그는 방을 얻긴 얻었다.

나는 이런 교활하고 유치한 전략을 추천하지 않는다. 대신, "전문 지식으로 흥정하기"라는 좀 더 원칙적인 기술을 권한다. 이 기술은 보험 중개인 카슨을 만난 날에 구체화됐다.

그는 나에게 주택소유자 대상 보험 혜택을 권했다. 당연히 나는 적은 돈으로 가급적 많은 혜택을 받고 싶었다. 수완이 뛰어난 카슨은 인내심 있게 일반인이 알아듣기 쉽게 혜택을 설명해주었다. 전쟁이나 허리케인 같은 재난에 대해 언급할 때 전화벨이 울렸다. 그는 양해를 구하고 전화를 받았다.

전화를 건 사람은 그의 동료였다. 수완이 뛰어나고 빈틈없는 세일즈맨이 갑자기 지극히 평범하고 친근한 모습으로 변해 오랜 친구와 우산에 대한 잡담을 나누는 게 아닌가. 날씨 이야기를 하는 모양이었다. 그다음에는 플로터floater(사람의 눈 속에서 떠다니는 아주 작은 부유물) 이야기가 나오기에 안과 질환을 말하나 생각했다. 하지만 잠시 후 나는 저 대화가 전부 다 보험에 관한 이야기라는 사실을 깨달았다('우산'을 뜻하는 umbrella는 일반적인 주택 보험에서 보장해주지 않는 것을 보장하는 보험이고, 플로터는 별도로 추가하는 포괄 보험을 말한다—옮긴이).

몇 분 후, 카슨은 "그럼 이만 끊을게, 친구"라고 말하고 수화기를 내려놓았다. 그는 목청을 가다듬고는 다시 전문적인 세일즈맨으로 변신해 순진한 고객에게 보험 혜택 범위에 대해 설명하기 시작했다. 그때 문득 이런 생각이 들었다. '방금 전화 건 카슨의 동료가 보험에 가입한다면 나보다 훨씬 저렴한 가격에 좋은 혜택을 받겠지?' 사실, 모든 산업에서는 판매자들이 내부자와 외부자를 위한 두 가지 가격을 설정한다. 이를 이해하고 활용하는 것이 중요하다.

잠시 생각해보니 이게 불공평한 일은 아니었다. 판매자가 고객의 기본적인 질문에 답하는 데 시간을 쓰지 않아도 된다면, 그는 최적 가를 제시할 수 있을 것이다. 이렇게 되면, 판매자는 그저 구매 대행 자 역할을 하면 된다. 그는 최소한의 노력으로 만족스러운 이익을 얻을 수 있다. 그러므로 상품을 구매할 때 조금이라도 지식이 있다 면 큰 도움이 된다. 부동산 중개인이나 케이터링 업체, 자동차 판매 원, 이사업체, 수리공, 변호사 등이 어떻게 수익을 내는지 알고 있다 면, 당신은 훨씬 나은 거래를 할 수 있을 것이다. 많이 알 필요도 없 다. 내부자들이 아는 용어를 조금 알고 있으면 된다. 업계 용어를 사 용하는 모습 자체가 최고가와 최저가를 잘 아는 사람이라는 인상을 줄 것이다.

우리 집의 페인트공, 이기Iggy의 말이 이를 잘 보여준다. "페인트공 과 대화하는 법을 알아야 해요. 나는 그렇지 않지만 마음대로 터무 니 없이 높은 가격을 받으려는 사람들이 많거든요. 인지상정이지만. 특히 내가 지금 레일에게 알려주는 대로 여자가 페인트공에게 말하 면 머리가 쭈뼛 설 정도로 놀랄 걸요. '이 사람은 애송이가 아니구나. 정직하게 거래해야겠다' 생각할 겁니다."

"어떻게 하면 되죠?"

"페인트공에게 '이 벽은 준비 작업이 거의 필요하지 않아요. 페인 트를 긁어내거나 벽을 메우는 작업에는 시간이 별로 안 들 거예요. 아주 간단한 작업입니다'라고 말하세요." 이기는 이 몇 문장만으로 수백 달러를 절약할 수 있다고 했다. 페인트공이 보기에 당신이 페 인트칠에 대해 어느 정도 알고 있는 듯하고, 가장 시간이 오래 걸리고 비싼 작업이 부분이 표면 준비 작업이기 때문이다.

그가 계속 설명했다. "그리고 커팅 인cutting in(두 가지 색을 나란히 칠하는 것)이 필요하지 않다고 말하면 또 가격이 내려갑니다. 홀리데이holidays(칠이 안 되거나 드문드문 칠해진 부분)를 남기지 말아 달라고 부탁하면 더 신경 써서 꼼꼼하게 칠해줄 겁니다." 아, 이기처럼 나에게 속성 코스를 진행해줄 사람이 모든 분야에 있다면 얼마나 좋을까.

전문가 친구가 없을 때의 대처법

최고의 가격과 조건으로 거래하는 비결은 정보를 얻는 것이다. 이를 위해 이기처럼 정보를 제공해줄 사람을 찾는다. 만약 그런 사람이 없다면 상품의 판매업자에게 바로 접근하지 말고, 다른 업자들을 먼저 찾아보며 약간의 전문 용어를 익힌다.

다이아몬드를 사고 싶다면, 마음에 드는 보석상에게 바로 다가가기보다는 먼저 경쟁업체들을 찾아가보자. 판매 직원과 대화를 나누며 다이아몬드에 대한 지식을 얻는다. 당신은 다이아몬드를 '스톤'stone이라고 부른다는 것을 알게 될 것이다. 다이아몬드의 맨 위의 평평한 윗면은 테이블table, 가장 넓찍한 부분은 거들girdle, 아래쪽은 커틀렛cutlet이라고 부른다. 스톤이 노란색이면 노란색이라고 하지 않고 케이프cape라고 한다. 다이아몬드의 흠집은 인클루전inclusions 또는 글레츠gletz라고 부른다. 만약 지금 보고 있는 스톤이 마음에 들지 않으면 "더 나은 걸 보여달라"고 하지 않고 더 세팅이 잘 된 것을 보여달라고 요청한다. (왜 그런지 이유는 묻지 마라. 다이아몬드를 다루는 사람들이 쓰는 말이니까.)

이렇게 어느 정도 지식을 쌓고 나면, 원하는 상품을 구매하려는 곳으로 가서 좀 더 좋은 가격을 제안받을 수 있다.

모피 상인에게 원피를 어디에서 드레싱했는지 물어보고, 이사업체에게 ICC(국제상업회의소) 점수를 물어보고, 변호사에게 법률 보조의 시급을 물어볼 수 있다. 그러면 그들은 '이 사람은 물정을 잘 알고 있군. 정직하게 거래해야겠다'라고 생각할 것이다.

Winning Skill | **#45 전문 지식으로 흥정하라**

고대 아랍의 시장에서 사용된 흥정 기술이 현재의 고급 제품 시장에서도 여전히 통한다. 거래 방법을 알면 훨씬 낮은 가격에 물건을 살 수 있다. 비싼 물건을 사려면, 판매업체 여러 곳을 방문하고, 몇 군데에서 전문 지식을 얻은 다음에 한 곳에서 구매하면 된다.

46

상대방 스타일에 맞추면
대화가 편하다

서로 다른 배경을 가진 사람들은 각자의 스타일대로 다르게 움직인다. 마치 핀치가 독수리보다 더 빠르게 날개를 퍼덕이는 것과 같다. 넓은 평원에 익숙한 서양인들은 서로 간격을 두는 반면, 동양인들은 지하철이나 버스에서 비교적 가까이 붙어 있다. 아시아계 미국인들의 움직임은 중간쯤이고, 이탈리아계 미국인들은 움직임이 크다.

예를 들어, 예비 신부 학교를 다닌 사람들은 차를 마실 때 무릎을 다소곳하게 붙이고 소파에 앉는다. 한 손에 찻잔을, 다른 한 손에 받침 접시를 들고, 새끼손가락을 약간 치켜들고 있다. 반면, 그런 학교를 다닌 적 없는 사람들은 소파 한가운데 털썩 앉고, 양손으로 찻잔을 든다.

한쪽이 맞고 다른 한쪽은 틀린 것일까? 아니다. 대화 기술이 뛰어난 사람들은 상대방이 어떤 스타일이든 거기에 맞춰 행동한다. 그들은 비슷한 행동을 하는 사람과 함께 있을 때 편안함을 느낀다는 것을 잘 알고 있다.

지니라는 친구는 세계를 돌며 "부자와 결혼하는 방법"이라는 말도 안 되는 강연을 한다. 그녀는 라스베이거스의 카지노에서 TV 리포터의 질문에, 진짜 부자와 가짜 부자를 구분하는 방법이 있다고 답했다. 리포터는 그녀에게 여기에서 가장 큰 부자가 누구인지 물었고, 지니는 실내를 샅샅이 살폈다. 그런 다음, 그녀는 본능적으로 찢어진 청바지를 입은 구석 테이블의 남자를 가리켰다.

리포터는 놀라며 어떻게 알았는지 물었고, 지니는 "그의 움직임이 대대로 부자인 집안 사람 같았거든요"라고 운을 뗀 후, 자세히 설명했다. 사람의 움직임에는 오래된 부자, 신흥 부자, 그리고 돈이 없는 사람의 움직임이 있다고도 설명했다. 그녀는 그 남자의 움직임을 보고 그가 부자라는 것을 바로 알아차린 것이다.

세일즈맨은 자신을 판다

세일즈 관련 일을 하는 사람이라면, 고객 수준뿐 아니라 판매하는 제품의 수준까지도 고려해야 한다. 내가 사는 뉴욕 소호는 캐널 스트리트라는 저렴한 동네에서 몇 블록 떨어져 있다. 캐널 스트리트를 지날 때마다, 소매치기에서 세일즈맨으로 변신한 사람들을 볼 수 있다. 그들은 손수건으로 감싼 장신구를 들이대며 "이 금목걸이 어때요?"라며 거래를 시도한다.

그런데 그곳에서 북쪽으로 60블록 정도 이동하면, 고급 보석 상점인 티파니가 있다. 그곳에 들어갔는데 완벽하게 차려입은 판매원들이 "어이, 이 다이아몬드 어때요?"라며 물어본다고 상상해보라. 아무도 사지 않을 것이다!

당신의 성격은 판매하는 제품에 맞춰져야 한다. 맞춤 정장을 판매할 때는 점잖고 품위 있는 모습이 필요하다. 청바지를 팔 때는 유쾌한 모습이, 운동복을 팔 때는 스포티한 모습이 필요하다. 판매하는 상품에 따라 분위기를 맞추는 것이 중요하다.

Winning Skill | **#46 상대와 비슷한 유형이 되어라**

사람들의 움직임을 관찰해보면, 그들의 특성을 알 수 있다. 움직임은 작은가, 큰가? 빠른가, 느린가? 딱딱한가, 유연한가? 노쇠한가, 젊은가? 세련되었는가, 상스러운가? 대화 상대가 춤을 가르치는 선생님이라고 생각하면 편하다. 그의 움직임이 재즈처럼 자유로운가, 아니면 발레처럼 우아한가?

상대의 움직임을 잘 살피고 그 스타일을 따라 해보라. 그러면 상대는 무의식적으로 편안함을 느낄 것이다.

47

상대의 언어로
메아리를 보내라

새로운 사람을 만나서 대화를 나눴을 때, '생각이 나랑 이렇게 비슷하다니, 주파수가 잘 맞네'라는 생각이 들어 기분이 좋았던 적이 있는가? 연인들 사이에서는 이것을 '케미스트리'chemistry라고 부르며, 친구들 사이에서는 '라포'rapport(신뢰관계)라고 한다. 사업가들은 이를 '의견 일치'라고 하는데, 이런 느낌은 처음부터 따뜻함과 친밀감을 느끼게 해주며, 마치 오래된 친구를 만난 것 같은 느낌을 준다.

어린 시절에는 친구를 사귀는 것이 더 쉬웠다. 대부분 같은 동네에서 살았고, 관심사도 비슷했다. 하지만 시간이 지나고 나이가 들어 각자의 삶을 살다 보면 배경, 경험, 목표, 삶의 방식이 다양해지면서 주파수가 맞지 않게 된다.

만약 우리가 원하는 때에 상대방과 주파수를 맞출 수 있게 하는 마법의 지팡이가 있다면 얼마나 좋을까? 물론 그런 게 있긴 하다. 바로 '언어'라는 도구다. 당신이 산꼭대기에 올라 "야호"라고 외치면, 반대편에서도 "야호"라는 메아리가 들려온다. 이런 기술을 '메아리치기'라고 부른다.

유럽의 많은 나라에서는 한 언어 안에서도 다섯 개, 열 개, 심지어 그 이상의 다양한 방언을 들을 수 있다. 이탈리아를 예로 들면, 남부 시칠리아인들은 북부 사람들이 이해하기 어려운 방언을 사용한다. 어떤 이탈리아 레스토랑에서 한 손님이 웨이터와 같은 지역 출신임을 알게 되었다. 그들이 같은 지방 방언으로 이야기를 나누자, 다른 이탈리아인 웨이터들은 무슨 말인지 알아듣지 못했다.

미국에도 사투리가 존재하는데 지역, 직업, 관심사, 환경 등에 따라 달라지는 단어가 많다. 예를 들면, 한 지역에서는 '소다'를 '팝'이라고 부른다. 영어 사용 지역이 넓어서, 미국인들은 같은 개념이나 사물을 표현하는 데 사용할 수 있는 단어의 선택 범위가 더 넓다.

당신이 만나는 모든 사람은 그들만의 고유한 언어를 가지고 있다. 지역에 따라, 산업에 따라, 심지어 가족 간에도 언어는 다르다.

'똑같은 주파수'를 뜻하는 언어 장치

상대방에게 '우리'라는 느낌을 주고 싶다면, 당신의 언어가 아닌 상대방의 언어를 사용해야 한다. 예를 들어, 당신이 아직 어린 자녀를 둔 엄마에게 차를 판다고 해보자. 그녀는 아이가 '유아'toddler라서 안전에 대해 많이 고민한다. 그렇다면 그녀에게 자동차의 안전 기능을 설명할 때 상대방의 언어를 사용해야 한다. 그녀가 '유아'라고 부르는 아이를 당신도 '유아'라고 부른다. 당신이 평소 자녀를 뭐라고 부르든 고객의 언어를 써라.

평소처럼 '아동 보호용 잠금장치'child-protection lock라고 하지 말고, '유아 보호용 잠금장치'toddler protection lock라고 표현해라. 이렇게 당신의 입에서 유아라는 표현을 듣는 순간 그녀는 당신을 '가족'처럼 느낄 것이다. 그녀의 가족이 자기 아이를 그렇게 칭하기 때문이다. 잠재 고객이 '아이'kid나 '애기'infant라는 표현을 사용한다면 역시 똑같이 사용하면 된다.

파티에서의 메아리

당신이 다채로운 인파가 모인 파티에 참석한다고 상상해보라. 첫 대화 상대는 변호사로, 그는 자신의 '직업'profession에 대한 시선이 그다지 호의적이지 않다고 말한다. 이때 당신도 '직업'이라는 단어를 사용해야 한다. 만약 '일'job과 같은 평이한 표현을 사용하면, 둘 사이에는 보이지 않는 벽이 형성된다.

다음으로 만나는 사람은 건설 노동자다. 그는 '일'이라는 표현을 사용한다. 그런데 당신이 '직업'이라는 단어를 사용할 경우, 상대방에게는 거만해 보일 수 있다.

변호사와 건설 노동자 이후에는, 여러 프리랜서—모델, 강연자, 팝 뮤지션—와 이야기를 나눈다. 이들 각각은 자신의 일에 대해 다양한 단어를 사용한다. 모델은 "예약이 가득 찼다"고 하고, 강연자는 "강연 약속"을, 팝 뮤지션은 "공연이 많이 잡혀 있다"라고 이야기한다. 물론, 각자 어떤 단어를 사용하는지 모두 기억하는 것은 쉽지 않지만, 상대가 사용한 단어를 메아리치듯 반복해야 한다.

이런 메아리 기법은 일에 대한 표현뿐만 아니라 다른 부분에도 적용된다. 보트 소유자와 이야기할 때, 보트를 '그것'으로 지칭한다면, 보트에 대한 지식이 없다는 것이 드러난다(상대방은 분명 자신의 보트를 '사람'처럼 대할 테니까).

주의 깊게 듣다 보면, 이전에는 전혀 눈치채지 못했던 언어의 미묘한 차이를 발견할 수 있다. 당신은 동의어를 잘못 사용해 상대방에게 문외한으로 인식된 경험이 있는가? 예를 들어, 고양이는 "있고"having cats, 말은 "소유했으며"owning horses, 물고기는 "키운다"keeping fish. 이런 표현 차이는 미미해 보이지만, 잘못된 단어를 사용하는 순간 상대방은 당신이 이 취미에 대해 전혀 모르는 사람으로 판단한다.

메아리 기법을 적극 사용하라

이 메아리 기법을 사용하지 않으면 큰 손해를 입을 수 있다. 내 친구 필과 함께 파티에 참석했을 때의 일이다. 한 여성이 자신이 구매한 멋진 스키 샬레chalet(스키장 근처에 위치한 휴양용 별장—편집자)에 대해 이야기했다. 그녀는 산속의 샬레에 친구들을 초대하고 싶어 했다.

"멋지네요." 필은 거기에 초대받기를 기대하며 말했다. "그 '오두막집'이 정확히 어디에 있어요?" 그 순간 필이 그녀의 샬레에 초대받을 기회는 영영 날아가고 말았다.

대화가 끝난 후에 필에게 물었다. "필, 아까 그 여자의 샬레를 왜 오두막집이라고 불러서 기분을 상하게 한 거야?"

그러자 필이 머리를 긁적였다. "기분을 상하게 했다고? 오두막집은 아름다운 단어인데…. 내가 어릴 때 우리 가족도 케이프 코드에 오두막집이 있었어. 난 그 단어가 좋았어. 그 단어가 연상시키는 기쁨도." 자신에게는 아름다울지도 모르지만 분명히 스키를 사랑하는 그 여성은 샬레라는 단어를 더 좋아했다.

오늘날의 환경에서 고객들은 세일즈맨에게 단순한 판매자가 아니라 문제 해결사 역할을 기대한다. 세일즈맨이 고객과 똑같은 언어를 사용하지 않으면 고객의 문제에 대해 잘 모르는 것처럼 보인다.

친구 페니는 사무용 가구를 판다. 출판, 광고, 방송 업계와 변호사들이 그녀의 고객이다. 고객 중에 광고 구매 담당자는 '대행사'라는 표현을 사용하고, 출판업에 종사하는 고객은 '출판사', 변호사는 '로펌', 라디오 프로그램 제작자는 '방송국'이라고 표현한다. 페니는 말한다. "고객들은 자기의 일터를 원하는 대로 부를 수 있어. 내가 그들에게 가구를 팔려면 나도 똑같은 단어를 사용해야 해."

공감적 언어: 관계를 높이는 말의 기술

문제를 하나 내겠다. 약사와 대화할 때 "약국_{drugstore}에서 일한 지 얼마나 됐어요?"라고 묻는다고 해보자. 이 질문에서 잘못된 것은 무엇인가?

바로 '드러그스토어'_{drugstore}라는 단어다. 약사들은 그 단어를 싫어한다. 업계의 많은 문제점을 떠올리게 하기 때문이다. 그들은 외부인

227
∘

들에게 이 단어를 많이 듣는데, 이는 업계의 문제를 모르거나 무관심하다는 것을 보여준다. 약사들은 '약국'pharmacy이라는 단어를 선호한다.

최근 한 리셉션에서 나는 친구 수잔을 사람들에게 소개하며 '어린이 보육'a day-care worker을 한다고 했다. 얼마 후 수잔은 "레일, 부탁인데 그 표현은 별로야. 내가 하는 일은 '어린이 돌봄'child-care workers이야."

이렇게 시간이 흐르고 상황이 변함에 따라 특정 용어가 구식이 될 수도 있다. 특정한 직업이라든가 소수집단, 이익집단의 역사에 대중이 민감하지 않은 경우가 많다. 너무도 고통스러운 과정을 지난 후에는 부정적인 함축을 피하기 위해 사람들은 새 용어를 만들어 사용하기도 한다.

나의 친한 친구 레슬리는 휠체어를 탄다. 그녀는 '장애인'을 의미하는 'handicapped'라는 단어를 싫어한다. 그 단어가 마치 완전한 인간이 아닌 것처럼 들린다고 느껴지기 때문이다. 레슬리는 이렇게 설명한다. "우리 장애인들은 '장애인'handicapped 대신 '장애'disability라는 단어를 선호해. 우리는 '장애'disability가 있지만 일반인able-bodied과 똑같아. 그들도 우리와 똑같은 짐을 지고 세상을 살아가. 우리는 거기에 짐이 하나 더 있는 거고. 그게 바로 우리의 '장애'인 거야."

메아리치기는 간단하지만 효과적인 기술이다. 상대방에게 존중을 보이고 친근감을 느끼게 하려면 그들의 말을 메아리처럼 따라 해보라. 이렇게 하면 더욱 배려 깊은 대화를 나눌 수 있고, 알 수 없는 문제를 피해갈 수 있다.

아주 작은 대화의 기술

메아리치기는 간단하지만 매우 효과적인 언어 기술이다. 이
기술로 대화 상대의 명사, 동사, 전치사, 형용사 등의 언어
사용에 주의를 기울이고, 같은 방식으로 언어를 사용할 수
있다. 상대와 같은 언어를 사용하면, 상대는 당신에게 무의
식적으로 호감을 느낀다. 그들은 당신이 자신과 같은 가치
관, 태도, 관심사, 경험을 공유하고 있다고 느낄 것이다.

48

비유의 힘

: 커뮤니케이션의 비밀 무기

얼마 전, 어느 회사에서 열린 회의에서 15명의 남자들 앞에서 발표해야 하는 상황이었다. 일어나자마자 속으로, '화성인이 열다섯 명, 금성인이 한 명이군. 문제없어!'라고 생각했다. 남녀의 차이에 관한 책도 많이 읽고, 신경학적 차이에 대해서도 공부했다. 성별에 따른 비언어적 신호도 알고 있었고, 게다가 나는 커뮤니케이션 전문가가 아닌가! 이 남자들과 대화하고 요점을 전달하고 그 어떤 질문에도 답해줄 만반의 준비가 갖춰져 있었다.

처음엔 잘 흘러갔다. 발표 내용을 명확하고 간결하게 준비했고, 주제를 하나씩 제시하며 흠잡을 데 없이 다뤘다. 발표를 마치고 자리에 앉으면서 자신 있게 질문과 토론을 제안했다. 그런데 그때부터 문제가 시작됐다. 내가 기억하는 것은 미식축구 비유를 사용한 질문들이 쏟아졌다는 것뿐이다.

"그 사안의 경우, 우리가 공을 떨어뜨렸다고 생각합니까?" 한 남자가 물었다.

"그래요." 다른 사람이 대답했다. "하지만 펌블 fumble (미식축구에서 공을 떨어뜨리는 것―옮긴이)에서 과연 회복이 가능할까요?"

그나마 이 두 사람의 말은 이해할 수 있었다. 하지만 패스 커버리지 pass coverage (미식축구에서 수비팀이 공격팀의 패스를 방어하는 전략―편집자)와 인텐셔널 그라운딩 intentional grounding (미식축구에서 공격팀의 쿼터백이 부정한 방식으로 볼을 던지는 행위―편집자)이라는 단어가 나왔을 때부터는 길을 잃고 말았다. 한 남자가 거래를 지키기 위해 헤일 메리 패스 Hail Mary pass (미식축구에서 시간이 거의 다 되어 가면서 승리를 위해 공격 팀이 실시하는 대담한 전략―편집자)가 필요하다고 열변을 토했을 때는 굴욕감에 사로잡혔다. "그게 무슨 뜻이죠?"라고 물어볼 수밖에 없었다. 남자들은 '그럼 그렇지'라는 표정으로 서로를 쳐다보더니 거들먹거리는 웃음과 함께 나에게 설명해주었다.

그날 밤, 나는 임신과 출산 비유를 하는 15명의 여성 임원들 사이에서 한 남자가 어리둥절해하는 모습을 상상해보았다.

"그의 새로운 제안은 중기나 되어야 받을 수 있을 겁니다." 여성 임원이 말한다.

"그러면 6개월이나 기다려야 하는군요. C-섹션 C-section (제왕절개)까지 끝내죠." 회계 책임자가 말한다.

"그럴 필요가 있나요?" 마케팅 책임자가 나선다. "어차피 그의 아이디어는 시험관에서 나온 건데요."

"산후 우울증이 올 것 같군." CEO가 중얼거린다.

유일한 남자 임원은 그날 미식축구 비유 속에서 내가 그랬던 것처럼 혼란과 굴욕감을 느낄 것이다. 남자들에게 익숙한 비유를 여자들이 있는 자리에서 사용하는 것은 스포츠 정신에 어긋난다.

하지만 이 책의 목적은 사악한 환상을 이루어주는 것이 아니라, 커뮤니케이션 기술을 개선하는 것이다. 그래서 비유에 기반한 다음의 기술을 소개한다. 당연히 미식축구 비유는 아니다.

목표물에 적중하는 비유를 사용하라

비유는 대화의 향신료 같은 존재다. 상대방이 알고 있는 이미지를 끌어내는 방법이기 때문이다. 남성들이 비유를 쓰는 이유는 서로의 상황을 명확하게 이해하기 위함이다.

자, 다른 스포츠 비유로 이야기를 넘겨보자. "이 해결책은 절대로 삼진아웃이 불가능합니다"라고 말하면 누구든 이해할 수 있다. 거기에 대해 "뜬공을 잡다"나 "베이스에 슬라이딩하다", "공에 침을 묻혀 던지다" 같은 비유를 사용한다면 야구팬에게는 더욱 생생한 이미지로 다가온다.

"표적을 명중시키는 솔루션"이라는 표현은 누구나 이해할 수 있지만, 양궁을 좋아하는 사람에게는 더욱 생생하게 느껴진다. 상대가 볼링을 좋아한다면 '거터 볼'(볼링을 칠 때 볼이 볼링장 양쪽에 있는 거터로 빠져 나가는 것—편집자)이나 '스플릿'(첫 번째 투구 후에 두 개 이상의 핀이 남아 있고, 핀들 사이에 다른 핀이 없어 처리가 어려운 상태—편집자) 같은 비유로 생생한 이미지를 불러올 수 있다. 상대가 농구를 좋아한다면 '훅슛', '에어 볼' 같은 비유가 잘 통한다. 레슬링을 좋아하는 사람에게는 '페인트', '가위 조르기' 같은 비유를 쓸 수 있다.

이제 다시, 여성 임원들 사이에서 혼란스러워하는 남성에 대한 사례로 가보자. 이번엔 여성 임원들이 미식축구 대신 발레를 비유로 사용해 기업 전략에 대해 토론하고 있다.

"인수합병을 알레그로allegro(이탈리아어로 '기쁨'이라는 뜻이며, 발레에서 빠르고 활발한 동작을 의미한다─편집자)로 진행하죠." 한 여성이 제안한다.

"안 돼요. 이 문제는 아다지오adagio('천천히, 우아하게'─편집자)로 가야 합니다." 다른 여성이 말한다.

"우리가 5위에서 멈춰 있는 사이에 그쪽이 투르 쥬테tour jete(발레에서 한 발로 뛰어올라 다른 발로 착지하는 동작─편집자)를 하면 어떡합니까?"

"그 회사 사장이 언제 훌륭한 파스 슬pas seul(발레에서 혼자서 수행하는 춤. 여기에서는 개인적인 뛰어난 성과를 의미한다─편집자)을 보여준 적이나 있던가요?"

여성 CEO가 상황을 정리한다.

"그에게 레베랑스reverence(발레에서 존경의 표시로 마지막에 하는 인사 동작─편집자)를 보낸 다음에 가랑이에 그랑 바뜨망grand battement(프랑스어로 '큰 킥'을 의미하며, 발레에서는 한쪽 다리를 크게 휘두르는 동작─편집자)을 날립시다."

이런 비유들은 당신에게 익숙하지 않을 수 있지만, 상대방에게 명확함을 전달하는 강력한 커뮤니케이션 도구가 될 수 있다. 이왕이면

233

당신의 요점을 전달하거나 거래를 성사하게 해주는 강력한 언어를 사용하는 것이 좋지 않을까? 나는 비유를 이용한 이 기술을 '강력한 이미징'이라고 부른다.

Winning Skill | #48 강력한 이미징을 활용하라

고객이 정원을 가지고 있다면, "성공의 씨앗을 뿌리다"라는 비유를 써보라. 상사가 보트를 소유하고 있다면 "물이 새지 않다"나 "물에 뜨다" 같은 표현을 사용해보라. 상대가 조종사 자격증을 가지고 있다면 '이륙' 개념을 활용해보라. 테니스를 친다면? '스위트 스팟'을 사용해보라.

상대의 관심사나 라이프스타일에 관련된 언어를 사용하여 생생한 이미지를 불러일으키는 것은 무척 중요하다. 상대에게 익숙한 비유를 사용하면, 당신의 요점을 더 강하게 표현할 수 있고, 더 큰 영향력을 발휘할 수 있다. 강력한 이미징은 당신이 상대와 비슷한 사고방식을 가지고 있고, 관심사를 공유하고 있다는 것을 보여준다.

49

공감 표현 1

: 의미 있는 소리로 공감하기

우리는 남의 말을 잘 듣고 있다고 안심시키기 위해 "음"이나 "응" 같은 소리를 자주 낸다. 하지만 그저 습관처럼 자신도 모르게 그런 소리를 내는 사람도 많다. 친구 필은 내가 말할 때마다 끊임없이 "음" 소리를 낸다. 때로는 그런 필에게 도전적으로 나온다. "필, 내가 뭐라고 했지?"라고 묻는 것이다. 그때 필은 대체로 내가 어떤 말을 했는지 기억하지 못한다.

뭐, 그의 잘못은 아니다. 특히 남자들은 잘 듣지도 않으면서 습관적으로 그렇게 말하는 경향이 있으니까. 언젠가 내가 특별한 주제도 없이 독백하고 있을 때 필은 또 습관처럼 계속 "음"이라고 말했다. 나는 그의 듣기 능력을 테스트해보려고 난데없이 이렇게 말했다.

"응, 오늘 오후에 문신하러 갈 거야. 전신 문신."

역시나 그는 습관적으로 "응"이라고 말하며 고개를 끄덕였다.

물론 멍한 표정으로 있는 것보다는 나을 것이다. 하지만 커뮤니케이션 기술이 탁월한 사람들은 그렇게 하지 않는다. 의미 없는 소리를 공감의 말로 바꿔보자.

공감의 말은 상대를 지지해주는 단순하고 짧은 말을 가리킨다. 이것은 "응"이나 "음" 같은 소리가 아니라 "정말 흥미롭네"나 "그렇게 결정해서 다행이야"처럼 완전한 문장이다. 공감의 말은 "그래. 영광스러운 일이었어"나 "그렇게 느꼈다니 멋지다"처럼 한 문장으로 이루어진 긍정적인 비평일 수도 있다. 의미 없는 소리가 아니라 이렇게 완전한 문장으로 반응하면 분명한 자기표현으로 보일 뿐만 아니라 상대의 말을 정말로 이해한다는 느낌을 줄 수 있다.

이런 공감의 말은 쉽게 만들어낼 수 있는 것이 아니다. 상대방의 말에 집중하고 이해하려는 노력이 필요하다. 이제 이런 공감 기술을 더욱 발전시킨 고급 공감 기술에 대해 알아보자.

Winning Skill | **#49 공감의 말을 사용하라**

상대방의 말을 들을 때, "응"이나 "음" 같은 단순한 반응 대신에 당신이 이해했다는 것을 문장으로 표현하라. "아, 이해했어"나 "오, 정말?"처럼 대화 중간중간에 공감의 문장을 더하라. 이런 공감 표현은 상대에게 좋은 인상을 주고 더 많이 말할 수 있는 기회를 만들어준다.

50

공감 표현 2

: 다양한 감각을 통해 공감하기

10년 전, 브렌다라는 친구가 있었다. 브렌다는 탭댄스 강사였고, 그녀의 방은 유명한 탭댄서들의 포스터로 가득했다. 그녀는 걸어 다니지 않고 춤추며 이동했다.

나는 그녀에게 언제부터 탭댄스를 좋아하게 됐는지 물었다. 그녀의 대답은 "처음 귀를 열었을 때부터"였다. 귀를 열어? 참 이상한 대답이었다. 그 말은 브렌다가 세상을 눈보다는 귀로 더 많이 이해하고 있다는 의미였다. 대개는 "처음 눈을 떴을 때부터"라는 식으로 말하니까 말이다.

우리는 오감을 통해 세상을 인식한다. 세상을 보고, 듣고, 느끼고, 냄새 맡고, 맛을 본다. 그래서 우리는 이 다섯 가지 감각을 토대로 말한다. 신경 언어 프로그래밍NLP 전문가들은 사람마다 특히 강한 감각이 있다고 말한다. 브렌다의 경우는 청각이었다.

브렌다는 어릴 적 뉴욕의 반지하 아파트에서 자랐다. 그녀의 어린 시절은 위층에서 들려오는 사람들의 걷는 소리, 거리에서 들려오는 자동차 경적과 소음, 그리고 겨울철 타이어가 빙판길을 긁는 소리로 가득했다. 그 중에서도 특히 창밖에서 들려오던 경찰마의 발굽 소리가 그녀의 기억에 선명히 남아 있다. 브렌다에게 있어 바깥세상에 대한 첫 인식은 시각이 아닌 청각을 통해 이뤄졌다. 그리고 지금도 그녀의 삶은 소리가 지배하고 있다.

나는 대화 상대의 가장 강력한 감각을 깨우라는 신경 언어학자들의 조언을 접한 후 브렌다에게 몇 가지 청각적인 표현을 시도해보았다. "정말 좋아 보여"가 아니라 "정말 좋게 들려", "무슨 말인지 알겠어 see"가 아니라 "잘 들었어 I hear you"라고 말한 것이다. 이렇게 청각적인 표현을 사용하면 브렌다가 더욱 주의 깊게 내 말에 귀를 기울이는 것처럼 느껴졌다.

그 후로 나는 친구들의 말에 귀를 기울이며, 그들이 어떤 감각을 가장 선호하는지 관찰하기 시작했다. 다음과 같이 시각적인 표현을 즐겨 사용하는 친구들이 있었다.

"무슨 말인지 잘 보여."
"내 생각에도 좋아 보여."
"그런 내 모습이 상상이 안 돼."
"나에게 그 생각은 비관적으로 보여."
"내 관점에서는 ⋯."
와, 정말로 뭔가 대단한 것을 발견한 느낌이었다!

아주 작은 대화의 기술

사람마다 다른 감각의 세계

하지만 똑같은 친구가 이런 표현을 사용하기도 했다.

 "응, 네 말 잘 들었어."

 "정말 좋은 생각처럼 들려."

 "난 그 방법이 성공할 거라고 계속 나에게 말했어."

 "부정적인 느낌이 들어." That has a negative ring to it.

 "그는 그 아이디어에 완전히 뛰어들었어."

 "뭔가가 나에게 말해주고 있어."

 생각처럼 쉽지는 않았지만 포기할 마음은 없었다.

 한번은 브렌다와 여러 친구들과 스키를 타러 갔다. 그날 밤 다 같이 파티를 열었다. 친구 한 명이 모두에게 말했다. "스키 코스가 정말 예뻤어. 모든 게 수정처럼 맑고 투명했지."

 '시각적인 사람인가?' 나는 속으로 생각했다.

 또 다른 친구는 "얼굴에 눈을 맞는 느낌이 정말 좋았어."

 '아하, 운동 감각적인 사람이구나.'

 그리고 역시나 브렌다는 이렇게 말하는 것이었다. "오늘 너무 조용하더라. 스키를 타고 내려올 때 귓가를 스치는 바람 소리밖에 안 들렸어." 브렌다의 이 말은 사람마다 선호하는 감각이 있다는 확신을 주었다. 하지만 상대가 선호하는 감각을 찾는 것이 여전히 쉽지는 않았다. 사람들은 자신이 선호하는 감각을 명확하게 드러내지 않는 경우가 많았고, 상황에 따라 그들이 사용하는 감각 표현이 달라지기도 했기 때문이다.

상대의 감각에 맞춰 공감하기

결국 유용한 방법을 찾아냈다. 상대를 깊게 분석하지 않아도 된다. "결이 맞는 감각 언어로 소통하기"라고 부르는 기술인데, 쉽게 익힐 수도 있다. 대화 상대가 선호하는 감각이 무엇인지 확실하지 않을 때, 상대의 순간적인 분위기에 따라 반응하는 것이다. 상대가 사용하는 감각과 일치하는 공감의 말을 사용하면 된다.

예를 들어, 동료가 재정 계획에 대해 설명하면서 "이 계획은 6개월 안에 우리의 방향을 확실히 보여줄 거야"라고 말한다면, 그의 시각적인 표현에 맞추어 "그러네, 선명하게 보여"라고 반응한다.

만약 상대가 "이 계획은 참 좋게 들려"라고 한다면, "내 귀에도 좋게 들리는데"라고 청각적인 공감의 말로 답한다.

세 번째 가능성도 있다. 만약 상대가 "이 계획이 성공할 거라는 직감이 들어"라고 했다면 운동 감각적인 공감의 말로 반응한다. "나도 그 느낌을 알 것 같아"나 "촉이 온다" 등으로 표현한다.

미각과 후각에 초점을 맞춘 사람을 만나본 적은 없지만, 요리사와의 대화에서는 "맛깔 나는 생각이네요"라고 말하거나 (후각을 선호하는) 애완견과 대화할 때는 "그건 정말 구린 생각이야"라고 말할 수 있다.

다음 기술로는 단 한마디로 친밀감을 쌓게 해주는 기술을 소개하겠다.

상대가 어떤 감각을 이용하고 있는지를 파악하고, 그에 맞는 공감의 말을 사용하는 것이 중요하다. 시각적인 사람에게는 시각적인 공감의 말로, 청각적인 사람에게는 청각적인 공감의 말로, 운동 감각적인 사람에게는 운동 감각적인 공감의 말로 상대를 이해하고 있다는 것을 보여준다.

51

관계를 깊게 하는
4단계 대화 전략

두 사람의 대화를 잠시 들어보면 그들의 관계를 파악할 수 있다. 어떤 어조를 사용하고 어떤 이야기를 주고받는지도 중요하지만, 보이지 않아도 그들의 관계를 알 수 있다. 이는 보디랭귀지와는 별개의 문제다.

사람들이 가까워질수록 그들의 대화가 흥미롭게 변화하기 때문이다. 이 과정을 살펴보자.

레벨 1: 상투적 대화

처음 만난 사람들은 보통 상투적인 주제로 대화를 시작한다. 예를 들면, "요즘 날씨가 참 화창하네요"라든지 "비가 정말 많이 오네요" 같은 말들이다.

레벨 2: 사실 대화

서로 아는 사이지만 그렇게 친하지 않은 사람들은 주로 사실과 관련된 대화를 나눈다. 예를 들면, "올해는 작년보다 맑은 날씨가 두 배나 많아"라든지 "더운 날씨를 피해 집에 작은 수영장을 만들기로 했어" 같은 말들이다.

레벨 3: 감정과 개인적인 질문

친구가 된 사람들은 날씨 같은 따분한 주제에도 감정을 녹여낸다. 예를 들면, "나는 화창한 날씨가 정말 좋아"라든지, 또는 "너는 일광욕 좋아해?" 같은 개인적인 질문을 한다.

레벨 4: '우리'라는 관계

이제 친밀함의 정점에 이르렀다. 이 단계에서 사람들은 사실을 나누는 것, 감정을 표현하는 것을 넘어 '우리'라는 관계를 강조한다. 친구들과 날씨에 대해 이야기할 때, "계속 이렇게 날씨가 좋다면 올해 여름은 정말 끝내주겠네"라고 말하거나, 연인들은 "날씨가 계속 좋으면 우리 여행지에서도 맘껏 수영을 즐길 수 있겠다" 하는 식으로 말하게 된다.

이렇게 '우리'라는 단어를 미리 사용하여 궁극적인 언어적 친밀감을 달성하는 것이 핵심이다. 이 기술을 사용하면 고객이 잠재 고객, 심지어 처음 만나는 사람에게도 친구처럼 느껴지게 할 수 있다. 또한, 친밀감을 빠르게 쌓고 싶은 사람에게도 '우리'라는 표현을 사용하면 좋다. 나는 이것을 "조금 일찍 우리라는 말을 사용하기" 기술로 부른다. 가벼운 대화에서 1, 2단계를 통과하고 곧바로 3, 4단계로 넘어가는 것이다.

'우리'라는 단어는 함께한다는 느낌을 준다. 이를 사용하면 서로 연결된 것처럼 느껴진다. 그래서 처음 만난 사람에게도 이 단어를 사용하면, 무의식적으로 친밀감이 느껴진다. 예를 들어, 모임에서 뷔페 줄에 서 있을 때 뒷사람에게 "음식이 정말 맛있어 보여요. 주최 측에서 우리를 위해 꽤 신경 썼네요" 또는 "정말 맛있겠는데요? 저걸 다 맛보면 우리 살찌겠어요"라고 한다면 그런 느낌이 잘 전달된다.

잠재 고객에게 친구에게 묻듯 의견을 물어본다. 예를 들어, "조지, 새 주지사에 대해 어떻게 생각해요?" 그리고 두 사람에게 영향을 미치는 문제를 토론할 때 '우리'라는 단어를 사용한다. "새 주지사가 우리에게 도움이 될까요?" 이처럼 문장을 구성할 때 '우리'라는 단어를 사용해보라. 이 단어는 보통 친구나 연인 등 친밀한 사이에서 사용되기 때문이다. "이번 주지사는 우리에게도 좋을 것 같아요."

이제까지 상대방의 움직임과 말을 따라 하면서, 생생한 이미지를 그리고, 상대가 선호하는 감각을 사용하면서 유대감을 쌓는 방법을 배웠다. 이 모든 것을 통해 관계를 강조하고 친밀감을 느낄 수 있다.

친구, 연인, 절친의 공통점은 또 뭐가 있을까? 바로 역사다. 상대에게 마치 오랫동안 함께해온 것 같은 따뜻하고 포근한 기분을 느끼게 해주는 기술을 알아보자.

조금 전에 만난 사이라도 친밀감을 형성하는 방법이 있다. '우리'라는 마법의 단어를 사용하면 친밀감을 더욱 끌어낼 수 있다. 대화의 1, 2단계를 건너뛰고 곧장 3, 4단계로 나아가면 된다.

52

공유된 경험이
만드는 유대감

연인들은 서로에게만 의미 있는 말을 속삭이며, 친구들은 자기들만 아는 농담을 나누면서 웃음과 감정을 공유한다. 비슷하게, 가까운 사업 동료들은 함께 겪은 경험을 이야기하며 즐거움을 나눈다.

지난날 나와 함께 일했던 회사에서는 10년 동안 리엔지니어링, 권한 부여, TQM(전사적 품질경영), 팀 구축 등 여러 제도가 생겨났다가 사라졌다. 회사 파티에서 모든 직원이 팀 구축이라는 명목으로 함께 9미터 높이의 기둥을 올라갔던 일을 회상하며 웃음을 터뜨리곤 했다. CEO는 기둥에서 미끄러져서 엄지발가락이 부러졌다. 그다음 주 회의에서 CEO는 짚고 있던 목발을 흔들었다. 그렇게 팀 구축 행사는 슬그머니 사라졌지만 내부자들만 아는 농담이 탄생했다. 아이디어를 중단하려고 할 때 "목발을 흔들다" 또는 "기둥에서 떨어뜨리다"라는 표현을 사용하면, 그들은 함께 웃음을 터뜨린다. 이런 공동의 경험을 통해 회사의 문화가 발달한다. 직원들은 그들만의 고유한 역사와 언어를 DNA처럼 가지고 있다.

나와 친구 데릴은 만나면 항상 "꽥"이라는 인사를 나눈다. 우리는 5년 전에 한 모임에서 만났고, 첫 대화에서 데릴은 자신이 오리 농장에서 자랐다고 말했다. 그가 오리 흉내를 내자, 우리는 함께 웃음을 터뜨리며 오리처럼 행동했다. 이후로도 우리는 계속 오리 흉내를 내며 우리만의 우정을 쌓아나갔다.

내가 그의 모습을 보면서 어찌나 즐거워했는지, 데릴은 나를 위해 뒤뚱뒤뚱 걷는 흉내까지 내주었다. 그의 오리 흉내는 전염성이 있었다. 우리는 함께 팔을 펄럭이며 꽥꽥거리면서 뒤뚱뒤뚱 돌아다녔다. 그날 저녁 우리는 완전히 우스꽝스러운 행동을 하면서 즐거워했다.

다음 날 전화가 왔을 때, "안녕, 나 데릴이야"라는 말 대신 "꽥꽥" 소리가 들렸다. 우리의 우정은 그렇게 시작되었다. 그리고 그 기억은 우리의 우정을 새롭게 해주었다. 이처럼 인생에서 가까워지고 싶은 사람이 있다면, 둘이 함께한 특별한 순간을 찾아 언급해보라.

1부에서는 말하지 않고도 존재감 있는 첫인상을 남기는 법, 2부에서는 처음 만나는 누구에게도 통하는 잡담의 기술, 3부에서는 사소하지만 모르면 망신 당하는 대화의 기술을 배웠다.

이제 남은 것은 상대방의 자신감을 높여주는 방법이다. 하지만 칭찬이란 위험한 무기이기도 하다. 한 번만 잘못 다루어도 인간관계가 파괴될 수 있다. 이제부터는 칭찬의 힘과 아첨의 어리석음, 이 강력한 도구를 효과적으로 사용하는 방법에 대해 배워보자.

처음 만난 사람과의 낯선 느낌을 줄이기 위해서는 그 첫 만남에서 함께 겪은 특별한 순간을 찾아야 한다. 그 순간과 관련된 몇 마디를 통해 웃음과 따뜻한 미소, 좋은 느낌을 불러낼 수 있다. 이렇게 되면 두 사람은 마치 오래된 친구처럼 특별한 역사를 갖게 된다.

53

등 뒤에서 칭찬하기

: 진정성 있게 상대방을 인정하는 법

얼굴을 보며 직접 칭찬한다면 오히려 상대의 불신을 초래할 위험이 있다. 사익을 위해 거짓말을 하는 것처럼 보일 수 있기 때문이다. 상사, 잠재 고객, 연인 등에게 갑작스럽게 칭찬을 퍼부으면, 그들은 당신이 아첨하고 있다고 생각하기 쉽다. 혹은 당신이 뭔가를 잘못해서 그것을 만회하려고 그런다고 여길 수도 있다. 그렇다면 어떻게 해야 할까? 아무리 진심이어도 그만두어야 할까?

아니다. 비공식적인 커뮤니케이션을 통해 전달하면 된다. 1732년 토마스 풀러는 이렇게 썼다. "보이지 않는 곳에서 나를 칭찬하는 사람은 진정한 친구다." 우리도 보이지 않는 곳에서 좋은 말을 해주는 사람을 더 신뢰한다. 소문을 퍼뜨리는 가장 좋은 방법은 "전화, 전보, 여자에게 말하기"라는 말이 있을 정도다. 그렇게 간접적으로 그 소식이 대상에게 도달하면 기쁨은 더 커진다.

따라서 누군가를 직접 칭찬하고 싶다면 그 대신 그 사람과 가까운 사람에게 칭찬의 말을 전하라. 예컨대, 당신이 제인 스미스에게 호감을 주고 싶다면, 제인에게 직접 칭찬하는 대신 친한 동료인 다이앤에게 가서 말하라. "제인이 저번 회의에서 아주 멋진 말을 했어. 언젠가 이 회사의 CEO가 될 거야." 당신의 칭찬은 아주 높은 확률로 24시간 이내에 포도덩굴을 타고 제인의 귀에 전해질 것이다. 분명 다이앤은 그녀의 친구에게 이렇게 전할 것이다. "어제 XX가 너에 대해 이렇게 말했어."

당신이 등 뒤에서 제인을 칭찬하면 다이앤은 그 칭찬을 전하는 전서구 역할을 한다. 다음 기술에서는 당신이 다른 사람의 칭찬을 전하는 전서구가 되는 방법을 알아보자.

Winning Skill | #53 등 뒤에서 칭찬하라

다른 사람을 통해 간접적으로 듣는 칭찬만큼 기분 좋은 칭찬은 없다. 가장 효과적인 칭찬 방법은 눈앞에서 직접 하는 칭찬이 아니라 칭찬하고 싶은 사람의 친구에게 말하는 것이다. 이렇게 하면 개인적인 목적으로 아첨한다는 의심을 피할 수 있다. 상대는 당신이 온 세상에 자신을 칭찬하고 있다는 기분이 들어 흐뭇해진다.

54

좋은 기분을
전달하라

전서구(傳書鳩)는 메시지 전달의 상징으로 오랜 세월 동안 용감한 역사를 쌓아왔다. 이 비둘기들은 메시지 전달 과정에서 상처를 입거나 목숨을 구한 후에 죽기도 했다. 특히, 제1차 세계대전 시절 '쉐르 아미'라는 이름의 비둘기는 아르곤 전투에서 200명이 넘는 병사들의 목숨을 구했다. 그 비둘기는 한쪽 다리를 잃고 날개에 총알을 맞았음에도, 메시지를 안고 날아가 독일군의 폭격을 제때 경고했다.

　'스텀피 조'라는 비둘기 역시 전쟁에서 영웅적인 업적을 남겼고, 오하이오주 데이튼의 국립공군박물관에 전시까지 되어 있다. 또한, 많은 용감한 비둘기들이 전 세계의 피전 레이싱 pigeon racing (귀소성이 있는 비둘기의 습성을 이용한 경주 스포츠―옮긴이)에 참여하는 사람들에게 기쁨의 메시지를 전달했다. 여기에서 소개하는 칭찬 기법은 아름다운 전서구 전통에서 영감을 얻은 것이다.

칭찬을 들었을 때, 그냥 듣기만 하고 끝내지 마라. 당신이 들은 칭찬을 기억하고, 그 칭찬의 주인공에게 전해주어야 한다. 이렇게 하면, 칭찬을 들은 사람은 크게 기뻐할 것이다. 칼이 샘에 대한 칭찬을 했다면, 그것을 샘에게 전해준다. "샘, 칼이 당신에 대해 이런 좋은 말을 했어요"라는 식으로 말이다.

또한, 당신의 자매가 친척을 칭찬했다면, 그 친척에게 내용을 전해준다. 동생이 잔디를 잘 깎았다고 어머니가 칭찬했다면, 그것을 동생에게 전해준다. 사람들은 모두 칭찬받는 것을 좋아한다. 그리고 기쁜 소식을 전해주는 사람에게도 호감을 갖는다.

칭찬 이상의 것을 전달하라

사람들과 친해지고, 그들의 마음을 얻는 또 다른 방법은 그들이 관심 있어 할 만한 정보를 전달하는 것이다. 사람들이 흥미를 느낄 만한 정보를 전화나 이메일, SNS로 알려주는 것이다. 가구에 관한 중요한 기사를 발견했다면, 가구 디자이너인 친구에게 알려준다.

친구 댄은 샌프란시스코에 사는데 커뮤니케이션에 관한 글을 발견하면 꼭 나에게 보내준다. "혹시나 해서. 댄"이라고만 적어서 보낸다. 이 방법을 한번 시도해보라. 주변 사람들에게 안부 인사를 보내는 일이 훨씬 수월해진다. 그 사람과 관련 있는 기사를 챙겨준다는 것은 "너에 대해, 네가 관심 있는 일들에 대해 생각하고 있다"라고 말하는 방법이다.

사람들은 나쁜 소식을 들었을 때 그것을 더 잘 전달하는 경향이 있다. 하지만 좋은 소식을 전달하는 일도 중요하다. 누군가가 어떤 이를 칭찬하는 말을 듣게 되면, 그것을 주인공에게 전해주는 것이다. 좋은 소식을 전달하는 비둘기는 모두가 좋아한다.

55

진심 어린 칭찬의 비결

상대의 기분을 좋게 해주는 또 다른 방법이 있다. 칭찬은 너무 직접적으로 하지 말고, 상대의 좋은 점을 넌지시 암시하는 것이 중요하다. 몇 달 전, 덴버에 사는 오랜 친구를 만났다. 그는 나를 만나러 호텔까지 왔고, 나를 바라보며 "너 보기 좋아 보인다"라고 말했다. 나는 기분이 너무 좋았다. 그 말에 저녁 내내 기분 최고였다.

그러나 그날 밤, 이 기쁨은 무너졌다. 친구가 나를 호텔로 데려다주고 나서, 엘리베이터에 탔는데, 3층에서 탑승한 호텔 직원이 나를 보고 미소를 띠며 "혹시 모델이셨나요?(이때까지는 기분이 끝내줬다!) 젊었을 때 말이에요"라고 말했다. 그가 마지막에 덧붙인 말에 내 기분은 와르르 무너졌다. 그가 마지막에 덧붙인 '젊었을 때'라는 표현으로 기분이 우울해진 것이다.

이런 상황을 피하려면, 칭찬할 때 상대방의 현재 모습에 초점을 맞추는 것이 좋다. 예를 들어, 오랜만에 만난 친구에게 "요즘 운동하나 봐. 많이 건강해 보인다"라고 말하면, 과거와 비교하지 않으면서도 친구의 긍정적인 변화를 칭찬할 수 있다. 또한 "그 프로젝트 진행하느라 고생 많았어. 네 노력 덕분에 좋은 결과가 있었던 것 같아"라고 말하는 것도 좋은 방법이다.

이렇게 상대방의 현재 모습이나 업적에 초점을 맞춘 칭찬은 과거형 표현으로 인한 부정적인 느낌을 줄이고, 상대방의 기분을 보다 효과적으로 좋게 만든다.

Winning Skill | #55 넌지시 암시해서 칭찬하라

대화에서는 상대의 긍정적인 부분을 암시하는 발언을 하는 것이 중요하다. 하지만 이것도 주의해야 한다. 엘리베이터에서 만난 사람처럼, 좋은 의도로 했더라도 상대의 기분을 상하게 할 수 있다. 학교 댄스파티에 같이 간 소녀를 칭찬하려고 이렇게 말한 소년도 있었다. "와, 메리 루, 넌 통통한데도 춤을 정말 잘 춘다!" 이런 말은 오히려 상대방에게 큰 상처를 줄 수 있다.

56

괄호 속 칭찬

: 은근슬쩍 마음을 사로잡는 기술

기쁨을 선사하는 방법 중 하나로 '은근슬쩍 칭찬하기'가 있다. 어느 날, 한 만찬에서 우주여행에 대한 이야기가 나오자 옆에 앉은 신사가 이렇게 말했다. "레일, 너는 아직 젊어서 아폴로 11호가 달에 착륙했을 때를 기억하지 못하겠지만…." 그 후의 이야기는 기억나지 않지만, 그의 말에 나는 거울에 비친 얼굴을 보며 미소 짓게 되었다.

당연히 나는 1969년 7월을 기억한다. 전 세계 사람들이 그랬듯 나도 TV 앞에 바싹 붙어 앉아 닐 암스트롱의 부츠가 달 표면에 닿는 것을 지켜보았다. 사실 신사는 내 나이를 알고 있었을 것이다. 그는 '은근슬쩍 칭찬하기' 기법을 사용했을 가능성이 크다. 뭐 어때라. 그는 나에게 좋은 기억으로 남았다. 은근슬쩍 칭찬하기는 당신의 요점에 은근슬쩍 상대에 대한 칭찬을 끼워 넣는 것이다. 마치 괄호를 넣듯이 말이다.

나도 좋고 상대도 좋고

이 기술은 당신의 주제에 미묘하게 상대에 대한 칭찬을 끼워 넣는 것이다. 이때 상대의 얼굴에는 미소가 떠오른다. 예를 들어, "삼촌처럼 체력이 좋은 사람이 계단을 오르는 건 식은 죽 먹기였겠지만, 저는 숨이 차서 힘들었어요"라고 하거나, "너는 법을 잘 아니까 세세한 부분까지 읽었겠지만, 나는 그냥 서명했어"라고 말하는 식이다.

하지만 이 기술에는 단점도 있다. 상대가 칭찬에 너무 흡족해하며 당신의 요점을 듣지 않을 수도 있다.

여태까지 네 가지 미묘한 칭찬 방법에 대해 알아보았다. 하지만 때로는 직접적인 칭찬이 더 효과적일 수 있다. 앞으로는 이런 어려운, 그러나 효과적인 칭찬 기술에 대해 설명하겠다.

Winning Skill | #56 은근슬쩍 칭찬하라

은밀하게 칭찬하라. 문장에 괄호를 넣듯이 원래 하려는 말에 칭찬을 은근슬쩍 끼워 넣는다.
상대가 제대로 이해했는지 확인하지 않아도 된다. 칭찬받고 기분이 좋아져 본론을 제대로 듣지 못할 수도 있기 때문이다.

57

가끔은 죽여주는 칭찬을 하라

사업의 성공, 우정의 발전, 심지어 로맨스의 시작을 이끌어낼 수 있는 기술을 원하는가? 그런 기술이 정말로 있다. 하지만 주의할 점이 있다. 이 기술을 익히고 나면 당신의 혀는 치명적인 무기가 된다. 그도 그럴 것이 이 기술은 '죽여주는 칭찬'Killer Compliment 기술이기 때문이다.

이 기술은 어느 날 밤, 나와 룸메이트 크리스틴이 파티에서 돌아온 후에 시작되었다. 크리스틴은 외투를 벗으면서 미소를 짓고 있었고, 그녀의 눈동자는 꿈꾸는 듯 보였다.

"크리스틴, 괜찮아?" 내가 물었다.

"응. 나 그 남자랑 데이트할 거야."

"남자? 어떤 남자?"

"그 남자 있잖아."

크리스틴이 즉각 알아차리지 못하는 나를 혼내듯 말했다. "나한테 치아가 예쁘다고 칭찬했던 사람."

치아라고?

그날 밤, 크리스틴이 잠자리에 들기 전에 거울 앞에서 꼼꼼하게 양치질하며 그 남자에게 칭찬받은 치아를 살피는 것을 보았다. 그 순간, 나는 그 특별한 칭찬이 크리스틴의 하루를 밝게 만들고, 강력한 인상을 남겼음을 깨달았다. 그렇게 해서 '죽여주는 칭찬' 기술이 탄생했다.

이것은 상대가 믿고 있는 매우 개인적이고 구체적인 부분을 칭찬하는 것을 말한다. 가령 "넥타이가 멋지다"나 "매우 친절한 사람" 같은 칭찬이 아니다. (첫 번째는 개인적인 특징이 부족하고 두 번째는 구체적이지 않다.) 죽여주는 칭찬은 "눈빛이 예리하다"(구체적) 또는 "참 믿음직스럽다"(개인적)와 같은 것이다.

처음으로 이 기술을 시도한다면 쉽지 않을 것이다. 그래서 세미나 참가자들에게 간단한 트릭을 알려주곤 한다. 세미나가 절반 정도 진행될 때, 참가자들에게 눈을 감고 조금 전에 연습과제를 같이 했던 파트너를 떠올리게 한다. 그 파트너에게서 발견한 매력적인 신체적·성격적 특징을 염두에 두게 한다.

그런 다음, 그 특징을 직접 파트너에게 말하라고 한다. 사람들은 처음에 망설이지만, 한 사람씩 용기를 내어 파트너에게 칭찬을 전달하고, 그 결과는 대부분 놀랍게 나타난다. 사람들은 손이 예쁘다거나, 갈색 눈동자가 예리하다는 등의 칭찬을 듣고 기뻐하며 웃음을 터뜨린다. 그런 칭찬을 받으면 모두가 기분이 좋아진다. 그리고 그런 긍정적인 기분은 상대에게도 긍정적인 감정을 전달한다.

259

죽여주는 칭찬 사용 설명서

죽여주는 칭찬은 마치 대포와 같아, 정확하게 사용하지 않으면 역효과를 낳는다. 이 기술로 강력한 '미사일 효과'를 제대로 볼 수 있는 올바른 사용법을 소개한다.

규칙 #1: 상대와 둘이 있을 때 해야 한다. 만약 네다섯 명의 여성이 함께 있는데 그중 한 명에게만 몸매를 칭찬한다면 나머지는 자신이 뚱보라도 된 듯한 불편함을 느낄 수 있다. 마찬가지로 한 남자에게만 자세가 곧다고 말한다면 나머지는 등이 굽은 사람이 된 기분이 들 것이다. 그런 분위기에선 칭찬받는 주인공마저도 얼굴이 빨개지고 오히려 불편함을 느낄 수 있다.

규칙 #2: 믿을 만해야 한다. 나는 지독한 음치다. 어쩔 수 없이 생일 축하 노래를 불러야 한다면 지독하게 못 부를 것을 나도 잘 안다. 그런데 누군가가 나더러 노래를 잘 부른다고 칭찬한다면 그런 말은 무의미하게 들린다.

규칙 #3: 한 사람에게 6개월에 한 번 정도만 한다. 그렇지 않으면, 진실성이 떨어지고, 비굴하며 아첨하는 것처럼 비칠 수 있다. 이런 상황은 피하는 게 좋다.

이 기술을 신중하게 사용한다면 누구든지 마음을 얻을 수 있다. 특히, 처음 만난 사람에게 이 기술을 사용하면 더욱 효과적이다. 처음 만난 사람에 대해서는 상대적으로 정보가 부족하므로, 상대방의 개인적이고 구체적인 특징을 칭찬하면 강렬한 인상으로 남기 때문이다. 또한, 처음 만난 사람에게 이런 칭찬을 하면 상대방은 자신에 대해 깊이 있게 관찰하고 이해하려 노력한다는 인상을 받을 수 있다. 이는 호감과 신뢰감을 형성하는 데 도움이 된다. 따라서 죽여주는 칭찬 기술은 새로운 인간관계를 시작할 때 특히 유용하게 활용할 수 있는 강력한 도구라고 할 수 있다.

매일 친구를 칭찬하고 싶다면, 다음에 소개할 기술을 활용해보자.

Winning Skill | **#57 가끔은 죽여주는 칭찬을 하라**

일상이나 업무에서 좋은 관계를 맺고 싶은 사람을 처음으로 만났을 때, 그 사람의 매력적이고 구체적이며 독특한 특징을 하나 찾는다. 그리고 대화를 마칠 때 상대방을 직접 바라보고, 그의 이름을 부르면서 이 죽여주는 칭찬의 미사일을 날려보라.

58

아주 작은 칭찬으로
미소 짓게 하는 방법

어느 날, 〈리더스 다이제스트〉에서 가슴 아픈 이야기를 읽었다. 어떤 딸이 자주 문제를 일으키는 바람에 엄마는 딸을 자주 혼내야 했다. 어느 날, 소녀는 매우 착하게 행동했고, 혼날 만한 행동을 하나도 하지 않았다. 그리고 그날 밤, 아이를 재우고 방을 나가는 엄마는 아이가 흐느끼는 소리를 듣는다. "엄마, 오늘은 나 착하게 잘했는데…." 그 말은 엄마의 가슴에 깊이 와닿았다. "내가 아이 잘못만 지적하느라 잘한 것은 제대로 인정해주지 못했구나."

어른들도 아이와 똑같다. 앞의 '죽여주는 칭찬'이 처음 만나는 사람들에게 엄청난 효과를 가져온다면, 일격의 칭찬은 지인과의 일상 대화에서 사용할 수 있는 짧고 간단한 칭찬이다. 직장 동료들에는 다음과 같이 자유롭게 사용할 수 있다.

"오, 좋은데, 존!"

"잘됐네요, 빌리!"

이것을 아주 사랑스럽게 활용하는 친구가 있다. 그는 내가 마음에 드는 행동을 할 때마다 "정말 멋진데, 레일"이라고 말한다.

이처럼 사랑하는 사람들이 일상에서 무언가를 잘할 때마다 사랑스러운 일격을 가할 수 있다. 배우자가 맛있는 요리를 해줬다면 "당신은 동네 최고의 요리사야"라고 하고, 외출하기 전에는 "당신 정말 끝내줘!"라고 한다. 장거리 운전을 했을 때는 "해냈네! 많이 피곤하지?"라고 말한다. 아이들에게는 "얘들아, 방 청소하느라 큰일했어" 정도로 말할 수 있다.

작은 것에는 큰 의미가 있다

칭찬 한방은 사소하게 보이지만, 그 속에는 큰 의미가 담겨 있다. 여성들은 이를 잘 안다. 키티 칼렌Kitty Kallen이 부른 노래 가사도 이를 잘 표현하고 있다.

저 멀리에서 키스를 날려줘요

예쁘지 않지만 예쁘다고 말해줘요

내가 앉은 의자를 지날 때 내 머리카락을 만져줘요

작은 것에는 큰 의미가 있어요

비밀스러운 미소의 따뜻함을 보내주세요

당신이 잊지 않았다는 걸 보여주세요

언제까지나, 지금도 그리고 영원히

작은 것에는 큰 의미가 있으니까요.

칭찬의 기술을 좀 더 정교하게 사용하려면 타이밍을 고려해야 한다. 노골적이고 뻔뻔한 아첨은 대부분 싫어하기 때문이다. 다음 기술에서는 이런 순간들에 대해 자세히 알아보자.

Winning Skill | **#58 생활 속에서 작은 한방의 칭찬을 전달하라**

사랑하는 가족이나 친구, 동료가 속으로 '나 잘했는데 아무 말이 없네?'라고 생각하게 만들지 마라. "잘했어!"나 "멋졌어!" 같은 짧지만 힘 있는 칭찬으로 그들을 생각하는 마음을 드러낼 수 있다.

아주 작은 대화의 기술

59

때에 맞는 칭찬은
은쟁반에 금사과

낯선 사람들 앞에서 강연을 준비하던 그날을 잊을 수 없다. 봉제 인형들과 룸메이트 크리스틴 앞에서 수없이 연습한 뒤, 드디어 첫 강연 시간이 왔다. 후들거리는 다리로 무대에 서서, 인상 깊은 이야기를 기다리는 17명의 로터리 클럽 회원을 마주했다.

입안은 바싹 마르고 손에는 땀이 흥건했다. 청중은, 내가 만약 정보와 웃음을 주지 못하면 영원한 굴욕이라는 판결을 내릴 준비가 된 17명의 판사로 보였다. 나는 이 클럽으로 끌고 온 장본인 크리스틴을 두려움 가득한 눈빛으로 쳐다본 후 강연을 시작했다. "여러분, 좋은 오후입니다. 이 자리에 함께하게 된 것을…."

30분 후, 의무감에서 억지로 치는 듯한 박수가 터져 나왔다. 나는 크리스틴 옆으로 돌아가 그녀의 얼굴을 살폈다. 그녀는 웃으며 말했다. "디저트가 나쁘지 않네. 좀 먹어 봐." 디저트? 크리스틴, 지금 디저트가 문제야? 나 어땠어? 나는 속으로 소리쳤다. 그러나 때는 이미 너무 늦었다. 칭찬을 받고 싶었던 그 순간이 이미 지나가버렸기 때문이다.

칭찬은 빠르게, 지금 당장 칭찬하라

의사가 고무망치로 당신의 무릎을 때리면 무릎이 자동으로 튀어오른다. 그렇듯 누군가가 멋진 일을 했다면 곧바로 "와, 정말 멋져!"라고 말해주어야 한다. 그들이 협상에 성공했거나, 추수감사절에 칠면조를 맛있게 구웠거나, 생일파티에서 노래를 부르는 순간. 그것이 어떤 성취든 간에 즉시 칭찬하는 것이 좋다. 10분 후, 2분 후가 아니라 바로 그 순간에.

상대가 잘하지 못했을 때는? 그럴 때는 거짓말이라도 해야 하는 것일까? 대답은 '그렇다'이다. 아무리 도덕적으로 엄격한 사람이라도 거짓말을 용납해야 하는 몇 안 되는 순간 중 하나가 그때다. 진정한 승자들은 상대의 불안정한 심리를 먼저 배려하는 것이 도덕성보다 우선이라는 것을 알고 있다. 나중에 자신이 잘하지 못했다는 사실을 깨달을지라도, 그들은 당신의 배려심에서 나온 칭찬에 감사할 것이다.

지금까지 칭찬하는 방법에 대해 알아보았다. 이제는 칭찬받는 것이 어려운 사람들에 대해 살펴볼 차례다.

상대가 무언가 멋진 일을 성공적으로 끝낸 순간 곧바로 칭찬하라. 자동 반사처럼, 빠르게 "정말 대단했어!"라고 말해주어야 한다. 상대가 그 말을 믿지 않을 테니 의미 없다고 생각하지 마라. 순간의 행복감은 객관적인 판단력을 잠시 무력화시킨다.

60

상대방의 칭찬을
잘 받아주라

남자: (미소를 지으며) "네가 입은 그 옷, 정말 멋있어."

여자: (얼굴을 찡그리며) "아, 이게? 이건 좀 오래된 옷이야."

남자: (생각) '아, 내 말이 마음에 들지 않나 보네. 내 안목을 의심하나 봐. 다음부터는 그냥 가만히 있어야겠다.'

(3주 후…)

여자: (속으로 불평하며) '더 이상 칭찬도 안 해주네. 정말 못됐어!'

남자: (우울해하며) '뭐가 문제지?'

미국인들에게는 한 가지 약점이 있다. 그것은 바로 칭찬을 제대로 받지 못한다는 것이다. 누군가 칭찬해주면 당황해서 어설픈 반응을 보이곤 하는데, 이런 행동이 악순환을 가져온다. 이 점에 대해선, 무엇이든 미국인보다 잘한다고 주장하는 프랑스인 친구들에게 경의를 표하고 싶다. 그들은 확실히 우리보다 칭찬을 잘 받아준다.

여자들이 칭찬을 싫어한다고?

몇 달 전에 내가 주최한 세미나에서 참가자들과 칭찬에 대해 이야기하고 있을 때 한 남성이 말했다. "여자들은 칭찬을 좋아하지 않더라고요."

"여성들이 칭찬을 싫어한다고요?" 나는 놀란 표정으로 물었다.

"한 여성에게 눈이 예쁘다고 말한 적이 있는데 '눈이 멀었나 보군요'라는 반응이었거든요." 남자가 설명했다. 가엾게도 그는 그녀의 반응에 상처받았고 그 후로 소심해져서 절대로 여자에게 칭찬 따위는 하지 않았다. 여자들에게도 안타까운 일이고 그 남자의 사교 기술에도 좋지 않은 영향을 미쳤다.

칭찬을 받는 것에 서툴러서, 대부분은 당황스러운 듯 자그맣게 "고마워요"라고 말하거나, 심지어는 항의하는 경우도 있다. "글쎄요, 그건 사실이 아니지만 어쨌든 고마워요" 또는 "그냥 운이 좋았어요"라고 칭찬을 잘 받아들이지 않기도 한다.

칭찬에 이런 식으로 반응하는 것은 칭찬해준 사람에게 지나친 행동이다. 그들의 좋은 의도를 무시하고, 상대의 판단을 모욕하는 것이나 다름없기 때문이다. 상대방의 호의와 진심을 인정하고, 감사의 마음을 표현하는 것이 칭찬하는 사람과 칭찬받는 사람 모두에게 긍정적인 경험이 된다.

"참 친절하시네요!"

프랑스인들은 칭찬에 적절하게 반응하는 법을 안다. 그들은 칭찬을 들으면 "친절하시네요!"_{Vous êtes gentil}라고 말한다. 하지만 미국인들에게 이런 표현은 약간 부자연스럽다. 그래서 나는 '부메랑 던지기'라는 기술을 제안한다. 이는 칭찬을 받았을 때 그 좋은 기분을 다시 상대에게 돌려주는 것이다.

누군가가 당신을 칭찬하면 부메랑을 던지듯 그 좋은 기분이 상대에게 되돌아가도록 한다. 칭찬을 받았을 때 그냥 "고마워요"라고만 하지 마라. ("아, 별것 아니에요"라고 말하는 것은 더 나쁘다.) 상대에게 고마움을 전하고 그들의 칭찬을 칭찬할 방법을 찾아라.

몇 가지 예를 들어보자.

누가 "신발이 예쁘네요"라고 하면, 당신은 "이번에 새로 산 건데, 그렇게 말해주니 기분이 좋네요"라고 말한다.

당신에게 "이 프로젝트를 정말 잘 해냈네"라고 하면, 당신은 "그렇게 말해줘서 기뻐요. 긍정적인 피드백 고마워요"라고 말한다.

동료가 "하와이 휴가는 어땠어?"라고 물으면, "기억하는구나! 정말 좋았어, 고마워"라고 답하면 된다.

상사가 "감기는 이제 나았어?"라고 물으면 "걱정해 주셔서 감사합니다. 이제 많이 좋아졌어요"라고 표현한다.

이처럼 사람들이 당신의 가족, 프로젝트, 이벤트 또는 당신에게 관심 있는 질문을 할 때 좋은 감정을 부메랑으로 돌려주는 셈이다.

그 세미나에서 나는 세상의 여성들을 위해 남자들에게 칭찬에 대해 제대로 알려주기로 결심했다. 한 남자에게 근처에 앉은 세 명의 여성에게 진심 어린 칭찬을 해보라고 제안했다. 그는 "뒤에 앉은 아름다운 은발" 여성, 왼쪽에 앉은 "피아니스트 같은 손가락"을 가진 여성, 오른쪽의 "사랑스러운 짙은 푸른 눈동자"를 가진 여성에게 칭찬을 했다.

그날 밤, 세 여성은 커진 자신감을 가지고 가벼운 발걸음으로 돌아갔다. 그리고 한 남자는 칭찬에 대한 태도가 바뀌었다. 이는 그가 앞으로 만날 모든 여성에게 좋은 영향을 미칠 것이다.

다음으로 상대의 심장에 확실하게 어필하는 칭찬의 방법을 살펴보자. 상대방의 특별한 장점을 진심을 담아 칭찬함으로써, 그들에게 진정한 감동과 기쁨을 선사할 수 있을 것이다.

Winning Skill | **#60 칭찬의 부메랑 던지기(그대로 돌아온다!)**

프랑스인들은 칭찬을 받으면 곧바로 "정말 친절하시네요"라고 반응한다. 우리는 다른 방식으로 해보자. 부메랑을 던지면 되돌아오듯 칭찬한 사람에게 칭찬의 부메랑을 던져라.

61

인생에서 가장 의미 있는
칭찬의 기술

어릴 적에 부모님의 친구들은 자주 이런 질문을 던졌다. "커서 뭐가 되고 싶니?" 우리는 발레리나, 소방관, 간호사, 카우보이 혹은 영화배우라는 대답으로 그들을 즐겁게 했다. 물론, 현실적으로는 정육점 주인, 제빵사 같은 평범한 직업을 갖게 됐지만, 누구든지 위대한 사람이 될 수 있다는 꿈은 여전히 간직하고 있다.

대부분은 생계를 위해 어린 시절의 꿈을 포기했지만, 그럼에도 우리는 마음 깊숙이 자신이 매우 특별한 존재라는 것을 알고 있다. 우리는 자신에게 이렇게 말한다. "세상은 내가 얼마나 똑똑하고 멋지고 재치 있고 창의적이고 배려가 넘치는 사람인지 관심도 없고 금방 잊어버릴 거야. 하지만 진정으로 나를 알고 사랑하는 사람들은 내가 지극히 평범한 인간들과 다른 위대하고 특별한 사람이라는 것을 알아줄 거야."

자신의 가치를 알아주는 사람을 만나면, 우리는 나를 인정해주는 그들에게 속절없이 빠져든다. 당신이 평소에 잘 알고 사랑하는 사람을 칭찬하려면, 낯선 사람을 칭찬할 때와는 다른 기술이 필요하다. 이 기술은 개인적으로나 업무적으로 가까운 사람과의 관계를 더욱 깊게 만든다. 이 기술을 나는 '묘비명 놀이'라고 부른다.

1단계: 친구나 연인 혹은 거래처와 이야기하다가 며칠 전에 읽은 묘비명에 대한 글을 끄집어낸다. "평소 자신이 가장 자랑스러워하는 특징이 묘비에 새겨진대. 묘비명은 굉장히 다양하지. 누구나 자부심을 느끼는 부분이 다르니까." 예를 들면 이렇다.

"여기 존 도가 잠들었다. 그는 뛰어난 과학자였다."
"여기 다이앤 스미스가 잠들었다. 그녀는 사랑이 넘쳤다."
"여기 빌리 벅스가 잠들었다. 그는 사람들에게 웃음을 주었다."
"여기 제인 월슨이 잠들었다. 그녀는 가는 곳마다 기쁨을 주었다."
"여기 해리 존스가 잠들었다. 그는 자신만의 방식으로 살았다."

2단계: 당신이 원하는 묘비명 문구를 파트너에게 말한다. 상대방에게도 진지하게 요청한다.

3단계: 이런 질문을 던진다. "조, 인생의 마지막 순간에 가장 자랑스러울 것은 무엇일까? 세상이 당신을 어떤 사람으로 기억했으면 좋겠어? 묘비에 무슨 말이 쓰여 있으면 좋겠어?"

조는 이렇게 대답할 수도 있다. "음, 저는 약속을 잘 지키는 사람으로 기억되고 싶어요." 상대방의 대답을 주의 깊게 듣는다. 상대방이 더 자세히 설명하면, 그 뉘앙스를 놓치지 않는다. 그리고 마음에 담아두되 아무 말도 하지 않는다. 조는 당신과 묘비명에 대해 이야기했다는 사실조차 잊어버릴 것이다.

4단계: 최소 3주가 지난 후, 만약 상대와의 관계를 좀 더 개선하고 싶다면, 상대가 말한 묘비명 정보를 칭찬으로 언급해보라. 이런 식이다. "조, 당신이 약속을 잘 지키는 걸 보면 정말 존경스러워요. 그런 모습이 있어 당신과 함께 일하는 게 늘 기쁩니다."

이 말은 조의 마음을 정확히 울릴 것이다. 그는 이렇게 생각할 것이다. '드디어 내 진정한 모습을 인정해주는 사람을 만났구나.' 상대방이 스스로 뛰어나다고 여기는 부분을 당신 또한 높이 평가하고 칭찬한다면, 그 칭찬은 무엇보다도 강력한 영향력을 발휘한다. 예를 들어, 친구 빌리 벅스가 자신의 묘비명에 유머와 재치에 관한 내용을 담고 싶어 한다면, 이렇게 말한다. "빌리, 넌 정말 대단한 사람이야. 사람들을 웃게 만드는 너의 모습이 난 정말 마음에 들어."

내가 당신을 사랑하는 이유

묘비명 예시에서 언급한 제인 윌슨에게 이렇게 말하는 것이다. "제인, 난 당신이 어디를 가든지 기쁨을 퍼뜨리는 게 좋아."

해리 존스라면, 그의 손을 잡고 "해리, 난 네가 좋아. 너는 너만의 방식으로 멋있게 살아가니까"라고 해보라. 이 말은 그에게 자부심을 한껏 드높일 것이다.

이런 식으로 사람들에게 사랑이나 고마움을 표현하면 여운이 오래 남는다. 그 표현이 그들이 평소 생각하던 내용과 일치하면 효과는 압도적이다.

Winning Skill **#61 상대의 가장 자랑스러운 특징을 찾아 인정하라**

당신의 인생에서 중요한 사람들에게 그들이 묘비명에 어떤 말을 적고 싶은지 물어보고, 그 말을 잘 기억해두라. 그리고 몇 주 후 적절한 순간에 상대를 사랑하는 이유 또는 고마운 이유로 언급하라.

상대가 마음 깊은 곳에 간직하고 있는 자신의 이미지를 칭찬으로 전달하면, 그것은 엄청난 영향력을 발휘한다. 상대는 '드디어 진정한 내 모습을 봐주는 사람이 생겼구나'라고 생각할 것이다.

62

모임에서 사람들을
끌어당기는 방법

어떤 방에 들어갈 때 편안한 느낌을 받은 적이 있는가? 당신을 열렬히 환영하는 듯한 의자가 놓여 있는 곳에서 그런 기분을 느낄 때가 있다. 반대로 테이블과 책장 사이를 구불구불 지나야 해서 앉기 어려운 장소도 있을 것이다.

우리의 몸도 가구와 같다. 팔다리를 "어서 와서 나랑 얘기해요"라고 말하는 듯 위치시킨 사람들이 있는가 하면 온몸으로 "다가오지 마! 큰일 나도 책임 못 져"라고 소리치는 듯한 자세를 취한 사람도 있다. 수줍음 많은 사람은 팔을 감싸는 동작으로 "접근 금지"라고 말한다. 가방이나 술잔을 움켜쥐는 것으로 불안 신호를 보내기도 한다.

연구에 따르면, 팔을 교차하지 않고 옆으로 내리고 다리를 약간 벌리며 얼굴에 약간 미소를 짓는 개방적인 자세를 취한 사람에게 다가가기가 편하다. 하지만 사이에 핸드백 같은 물건이라도 있으면 장벽이 된다. 핸드백을 움켜쥔 여성보다 숄더백을 맨 여성에게 더 쉽게 다가갈 수 있는 이유다. 다가가 말을 걸 수 있는 길이 열려 있기 때문이다.

손바닥이 드러내는 신호: 몸의 말을 읽는 법

중요한 사실이 있다. 얼굴 다음으로 우리의 몸에서 가장 표현력이 뛰어난 부위는 손목과 손바닥이다. 손바닥은 감정을 많이 드러낸다.

　범죄자는 손목과 손바닥을 들어 올리며 "항복합니다. 쏘지 마세요"라고 말한다. 결백한 남자는 손목과 손바닥을 들고 "나는 돈을 가져간 사람이 누구인지 모릅니다"라고 한다. 손바닥을 내보이면 "나는 숨길 게 없다"라고 말하는 것과 같다.

　또한 손바닥을 내보이는 것은 상대방을 수용하고 있다는 의미로도 해석된다. 따라서 동료와 대화할 때 턱을 괸 손의 손바닥이 상대방을 향하도록 하면 수용의 자세를 표현할 수 있다. 반대로 손등이 보이는 자세는 거부의 메시지를 전달할 수 있으니 주의해야 한다.

　특히 여성들은 남성에게 호감을 느낄 때 무의식중에 손바닥을 더 많이 드러내는 경향이 있다. 실제로 많은 연구 결과, 남성과 대화할 때 여성이 손바닥을 내보이면 남성들은 이를 성적인 매력으로 받아들이는 것으로 나타났다. 이처럼 우리의 손과 손바닥은 말하지 않아도 많은 것을 말해주는 중요한 신체 부위인 셈이다.

　이제 우리는 정치인들이 사용하는 기술에 도달했다. 정치 전문가들은 존 케네디와 빌 클린턴이 선거에서 승리한 비결이 내가 '추적',tracking이라고 부르는 기술 덕분이라고 말하기도 한다. 다음 기술에서 자세히 살펴보자.

우리는 사람들을 끌어당기는 인간 자석이 돼야 한다. 모임에서는 몸을 열린 자세로 하고 있어야 하며, 특히 손바닥이 그렇다. 손바닥을 내보이면 "나는 숨길 게 없다" 또는 "나는 당신을 받아들인다"; "당신은 매력적이다" 같은 신호를 전달할 수 있다. "이리 오세요"라는 신호를 보내는 손바닥에 사람들은 본능적으로 끌린다.

63

상대방을
주인공이 되게 하라

1940년대의 영화들은 달랐다. 미국인들은 뷰익 자동차를 타고, 영화관으로 향해 스크린 속 로맨스에 심취했다. 스토리라인은 대개 남녀 주인공의 사랑, 결혼 그리고 해피엔딩을 따랐다. 종종 약간의 변주는 있었지만, 주인공의 모든 작은 일은 영화에서 중대한 사건으로 취급 받았다.

오늘날에는 영화의 감동 포인트가 달라진 것처럼 보이지만 인간의 본성은 그렇지 않다. 사실 우리 모두는 시대의 주인공처럼 산다. 인생의 사소한 모든 사건이 중요하다. "내가 세상의 중심이고 세상은 나를 뒤에서 비출 뿐"이라고 생각한다. 한마디로 누군가에게는 아침 식사로 뭘 먹었는지, 어떤 신발을 신었는지, 치실을 했는지가 이름도 잘 모르는 머나먼 나라의 몰락이나 지구의 기온 상승보다 더 중요하게 느껴진다.

진정으로 다른 사람을 주인공으로 만들고 싶다면, 그들의 세세한 인생 이야기를 기억하는 것이 비결이다. 당신도 이 기술을 익혀야 한다. 상대가 무심코 던진 이야기를 나중에 다시 언급함으로써, 그들의 일상을 '추적'하고 당신에게 소중함을 전하면서, 1940년대 영화의 주인공처럼 그들을 특별하게 만드는 것, 그것이 사람의 마음을 얻는 기술이다.

마음을 사로잡는 세심함의 힘

정치인들은 이런 '추적'을 체계적으로 한다. 그들은 만난 모든 사람의 이야기, 관심사 그리고 고민을 기록으로 남긴다. 그것이 책상 위의 노트일 수도 있고, 디지털 파일일 수도 있고, 머릿속 기억일 수도 있다. 그들은 어디에 있었고, 무엇을 했으며, 무슨 말을 나눴는지 꼼꼼히 기억하며, 다음 만남이나 전화에서 그것을 활용한다.

"안녕, 조. 자메이카 여행은 어땠어?"
"샘, 아들은 야구팀에 들어갔어?"
"안녕, 샐리. 그 고객한테서 드디어 연락 온 거야?"
"밥, 마지막으로 보고 나선 사천식당에 갔다고 했지? 괜찮았어?"

이런 기억을 활용하면 상대는 은연중에 당신의 세심한 배려를 느낀다. 자신이 특별하다는 것을, 자신의 경험이 누군가에게는 중요하다는 것을 알게 된다.

추적의 가장 강력한 형태는 바로 개인적인 성취일을 기억해주는 것이다. 1년 전 오늘, 상사가 현재 직책으로 승진했거나 고객사가 상장에 성공했을 수 있다. 그 1주년을 축하하는 카드는 생일 카드와는 비교도 안 될 정도로 강력한 인상을 남긴다.

개인적인 취미나 열정을 기억하는 것 역시 눈에 띄는 효과가 있다. 몇 년 전에 나는 잡지에 정기적으로 글을 썼다. 당시 편집자였던 캐리는 입양한 지 얼마 안 된 새끼 고양이 쿠키에게 푹 빠져 있었다. 최근에 나는 작가 콘퍼런스에서 캐리와 마주쳤다. 대화를 시작하자마자 내가 물었다.

"쿠키는 이제 다 큰 어른 고양이가 됐겠어요. 쿠키 잘 있나요?" 캐리의 놀라움 가득한 미소가 나에게 보상으로 주어졌다.

"레일!" 그녀가 기뻐하며 소리쳤다. "쿠키를 기억하다니 믿어지지 않네요. 쿠키 잘 있어요. 잘 있고…." 캐리는 이제 어른이 된 쿠키에 대해 10분이나 더 이야기를 이어갔다.

일주일 뒤, 캐리가 중요한 잡지 기사를 맡아달라 부탁해왔다. 나의 '추적' 능력이 그녀에게 내 생각을 떠올리게 했을까? 확답할 수는 없지만, 그럴 가능성이 크다고 믿는다. 나 역시 여러 정교한 추적 기술로 인상을 남긴 많은 이들이 예상치 못한 보상을 받는 것을 종종 봐왔기 때문이다.

정치인들은 어떻게 그토록 많은 정보를 기억하고 관리할 수 있는 걸까? 그 비밀은 바로 다음에서 말할 단순하면서도 강력한 기술 덕분이다.

마치 항공 교통 관제사가 하듯이 찬찬히 상대방의 삶에서 눈에 띄는 디테일을 포착하라. 대화가 이어질 때, 그 작은 사건을 중대한 이벤트로 여기고 소개함으로써 빈틈없는 친밀감을 조성한다. 상대가 겪은 크고 작은 일을 세심하게 언급할 때, 그들은 자신이 세상의 주연처럼 느낄 것이고, 그 순간의 주인공으로 만들어준 당신에게 호감을 갖는다.

64

당신만의
대화 흔적을 남겨라

수년 전, 중서부의 어떤 정치 자금 모금 행사에서 한 인물이 눈에 띄었다. 활발한 대화는 물론, 카드에 뭔가를 집요하게 기록하는 모습까지, 한 시간 넘게 이어진 그의 일관된 패턴이 궁금증을 자아냈다. 이야기꽃을 피우다 혼자 노트를 기록하는 그 순간순간이 더욱 의문을 낳았다. 나는 참견하기 좋아하는 이웃 사람처럼 잔뜩 호기심이 생겼다. 도대체 저 남자의 정체는 뭘까?

스낵 테이블 옆에 서 있을 때, 그가 따스한 악수를 건네며 다가와 자기 소개를 했다. "안녕하세요, 조 스미스입니다"라며 대화를 시작한 우리는 와인 취향에 관해 이야기를 나눴고, 내가 가장 좋아하는 화이트 와인이 상세르Sancerre라는 말도 지나치듯 언급했다. 뭘 그렇게 미친 듯이 메모하고 있었는지 물어보고 싶은 마음이 굴뚝 같았지만 꾹 참았다. 조는 나의 명함을 받고도 즉시 뭔가를 적었다. 나는 농담 삼아 물었다. "제 신체 사이즈를 알려드리지 않은 것 같은데 뭘 그렇게 적으시나요?"

그는 내 진부한 농담에 호탕하게 웃으며 말했다. "이런, 들켰네요!" 그가 내민 내 명함을 받아보니 딱 한 단어가 적혀 있었다. 상세르Sancerre. 그는 내 의심을 가라앉혀 주려고 주머니에서 다른 명함들을 꺼내 역시나 뒤에 적힌 메모를 보여주었다. 나는 그저 사람들을 기억하는 그만의 작은 시스템이겠거니 생각했다.

그런데 몇 달이 지난 후에야 그가 그렇게 하는 진짜 이유를 알 수 있었다. 어느 날 아침 우편함에 조가 보낸 엽서가 있었다. 주 상원의원에 출마한다는 내용이었다. 맨 마지막에 그는 이렇게 적었다. "최근에 맛있는 상세르 드셨는지요?" 그 말이 내 마음을 사로잡았다. 만약 내가 그의 선거구에 살았더라면 그 작은 행동만으로 그에게 표를 던지기에 충분했을 것이다.

이 작은 기억력 테스트는 상대를 감동시키고, "어떻게 그걸 기억해요?" 같은 놀랍다는 반응을 이끌어낸다. 비록 작은 관심이지만, 상대에게 각인되는 인상은 결코 작지 않다. 사람들은 때로 공적인 업적보다 이런 사소한 기억에 더 큰 가치를 두니까.

Winning Skill | **#64 명함 뒷면에 메모하라**

파티에서 흥미로운 대화를 나눈 직후, 잠깐 펜을 꺼내 상대방 명함 뒷면에 당신과의 대화를 되새길 수 있는 단서를 메

아주 작은 대화의 기술

모해두라. 좋아하는 식당, 애정하는 스포츠 팀, 영화에 대한 의견, 선호하는 음료, 존경하는 인물, 고향의 추억, 학창 시절의 자랑 그리고 던진 재치 있는 농담까지…. 다음 만남에서는 그 메모를 참고해 그들의 취향을 나누거나, 가벼운 농담을 던지며 함께 웃어보라.

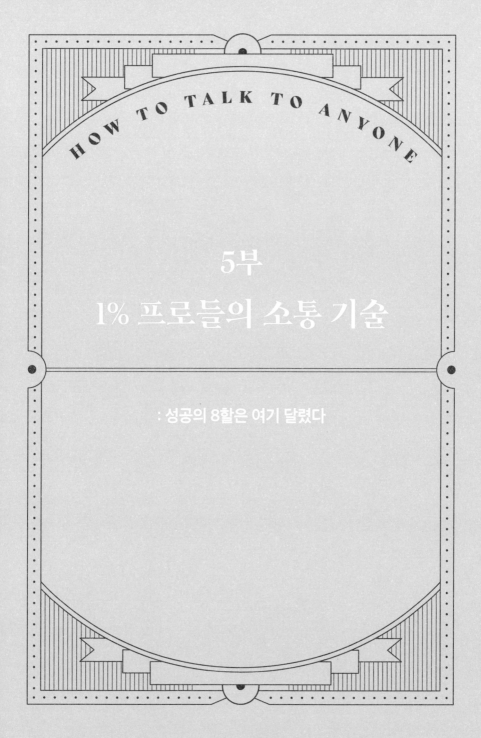

HOW TO TALK TO ANYONE

5부
1% 프로들의 소통 기술

: 성공의 8할은 여기 달렸다

초등학교 시절, 내 단짝 스텔라는 얼굴도 마음도 아름다운 아이였지만, 구개열로 인해 말을 더듬는 탓에 종종 놀림받고 왕따를 당했다.

요즘 아이들도 크게 달라보이지 않는다. 학생들 사이에서는 사소한 신체적 결함 때문에 놀림받는다는 이야기나, 다리를 절뚝이는 것 때문에 장애인 팀으로 보이는 게 싫다며 야구 시합에 끼어주지 않는다는 안타까운 사연이 많다.

세월이 흘러 어른이 되어도 별다른 변화가 없다는 게 마음 아프다. 어른들은 표면적으로 신체적 장애에 대해 그렇게 잔인하진 않지만, 사회적 결함엔 더욱 냉혹하다. 우리 자신의 언어적 실수나 대인관계의 맹점은 못 본 척하면서도 남의 그것은 재빨리 포착해낸다. 사회적 장애는 무의식 속에 숨어 있어 더욱 위험하다.

되짚어보면, 상대의 무심함에 실망하고 그들의 무의식적 실수로 마음 상했던 적이 얼마나 많은가. 그들이 알고 그랬을까? 아마 대부분은 미묘한 문제를 알아채지 못했을 것이다.

기업에서 여성이나 소수 민족이 마주하는 '유리천장'에 관해 들어봤을 것이다. 하지만 다른 유리천장에 대한 토론은 자주 이루어지지 않는다. 이 관념적 장벽은 법으로 타파할 수 없으며, 최상의 커뮤니케이션 기술을 보유한 사람만이 감지할 수 있다. 이 유리천장은 성공을 향해 올라가려는 이들에게 강력한 장애물이 될 수 있다. 다음에 소개할 무언의 규칙을 지키는 사람들만이 이 유리천장을 뛰어넘어 진정한 성공으로 나아갈 수 있다.

VIP가 당신의 제안에 냉담한 반응을 보이거나, 전화해도 답변이 없을 때, 승진에서 고배를 마시거나, 파티에 초대받지 못하거나, 관심 있는 이성에게 거절당했을 때 그 원인을 모른다면, 바로 이것이 문제의 뿌리일 수 있다. 그런 미묘한 실수를 하지 않으려면 이 책에 소개되는 모든 기술을 읽고 숙지해야 한다. 당신의 성공과 중요한 인간관계에서 실수하지 않기 위해서다.

65

상대의 실수는 넘기고
그 대가로 호감을 얻어라

얼마 전, 고객 프로젝트를 수행하면서, 해당 고객사의 최고 경영진 4명과 함께 점심식사를 했다. 그들은 회사의 커뮤니케이션 문제를 나에게 설명하려 했다.

우리는 어수선한 점심시간에 도심의 한 레스토랑으로 갔다. 모든 테이블은 다양한 기업의 인사들로 가득했다. 관리자들은 정장과 넥타이, 하이칼라 블라우스를 입고 점심을 즐기고 있었다. 파란 셔츠와 짧은 치마를 입은 직원들과 비서들도 같이 식사하고 있었다. 레스토랑은 활기찬 대화와 쾌활하게 웃는 사람들로 붐비고 있었다.

우리는 애피타이저를 먹으며 회사가 직면한 문제에 대해 깊은 대화를 나누는 중이었다. CFO(최고재무책임자) 윌슨 씨가 재무 상황에 대해 이야기하고 있을 때, 요란한 소리가 들렸다. 바로 근처에서 접시가 가득 찬 쟁반을 웨이터가 떨어뜨린 것이었다. 대리석 바닥에

291

쏟아져 유리가 깨지고 은식기가 흩어지며, 뜨거운 구운 감자가 우리 테이블 아래 윌슨 씨의 발 쪽으로 굴러왔다.

레스토랑 안의 모든 눈길이 창피해하는 웨이터 쪽으로 쏠렸다. 여러 군데서 탄식과 함께 조롱 섞인 웃음소리가 들렸다.

그러나 윌슨은 말을 멈추지 않았다. 내 테이블에 앉은 사람들은 눈길조차 주지 않았다. 아무 일도 없었던 것처럼, 우리는 대화를 이어갔고, 레스토랑은 점차 조용해졌다.

커피를 마시며, 마케팅 책임자 도슨이 기업 확장 계획에 대해 이야기하고 있었다. 그녀는 팔을 크게 움직이다가 커피잔을 쓰러뜨렸다. 나는 "어머나"라고 말하려다가 꾹 참았다. 내가 냅킨을 들어 도와주기도 전에 도슨은 직접 흘린 커피를 닦았다. 그 와중에도 그녀는 하던 이야기를 멈추지 않았다. 한 테이블에 앉은 그녀의 동료들도 커피를 쏟은 사실조차 알아차리지 못한 듯 태연했다.

순간 나는 진정한 승자들은 상대의 작은 실수를 보지도 듣지도 않는다는 사실을 깨달았다. 그들은 절대로 "아이쿠", "저런", "조심 좀 하지" 같은 말을 내뱉지 않는다. 그들은 작은 실수를 그냥 넘긴다. 뭘 흘리거나 떨어뜨리거나 하는 실수가 그들에게는 보이지 않는다. "작은 실수는 보지도 듣지도 마라" 기술은 이 경험에서 나왔다.

실수는 못 본 척하는 것이 진정한 배려

한 친구는 내가 재채기할 때마다 "감기 기운 있어?"라고 하고 내가 걷다가 발을 헛디딜 때마다 "조심해!"라고 말한다. 힘든 하루 일을 마치고 만나면 "피곤해?"라고 묻는다. 가엾게도 이 친구는 정말로 나를 세심하게 배려한다고 생각할 테다. 하지만 알다시피 남들 눈에 감기 기운이 있거나 발을 헛디디거나 피곤해 보이는 것은 전혀 멋진 일이 아니다. 그러니 그런 말은 하지 말자. 본인도 충분히 민망할 테니까.

친구와 저녁을 먹을 때 실수로 잔을 엎었다면 못 본 척하라. 재채기나 기침 혹은 딸꾹질은 못 들은 척하라. 아무리 의도가 좋더라도 "어머나"나 "건강 챙겨" 같은 추임새나, 다 이해한다는 듯한 미소는 상대에게 약점을 느끼게 할 뿐이다.

당신은 이렇게 물을지도 모른다. "뭐, 작은 실수는 그렇다 쳐도 정말 큰 실수는 어떻게 하죠?" 상대가 테이블에 탄산음료를 쏟아 당신 쪽으로 흐른다면 모른 척하고 있을 순 없지 않겠는가.

이럴 때는 가능하면 능숙하게 냅킨을 집어 닦으면서 대화를 이어가는 것이 좋다. 탄산음료가 밀려오기 전에 하던 말이 끊기지 않게 하면 된다. 상대가 당황하여 사과하려 할 때 "괜찮아"라고 말하면서 이야기를 계속 이어가라. 이렇게 작은 사건을 통해 서로의 유대감을 더욱 강화할 수 있다.

우리는 당혹스러운 실수를 저지른 순간 사람들의 관심이 쏠리는 것을 싫어한다. 이럴 때, 탁월한 커뮤니케이션 능력을 가진 사람들은 다음의 기술을 이용해 말하던 사람에게 생기를 되찾아준다.

커뮤니케이션 능력이 탁월한 사람들은 친구, 동료, 지인, 사랑하는 사람들의 일상적인 실수나 당혹스러운 상황을 그냥 넘긴다. 작은 실수는 그들 눈에 들어오지 않는다. 상대가 스스로 겸연쩍어 할 수 있는 작은 실수를 그냥 넘어가는 것이다. 이런 사람들은 남의 실수에 호들갑 떨지 않는다.

66

대화의 실마리를
잡아주는 작은 호의

자주 보게 되는 상황이 있다. 사람들이 모여 대화를 나누다가 어떤 사람이 중요한 포인트를 말하려는 순간, 어떤 방해를 받는다. 사람이 새로 합류하거나, 웨이터가 음식을 가져오거나, 아기가 울기 시작하는 등의 상황이다. 이런 순간, 모든 이목은 그 사건에 집중하게 되고, 원래의 대화는 잊힌다. 대화를 이어가던 사람만 자기 말이 중단되었다는 사실을 인지한다.

이런 일도 있다. 모두가 거실에 모여 앉아 대화를 나누는 도중, 누군가가 재미있는 농담을 준비한다. 하지만 결정적인 순간, 아이가 접시를 떨어뜨리거나 전화벨이 울리는 등 방해가 생긴다. 그 후에는 모두가 농담을 하려던 사람을 잊고 새로운 사건에 이목을 집중한다.

자기 이야기가 중간에 끊겼을 때 대개는 다시 이야기를 이어가려 들지 않는다. 하지만 그들은 이야기를 끝맺지 못했다는 사실에 아쉬 위한다. 이런 때 당신이 나설 수 있다. "끊어지면 이어주는" 기술로 그들의 이야기를 구해주는 것이다!

당신이 이야기를 다시 시작하게 도와주면, 그들은 당신에게 고마운 마음을 보인다. 그렇게 도와준 사람이 당신에게 어떤 도움을 줄 수 있는 위치에 있다면, 그것은 더욱 값진 일이다. 성공한 사람들은 받은 호의를 잘 기억하기 때문이다. 끊어진 이야기를 이어주는 것 같은 작은 친절에 대해서도 그들은 어떻게든 보답할 방법을 찾는다.

세계적인 네트워크 전문가인 하비 맥케이는 봉투 판매원에서 CEO가 되고, 비즈니스와 동기부여 강연자로 인기를 끌었다. 그는 "세상은 호의로 돌아간다"라고 말했다. 이 얼마나 맞는 말인지!

다음에 소개할 세 가지 기술은 이 중요한 힘의 균형과 미묘함을 보여준다.

Winning Skill | **#66 끊어진 이야기 이어주기**

어떤 이야기가 갑작스럽게 중단됐을 때, 그 이야기를 이어 나가는 방법은 간단하다. 아이가 울거나 웨이터가 주문을 받거나 깨진 그릇을 치우는 등의 방해가 끝난 후, "아까 하던 이야기를 계속해주세요"라고 말하면 된다. 끊겼던 지점을 기억하고 "그리고 어떻게 됐어요?"라고 물어보면 더 좋다.

아주 작은 대화의 기술

67

사람들에게 돌아가는
이익을 정확히 밝혀라

영리한 사업가는 항상 "내가 얻는 게 뭘까?"를 마음에 새긴다. 우리도 남의 말을 들을 때 본능적으로 '내가 뭘 얻는 거지?'를 생각하게된다. 최고의 세일즈맨들은 이 질문을 더 높은 차원으로 끌어올린다. 고객을 설득할 때, 제품이나 서비스 설명이 아닌 구매자의 이익 강조로 승부를 건다.

민감한 협상에서도, 진정한 승자들은 "나의 이익"과 "당신의 이익"을 곧바로 협상 테이블에 내놓는다. 이것은 매우 중요한데 둘 중 하나라도 숨긴다면, 패할 수밖에 없기 때문이다.

한번은 마케팅 협회장 샘을 점심에 초대했다. 내 강연 사업에 대해 조언받고 싶었다. 분위기 좋은 레스토랑에서 "점심을 대접할 테니" 귀중한 시간을 내어줄 수 있을지 물었다. 일정이 쉽게 잡히도록 이렇게 덧붙였다. "샘, 당신이 편한 날짜와 그 동네 최고 맛집을 골라

297

주세요. 부담 없이 몇 가지 물어볼게요." 상대에게 돌아가는 이익이 무엇인지 확실히 밝혔다.

약속 당일, 그가 고른 식당에 갔더니 큰 테이블에 여러 사람이 앉아 있었다. 나는 당황했다. 그와 조용히 얘기하려 했는데 그럴 분위기가 아니었다.

식사를 마치고 커피를 마시는데, 샘이 사람들을 불러 모은 속셈을 알게 되었다. 각계 전문가에게 자기 단체에서 공짜로 강연해달라고 할 작정이었다. 그는 '강연의 대가'를 제대로 제시하지 않은 것이다.

진짜 프로였다면 이렇게 말했을 것이다. "레일, 지금 우리 조직에 도움 될 연사들을 모으고 있어요. 이분들도 점심에 합류하면 어떨까요? 식사는 각자 계산할 테고 열 명 정도 됩니다. 이 자리에 참석할지, 아니면 조용히 얘기 나눌 다른 시간을 잡을지 선택해주세요."

샘이 애초에 모든 걸 분명히 했다면 기꺼이 무료 강연을 했을 것이다. 그러나 그는 내게 돌아올 이익을 똑똑히 얘기하지 않아 우리 둘 다 손해를 봤다. 그의 모호한 태도로 내 반나절은 낭비됐고, 그는 공짜 강연 기회를 놓쳤다.

도와주는 기쁨을 빼앗지 마라

사람들은 부탁할 때 그 부탁이 자신에게 매우 중요하다는 사실을 잘 밝히지 않는다. 그래서 별로 중요하지 않은 듯 건성으로 부탁하는 경향이 있다. 하지만 진정한 승자들은 솔직하게 카드를 공개한다.

내 친구 스테판은 그의 조직에서 열리는 연례행사에 초대할 만한 밴드를 아느냐고 물었다. 나는 "아니. 미안해"라고 말했다. 하지만 스테판은 포기하지 않았다. "레일, 유람선에서 일할 때 밴드 없었어?" 그에게 "있긴 한데 연락은 안 해"라고 답했다.

그러나 스테판은 계속 질문을 솔직하게 던졌다. 그의 끈질긴 질문에 나는 어리둥절해서 물었다.

"스테판, 밴드 예약 담당자가 누구야?"

"나야." 그는 어찌할 바를 모르며 대답했다.

"맙소사, 스테판, 왜 진작에 말 안 했어? 그러면 좀 더 알아보고 괜찮은 밴드를 찾아줬을 거 아니야?" 나는 정말로 기쁘게 친구의 부탁을 들어주었을 것이다. 하지만 스테판은 그 부탁이 자신에게 얼마나 중요한 일인지 말하지 않아 위험을 자초했다. 더구나 상대에게 돌아가는 이익을 명확히 밝히지 않아 상대의 기분도 상하게 했다.

누군가에게 부탁할 때는 그것이 당신에게 얼마나 중요한 일인지 밝혀야 한다. 사정을 명확하게 밝히면 당신을 도울 수 있다는 것만으로 만족하는 사람도 있다. 도와주는 기쁨을 빼앗지 말자!

부탁하거나 호의를 베풀 때는 세심한 주의가 필요하다. 앞으로 더 많은 팁을 살펴보며 관계를 해치지 않도록 세심하게 행동하는 법을 살펴보자.

만남을 제안하거나 부탁할 때마다 양측에 돌아가는 이익을 명확히 살펴야 한다. 그리고 나와 상대에게 어떤 이익이 돌아가는지를 명확히 밝힌다. 숨은 의도가 나중에 드러나면, 그는 교활한 여우라는 꼬리표가 붙을 것이다.

68

부탁을 들어주고 싶게
만드는 법

부동산 업계 최고 기업 수장 수잔 에반스는 어느 날, 사무실에서 새 프로젝트를 논의하던 중 비서로부터 연락을 받았다. "사장님, 시동생 해리 님이세요." 그녀는 미소 지으며 말했다. "그래요. 연결해 주세요."

수잔은 잠시 회의를 멈추고 양해를 구한 뒤 전화를 받았다. 나는 그녀의 사생활을 존중하며 자리를 비켜주었다.

돌아왔을 때, 수잔은 통화를 마무리하고 있었다. 전화를 건 이는 시동생이었고, 주유소에서 일하는 그의 사촌이 부동산 업계에서 일하길 원한다고 했다. "당사자가 직접 전화하면 내가 도와줄 방법이 있는지 알아봐주기로 했어요." 그녀는 시동생의 부탁을 들어줄 수 있어서 기쁜 듯했다. 우리는 아까 하던 이야기를 다시 시작했다.

하지만 4분도 지나지 않아 비서가 다시 전화를 알렸다. "사장님,

소니 레이커라는 사람의 전화입니다. 시동생분의 사촌인데 통화 약속이 되어 있다고 해서요." 수잔은 놀란 표정이었다. '아, 해리가 조바심 나서 소니에게 바로 전화를 걸라고 했구나'하는 생각이 들었다.

소니는, 승자들의 원칙을 어겼다. 부탁을 들어줄 사람에게 곧장 달려들지 말라는 것 말이다. 상대방이 부탁을 들어주는 즐거움을 느낄 시간을 주어야 한다.

해리도 소니도 모두 옳지 못한 타이밍 때문에 실수했다. 해리는 하루 정도 기다렸다가 소니에게 소식을 전했어야 했다. 빠른 연락이 유리할 때도 있지만 부탁을 들어줄 사람에게는 적절치 않다.

"도와주는 기쁨을 누릴 시간을 주지 않았다"는 이유로 에반스가 소니를 부정적으로 평가하는 게 너무하다고 생각할지도 모른다. 하지만 여기에는 더 심오한 의미가 있다. 에반스는 무의식적으로 이렇게 생각할 것이다. "이런 작은 일에도 세심한 주의를 기울이지 않는 사람이 과연 집을 팔 때 섬세하게 협상을 할 수 있을까?" 고객에게 성급하게 연락했다가 거래를 날리면 회사에 피해가 가니 말이다.

그들은 소소한 의사소통 실수가 큰 실패로 번지는 것을 안다. 그러한 실수가 성공을 방해하고 미래를 어둡게 한다는 것을.

이제, 호의를 주고받으면서 두 사람의 관계가 멀어지지 않게 하는 또 다른 방법을 알아보자.

부탁을 들어주기로 한 사람에게는 누군가를 돕는 즐거움을 느낄 시간을 충분히 주어야 한다. 그렇지 않으면, 그 사람은 불편함을 느낄 수 있다. 최소한 24시간은 기다려라.

69

호의를 베풀 땐
기대 없이

로스앤젤레스의 유명 연예기획사에서 일하던 친구 타니아에게 내 프로젝트에 필요한 연예인을 소개해달라고 부탁한 적이 있었다. 타니아는 이런저런 수소문 끝에 완벽한 인물을 찾아냈다. 이것으로 내가 그녀에게 큰 은혜를 받았다는 사실은 우리 둘 다 알고 있었다.

내가 전화를 걸어 진심으로 감사의 말을 전하자, 타니아는 이렇게 말했다. "괜찮아. 네가 어떻게든 갚을 테니까."

"그럼, 당연히 그래야지." 내가 말했다.

하지만 타니아는 굳이 그런 말을 하지 않아도 됐다. 나에게 호의를 베푸는 이유가 우리의 우정 때문이 아니라 보답을 기대하기 때문이라는 것을 짚어줄 필요까지는 없었던 것이다.

이틀 후, 타니아는 전화를 걸어 몇 달 후 뉴욕을 방문할 예정이고, 그때 내 집에 묵을 수 있는지 물었다. 당연히 그녀의 부탁을 들어줄 수 있었지만, 그렇게 성급하고 노골적으로 은혜를 갚으라고 하는 게 조금 불편하게 느껴졌다.

사람들은 누군가에게 호의를 받으면 그것을 기억하고, 은혜를 갚을 방법을 찾는다. 타니아가 몇 년 후에 전화했더라도, 나는 그녀에게 '빚진' 사실을 당연히 기억했을 것이다. 솔직히 보답할 기회가 빨리 찾아와서 기뻤다. 그래도 대놓고 보답을 요구하지는 않았으면 더 좋았을 것이다. 우리 사이에 선의로 베푼 은혜가 흐려지기 시작했고, 그 색은 점점 옅어져만 갔다.

당신이 누군가에게 호의를 베풀었고, 그 사람이 당신에게 '빚'을 졌다면, 그 사람에게 바로 보답을 요구하지 말고 몇 주 동안 기다려라. 당신이 선의로 호의를 베푼 것이지, 대가를 원하는 것이 아니라는 사실을 그 사람에게 느끼게 해야 한다. 물론, 호의를 베풀면 보답을 받는 것이 당연하다는 사실은 모두가 알고 있다. 하지만 그것을 너무 노골적으로 요구하는 것은 패자의 행동일 뿐이다.

다음에 알아볼 세 가지 기술은 호의가 아니라 중요한 대화의 타이밍에 관한 것이다.

| **Winning Skill** | #69 호의를 베풀었다면 당장의 대가를 바라지 마라 |

당신이 누군가에게 호의를 베풀고 상대가 당신에게 '빚'을 졌다면 당장 갚으라고 하지 말고 적어도 몇 주 동안 기다려

라. 당신이 선의에서 베푼(설사 그렇지 않더라도) 호의라는 사실을 상대가 즐기게 하라. 곧바로 전화해서 대가를 요구하지는 마라.

70

파티에서는
가벼운 대화만 한다

고대 시대, 도둑이 경찰에 쫓기면 교회를 향해 발길을 돌렸다. 제단에 서 있으면 자진해서 나올 때까지 체포할 수 없다는 것을 알고 있었기 때문이다. 정글에서 늑대에 쫓기는 토끼는 통나무 안으로 숨어든다. 그곳에서는 늑대의 공격을 피할 수 있었다. 이처럼, 인간 사회의 정글에서도 유력한 인물들에게는 자기만의 '안식처'가 있다. 공개적으로 드러내지는 않지만, 그들에게는 10세기의 교회 제단이나 자연의 통나무처럼 안전한 곳이다. 거기서는 공격자들도 물러선다는 것을 명확히 알고 있다.

광고회사를 이끄는 친구 커스틴은 매년 크리스마스 파티에 나를 초대한다. 어느 해에, 파티의 분위기가 한창 무르익을 때였다. 샴페인 잔이 바쁘게 오가고, 흥이 고조되었다. 시간이 흐를수록 들뜬 이들의 수다로 더욱 떠들썩해졌다. 이런 상황에서 커스틴은 나에게 몰래 뒷문으로 나가자고 속삭였다.

출구로 가려는데 인파 속에서 어떤 목소리가 들렸다. "크리……스틴! 크리……스틴!" 술에 살짝 취한 듯한 우편실 직원이 비틀거리며 사장에게 다가와 약간 어눌한 목소리로 말했다. "정말 멋진 파티예요. 정말 멋져요. 그런데 제가 계산을 좀 해봤는데요, 이 파티 예산 절반만 있어도 우리 회사 미취학 자녀를 둔 여직원 일곱 명을 위한 사내 어린이집을 세울 수 있을 거예요…."

커스틴은 제인의 손을 잡고 웃으며 "제인, 계산을 아주 잘했어요. 맞아요. 파티 비용 절반을 그 시설에 쓸 거예요. 근무 시간에 다시 이야기해요"라고 말했다. 그러고는 나와 함께 밖으로 나갔다.

집으로 가는 길에 커스틴은 한숨을 크게 내쉬며 말했다.

"휴, 끝나서 다행이네요."

"파티를 안 좋아하세요, 커스틴?" 내가 물었다.

"파티 좋죠. 하지만 무슨 일이 일어날지 모르잖아요. 예를 들어 아까 제인이 한 말처럼요."

그녀는 사내 어린이집을 만드는 문제에 대해 경영진이 이미 여러 차례 회의를 진행한 상황이었다고 했다. 쓰지 않는 창고를 깜찍한 어린이집으로 리모델링하는 공사도 한창이란다. 순진한 나는 왜 제인에게 그 사실을 알리지 않았냐고 물었다.

"시간이나 장소가 적절하지 않았어요." 커스틴은 그런 난감한 상황을 진정한 승자처럼 해결했다. 당장은 함구했던 것이다. (나중에 속으로 비난하더라도.)

안타깝게도 제인은 '파티에서는 가벼운 대화만 한다'라는 불문율의 '안식처' 법칙을 어긴 것이다. 커스틴은 제인을 혼내거나 눈에 띄는 벌을 준 것은 아니었다. 제인은 아마 몇 달 동안 승진에서 그 여파를 느끼겠지만 자신이 왜 승진 대상에서 제외되었는지도 모를 것이다.

맹수들이 다른 맹수의 발톱이나 작은 동물의 불평을 피할 수 있는 두 번째 안식처를 살펴보자.

Winning Skill | #70 때와 시간을 가려라

인간 사회 밀림에는 세 개의 신성한 안전한 피난처가 있다. 그중 첫 번째가 '파티'다. 파티는 즐거움과 결속을 위한 곳이지, 대립을 위한 곳이 아니다. 진정한 승자들은 뷔페 테이블에서 적에게 미소를 지으며 고개를 끄덕인다. 싸움은 더 살벌한 전장을 위해 남겨둔다.

71

식사 때는
식사만 하라

상사들이 점심 식사를 끊임없이 길게 하고, 가끔은 그 시간이 오후 늦게까지 이어지는 것을 이상하게 생각하지 않았는가? 단순히 먹고 마시는 것이 좋아 회사의 돈을 낭비하는 것이라고 생각했는가? 그러나 그런 느긋한 시간을 갖는 주된 이유는 식사 테이블이 파티보다 훨씬 더 가치 있는 휴식처이기 때문이다. 대부분 리더는 식사 시간에 사업상 불편한 이슈를 꺼내 논의하지 않는다. 그런 얘기는 식욕을 떨어뜨리니까.

승자들의 일반적인 업무 점심 식사를 보면, 화기애애한 대화 속에서 쨍그랑거리며 차를 마신다. 그들은 골프, 날씨, 사업 상태 등에 대한 평범한 이야기를 나눈다. 메인 코스가 나오면, 대화 주제는 음식, 예술, 시사 그리고 피곤하지 않은 다른 주제로 바뀐다.

"시간 낭비 아닌가?"라고 생각할 수 있을 것이다. 그러나 그 시간에 승자들은 서로의 행동을 주의 깊게 관찰하고, 서로의 능력과 지식을 평가한다. 마치 NFL 스카우트가 대학팀 훈련을 관찰하며 실력 있는 선수를 골라내는 것과 같다. 그들은 사교 자리에서 어떻게 행동하는지가 사업가의 자질을 판단하는 좋은 기준이라고 생각한다. 서로의 농담에 웃음을 주고받으면서도 속으로는 서로를 면밀히 평가한다.

식사가 끝나고 커피가 나오면, 한두 명이 조심스럽게 사업 이야기를 시작한다. "이렇게 좋은 자리에서 돈 버는 얘기를 해야만 하다니" 하는 식으로 말한다. 그런 후에야 그들은 본격적으로 이야기를 시작한다. 커피를 마시며 브레인스토밍을 하고, 디저트를 먹으며 제안을 논의하며, 음료를 마시며 새로운 아이디어를 공유한다. 계산서를 기다리는 동안에는 인수합병이나 파트너십의 긍정적인 면에 대해 언급한다. 그러다가도 의견 차이나 오해 또는 논란의 여지가 있는 사안이 나오면 회의 테이블로 넘긴다.

이런 합의는 아마도 소화불량을 피하고 싶은 신중한 마음에서 나왔을 것이다. 복잡한 협상은 맛있는 음식의 맛을 떨어뜨리니까. 사회의 정글에서도 동일한 규칙이 적용된다. 친구나 연인과 심각한 문제에 대해 얘기해야 한다면, 디저트 시간은 피해야 한다. 문제가 해결되지 않더라도 맛있는 초콜릿 수플레는 먹어야 하니까.

이제 세 번째이자 마지막 휴식처를 이야기할 차례다.

진정한 승자들이 가장 성심껏 지키는 휴식처는 바로 식사 테이블이다. 그들은 식사 테이블에서 불편한 문제를 다루지 않는다. 그러나 브레인스토밍이나 사업의 긍정적인 면, 꿈, 욕망에 대해 얘기하는 것은 괜찮다. 새로운 아이디어도 마음껏 떠올린다. 그러나 복잡하고 까다로운 문제는 피한다.

72

상대방의
안식처를 존중하라

소형 기기를 판매하는 윌리엄은 큰 회사의 CEO와 전화 통화를 시도하며 몇 주 동안 고군분투했다. 그 회사는 윌리엄의 제품을 검토하고 있었고, 결국에는 그에게 연락할 계획이었다. 그러나 아직까지 윌리엄의 전화기는 울리지 않았다.

그러던 어느 날, 윌리엄은 슈퍼마켓에서 그 CEO를 만났다. 그는 '운이 좋다!'라고 생각했다. 반면 CEO는 '아, 이 사람이 여기서 제품 얘기를 하면 어떻게 하지?'라고 생각했다. 안식처의 중요성을 이해하는 사람이라면, 이 상황에는 두 가지 가능한 결말이 있다는 것을 알 것이다.

만일 윌리엄이 '드디어 만났네!'라며 미소를 짓고 다가가 제품에 대해 얘기를 꺼내면, CEO에게 영원히 연락을 받지 못할 것이다. 그가 윌리엄의 제품을 높이 평가하더라도, 슈퍼마켓에서 만나서 일에 대한 얘기를 꺼낸 것 자체가 불편하므로, 그에게 '벌'을 줄 것이다.

하지만 "여기서 만나서 반갑습니다"라고 인사만 하고 제품 얘기는 전혀 하지 않는다면, CEO는 그의 배려에 감사하고 안도감을 느낄 것이다. 아마도 다음 날 바로 전화를 걸 수도 있다.

진정한 승자들은 골프를 치거나 시골 별장에서 주말을 보내거나 수영장에서 휴식을 취하면서 서로에게 안식처를 제공한다. 그들의 안식처에서는 경쟁으로 인한 긴장이 사라지고, 상호 존중이 지배한다. 그러므로 승자들의 인정을 받기 위해서는 그들의 안식처를 존중해야 한다.

Winning Skill | **#72 우연히 마주쳤을 때는 잡담만 해라**

우연히 만났을 때 상대에게 판매나 협상 여부 등 민감한 사항을 꺼내지 말아야 한다. 그저 가벼운 분위기를 유지한다. 복잡한 일을 얘기하면 중요한 사람과의 사이가 영영 틀어질 수 있다.

73

중요한 정보를 전달하기 전에
알아야 할 진실

몇 년 전, 뉴욕의 밤거리에서 차를 훔치려는 남자를 목격했다. 그를 제지하려고 소리쳤다. 그런데 그 건장한 남자는 도망가지 않고, 앙갚음하는 쪽을 결심한 모양이었다. 그는 나를 향해 빠르게 달려와 나를 넘어뜨렸다. 나는 땅에 넘어지면서 머리를 꽤나 세게 부딪혔다.

그런 뒤 나는 어지러운 상태로 병원 응급실로 향했다. 머리에 얼음팩을 얹고 앉아 있는 동안, 간호사는 주소, 전화번호, 사회보장번호, 보험사, 보험번호 등을 물어봤다. "머리 좀 깨진 게 대수에요? 그건 나중에 얘기하고 보험번호나 대세요"라고 말하는 것 같았다.

하지만 그런 사소한 문제는 내가 알 바가 아니었다! 나는 누구라도 좋으니 그저 내가 당한 일에 관해 이야기하고 싶었다. 간호사는 고문이나 다름없는 무자비한 질문이 다 끝날 때쯤에야 물었다.

"무슨 일이 있었던 거죠?"

중요한 정보를 전달해야 할 때

나중에 이 슬픈 이야기를 다른 병원 응급실 간호사인 친구 수에게 말했다. "맞아. 응급실 양식이 왜 그런 순서로 되어 있는지 나도 모르겠다니까. 다친 사람들한테 어떻게 다쳤는지는 맨 마지막에 물어보다니 말이야." 수는 골절이나 화상으로 응급실을 찾은 환자들에게 숫자와 관련된 중요한 정보를 얻어내는 것이 무척 힘든 일은 맞다고 말했다. 그래서 그녀는 질문의 순서를 바꿨다. 먼저 환자들에게 어떻게 다쳤는지 묻는 것이다. 환자들은 자세히 설명하고 수는 공감하는 태도로 들어준다. "그러면 환자들은 기분이 나아져서 나에게 필요한 정보를 문제없이 말해줘."

좋은 상사들은 이런 인간의 욕구를 이해한다. 작은 제조업체를 경영하는 로버트는 직원이 문제에 대해 불평할 때마다 먼저 압박해서 정보를 얻으려 하지 않는다. 그는 먼저 직원의 이야기를 끝까지 들어준다. 불평하고 싶은 직원에게는 그럴 기회를 준다. "모든 이야기를 다 들은 후에야, 사실적인 정보를 더 명확하게 얻을 수 있어." 로버트의 말이다.

가득 찬 연료 탱크에는 더 이상 연료를 넣을 수 없다. 한계를 넘으면 바닥으로 흘러넘친다. 듣는 사람의 머릿속도 마찬가지다. 생각과 걱정, 열정으로 가득 찬 머리에 아이디어를 추가하려 하면, 오염된 혼합물이 되어 넘쳐흐를 것이다. 오염되지 않게 하려면, 먼저 그 머릿속을 완전히 비워야 한다.

흥분한 상태에서는 상대방의 말을 모두 들은 후에 대화에 참여한다. 필요하다면 10까지 천천히 센다. 시간이 영원처럼 길게 느껴질 수 있지만, 흥분한 상대가 당신의 말에 귀를 기울이게 하려면 먼저 그의 말을 모두 들어주어야 한다.

고객의 말을 먼저 들어주기

통신 판매 업체들은 이 기술에 주목해야 한다. 나는 의류와 아웃도어 장비를 판매하는 L. L. 빈_{Bean}에서 주문하곤 하는데, 처음에 내가 원하는 제품에 대해 질문하게 해주기 때문이다. 제품의 품질, 가용 색상, 외관, 질감, 냄새, 작동 원리 등에 대해 먼저 물어볼 수 있다. 그런 후에 10사이즈의 빨간색과 연노란색, 부드럽고 냄새가 없는 옷 4벌을 받아볼 생각에 잔뜩 기대에 부풀면 그제야 내 신용카드 번호를 물어본다.

다른 회사들은 구매 제품에 대해 기분 좋게 상상하기도 전에 신용카드 번호, 유효 기간, 고객 번호(내가 그걸 어떻게 알겠는가) 등을 먼저 물어본다. 이러한 접근 방식은 구매의 즐거움을 빼앗고, 때로는 사고 싶은 마음도 사라지게 만든다.

커뮤니케이션 전문가들은 더 나아가, 상대방이 계속 말하게 만드는 것을 넘어서 다음 장에서 소개할 기술을 사용한다.

상대방이 필요한 정보를 얻고 싶다면, 그들이 말하고 싶은 것을 모두 끝마치게 해야 한다. 상대의 '탱크'가 완전히 비워질 때까지 인내심을 가지고 기다려야 한다. 그런 후에는 그들의 내적인 잡음이 사라져 당신의 말을 더욱 잘 듣게 될 것이다.

74

세일즈 성공의 열쇠

: 비언어적 단서들을 읽어내는 법

내 친구 지미의 세일즈 성공률은 믿기 어려울 정도로 높다. 상사도 그의 성과에 놀라움을 금치 못한다. 지미가 나에게 비밀을 털어놔서 나는 그의 성공 전략을 알고 있다.

지미는 베네핏 셀링, 파트너링, 성격 유형별 세일즈 같은 다양한 세일즈 기술들도 좋지만, '눈빛 영업'만큼은 아니라고 말한다. 이것은 거래를 성사시키기 위한 기술 24가지를 암기하거나 고객과의 대치 상황을 개선하는 종류가 아니다. 지미가 소개하는 이 기술은 고객의 반응을 꼼꼼한 관찰을 통해 읽고, 그들의 몸짓에 주목하며, 거기에 맞춰 세일즈 전략을 바꿔 나가는 것이다.

고객과 이야기할 때 지미는 그들의 손짓, 머리 동작, 몸의 회전, 표정, 심지어 눈동자의 미세한 움직임까지 집중해서 관찰한다. 고객이 아무런 말 없이 무표정할지라도, 그들은 영업에 반응하고 있다. 긍정

적이든 부정적이든, 중립적이든, 그 순간을 잡아내는 것에 거래의 성
패가 좌우된다.

최종 결정권자가 누구인지 확인하기

지미는 고급 조명기구를 판매한다. 그는 꽤 많은 사람이 모인 자리
에서 제품의 특징을 설명해야 할 때가 있다. "눈빛 영업*eyeball selling*에
서 가장 중요한 건 진짜 결정권자를 찾아내는 거지." 지미는 자주 강
조한다.

　지미의 접근법은 기발하다. 프레젠테이션에서 정중한 인사 후에
교묘하게 혼동을 주는 말을 던져 사람들을 당황하게 한다. 왜 그럴
까? 그렇게 하면 모든 이들이 한 곳을 바라볼 것이며, 그곳은 바로
결정권자가 있는 방향이기 때문이다. 풍향계처럼 모든 시선이 한곳
으로 쏠리면, 지미는 누가 실제로 결정을 내리는지 알아낼 수 있으
며, 그 정보로 그의 눈빛 영업 전략을 미묘하게 조정한다.

단서를 얻었을 때 해야 할 일

"말없이 많은 것을 드러내는 신호들이 있어." 지미가 말했다. "어깨
를 으쓱이면 관심이 없다는 뜻이고, 손가락 두드림은 조급함을 나타
내. 옷깃을 잡아당기며 불편함을 표현하는 것처럼 말이야. 하지만 그
밖에도 무의식적인 동작들은 무수히 많고 그런 것들을 전부 다 주시

해야 하지. 예컨대, 내 앞에서 상대의 머리 각도를 봐. 정면을 향하되 살짝 기울었다면, 그건 관심이 있다는 거야. 그럴 땐 곧바로 제품 얘기를 계속하지. 하지만 머리가 살짝 다른 쪽을 향한다면 그건 좋지 않은 신호야. 대화 주제를 바꿔야 할 때야."

지미는 고객이 큰 관심을 보이지 않을 때 고객의 자세를 변하게 하는 데도 주력한다. "몸이 먼저 열려 있어야 마음도 따라서 열릴 수 있거든." 그가 설명한다. "예를 들어, 고객이 앞쪽으로 팔짱을 끼고 있으면 뭔가를 건네주는 거야. 그걸 받기 위해서는 팔을 풀어야 하니까."

지미는 고객을 사로잡을 소품들을 가방에 항상 준비해둔다. 결혼한 고객에게는 가족 사진을 보여주고, 개를 키우는 고객에게는 애완견 사진을, 골동품을 좋아하는 이에게는 오래된 시계를, 전자기기 마니아에겐 최신 IT 제품을 보여준다. "손으로 무언가를 잡게 해 몸을 열면, 마음까지 얻을 수 있어."

또한 지미는 고객의 무의식적인 반응에 맞추어 구매를 유도하는 말을 조절한다. 고객이 무언가를 잡으려고 손을 내밀면 말을 천천히 하거나 조용히 해야 한다는 신호다. 클립을 잡거나 책상 위에 놓인 서류를 만지작거리는 행동은 '고민 중'이라는 뜻이다. 물론 지미는 고객이 계약서를 집어 들거나 펜을 만지작거리거나 손바닥을 내보이는 것과 같은 구매 준비 신호도 끊임없이 주시한다. 이런 신호가 보이면 지미는 바로 본론으로 들어간다.

잠재 고객이 고개를 끄덕이는 것은 펜을 내미는 신호로 받아들인다. 마치 내면에서 '네, 한번 볼게요!'가 들리는 순간이다. 경험이 부족한 세일즈맨들은 이 추임새가 나타날 때도 계속해서 구매를 설득하는 실수를 범한다. 그 결과, 필요 이상의 설명을 추가하다가 영업 기회를 놓치는 경우가 생긴다. 그러나 고객이 여기저기 고개를 움직인다면 대부분 거절의 징후로 해석해야 한다.

비언어적 신호: 관계의 숨은 진실 읽기

친구나 사랑하는 사람들조차도 자신도 모르게 몸짓으로 진심을 드러낸다. 친구 데보라의 약혼이 좋은 예다. 데보라를 제외한 모두에게 토니와의 약혼은 잘못된 길로 가는 것처럼 보였다. 결혼식이 다가올 무렵, 나는 그녀에게 질문을 던졌다.

"데보라, 토니가 정말 널 위한 사람이라고 확신하니?"

"물론이지." 데보라는 고개를 좌우로, 앞뒤로 움직이며 말했다. "난 그를 정말 사랑해."

하지만 그 결혼은 결국 취소되었다. 그녀의 몸은 마음이 아직 깨닫지 못한 것을 이미 알고 있었다.

정치인이 그렇게 하듯, 대화를 나눌 때 상대를 설득하는 것을 목표로 삼아라. 당신의 아이디어나 의견을 판매한다고 생각하는 것이다. 상대가 고개를 다른 쪽으로 돌렸다면, 그것을 무례함의 징후로만 여기지 말고, 세일즈 달인처럼 '이 사람의 관심을 어떻게 다시 끌 수 있을까?'라고 스스로에게 질문해보자.

만약 상대의 온몸이 다른 쪽을 향한다면 검증된 오래된 기법을 사용해라. 상대가 좋아하는 얘기거리를 꺼내거나, 그들의 이름을 말하며 개인적인 질문을 던져보자. "조지, 지난주에 낚은 배스 크기가 장난 아니었다며?" 혹은 "아치볼드, 네가 다녔던 고등학교 축구팀 이름이 뭐였지?"라고 묻는 것만으로 관심을 되돌릴 수 있다.

지미처럼, 누구와 대화를 나누더라도 항상 긍정적인 반응을 끌어낼 수 있다면 얼마나 좋을까? 눈을 크게 뜨고, 상대의 행동을 주의 깊게 관찰하면 얼마든지 가능하다.

Winning Skill | **#74 당신의 대화 리듬을 상대방의 몸짓에 맞추라**

우리 몸은 온종일 방송국처럼 통신하면서 "흥미롭다", "지루하다", "이 부분이 마음에 든다", "관심이 식어간다"와 같은 신호를 계속해서 보내고 있다. 사람들이 보내는 이 신호들을 포착하고, 그에 맞춰 대응하며 대화 속도를 조절해야 한다.

75

상대의 감정을
열쇠로 삼아라

『코스모폴리탄』에서 민감한 문제(남자친구를 적극적으로 행동하게 만드는 방법에 대해 젊은 여성들에게 해줄 조언)에 대한 커뮤니케이션을 다루는 기사를 써달라는 부탁을 받은 적이 있다. 이를 위해 나는 다수의 심리학자, 커뮤니케이션 전문가, 성 학자들을 인터뷰했다. 잡지사에서 검토하고 돌려보낸 기사 초안에는 모든 페이지마다 '이모 더 많이'라고 적혀 있었다. '이모'Emo는 전 세계적으로 유명한 잡지 〈코스모폴리탄〉의 편집장이었던 헬렌 걸리 브라운이 처음 만든 용어로, "감정을 더 많이!"Give more emotion! 라는 뜻이다.

편집자에게 전화해 어떤 의미인지 물었을 때, 편집자는 그것이 성 치료사들과 소위 전문가들이 언급한 사실적인 정보보다는 감정적인 측면을 더 강조하라는 헬렌의 표현이라고 대답했다. 별로 적극적이지 않은 남자친구를 보면서 여성들이 느끼는 감정, 적극적이지 않다는 말을 들은 남성들이 느끼는 감정, 이런 문제로 인한 커플의 심리적 갈등을 담아내길 바랐던 것이다. 자타가 공인하는 승자 헬렌 걸리 브라운은 모든 것을 원했고 원하는 것을 다 얻으려면 어떻게 해야 하는지도 잘 알았다. 때때로 이성을 접고 감정에 귀를 기울여야 할 때가 있음을 헬렌은 잘 알고 있었다. 즉, 필요할 때는 '이모'라고 간절히 외칠 줄 알아야 한다는 것이다.

"세상에, 얼마나 당황하셨을까요!"

얼마 전, L. L. 빈이 내 안의 강렬한 '이모'를 끌어냈다. 몇 달 전에 친구 필이 바지를 사야 한다면서 나에게 추천을 부탁했다. 나는 그를 내 옷장 속으로 데려가 빈 제품의 품질과 디자인을 보여주었다. 마음에 들었던지 그는 곧장 주문을 넣었다.

필은 새로운 여자친구와 고급 레스토랑에서 데이트할 때 그 새 바지를 입고 처음 입고 나갔다. 총매니저의 안내로 미리 요청해둔 아늑한 자리로 안내받을 때 여자친구가 가방을 떨어뜨렸다. 필은 재빨리 가방을 주워주려고 몸을 숙였다. 그때 찌익! 소리가 들렸다. 가운데 솔기가 찢어진 것이었다.

필의 바지 사고에 현장에 있던 손님들은 일제히 시선을 돌렸고, 몇몇은 살짝 웃음을 터뜨렸다. 필은 부끄러움에 찢어진 부분을 손으로 가린 채 구석 자리로 물러났다. 얼음처럼 차가운 의자의 감촉이 식사 내내 계속 그를 괴롭혔다.

필의 불운한 사연을 듣고 화가 치솟은 나는 L. L. 빈 고객 서비스에 전화를 걸었다. 화를 억누르며 상황을 설명했고, 담당자는 같은 마음으로 내 말에 귀 기울였다. 그녀의 공감과 자상한 질문은 점차 나를 진정시켰다.

"아, 정말 끔찍하네요. 친구분이 정말 기분 상하셨겠어요." 그녀의 말이 이어졌다.

"그렇죠." 내가 동의했다.

"세상에, 얼마나 당황하셨을까요!"

"많이 당황했어요." 그녀의 이해심은 나를 놀라게 했다.

"그리고 전화 주신 고객님도 친구분의 이야기를 듣고 많이 놀라셨을 것 같아요. 직접 저희 제품을 적극 추천해주신 건데."

"보통은 제품들이 다 좋으니까요." 어느새 내 기분이 조금씩 진정되기 시작했다.

"큰 불편을 안겨드려서 정말 죄송해요." 그녀가 말했다.

"아, 그쪽 잘못이 아닌걸요." 나는 이제 완전히 마음이 누그러졌다.

"그저 운이 나빴던 모양이에요."

영리한 고객 서비스 상담원은 내 탱크를 비우고 감정을 마음껏 표현하게 해줌으로써 기분을 달래주었다. 그녀는 거기에 그치지 않고 한 걸음 더 나아가 나를 완전히 '녹인' 또 다른 대응 기술을 사용했다. 다음 장을 보자.

사실은 말하지만 감정은 소리친다.

감정적인 상황에서 사람들은 감정을 표출할 필요가 있다.

사실적인 정보에는 귀를 기울이되, 감정에는 정성을 다해 공감하라. 그들의 감정이 소리칠 수 있도록 여지를 주는 것이 결국 감정의 파도를 잠재우는 길이다.

76

실수했어도
나를 좋아하게 만드는 법

새 날이 밝자, 필에게는 새 바지와 함께 사과의 글이 담긴 손편지가 도착했다. 상품권도 넉넉히 동봉되어 있었다. 이런 세심함이 있다면, 나는 물론이고 다른 사람들에게도 이 브랜드를 추천하지 않을까?

고객 서비스의 달인들은 실수를 기회로 받아들인다. 그들은 실수가 사실은 브랜드를 빛낼 수 있는 순간임을 안다. 상대가 실수로 어려움을 겪는다면, 바로 그 사안을 뛰어넘어 더 큰 이득을 안겨주어야 한다. "나의 실수를 통해서도 상대가 이득을 보게 하라"는 게 그 원칙이다.

한 번은 주요 고객의 사무실에 있다가 카펫에 걸려 넘어지면서 꽃병을 박살 낸 적이 있었다. 다음 날, 가격대가 월등히 높은 새 꽃병과 신선한 장미로 그 대가를 치렀다. 고객은 전화할 때마다, 그 꽃병을 보며 웃는다고 했다. 비싸긴 했지만, 나는 이것으로 돈으로는 환산할 수 없는 세심함을 전달했다. 나의 실수가 상대에게 이득으로 바뀌었고, 우리 관계는 더욱 든든해졌다.

그런데 내가 아니라 상대가 실수했다면? 어떻게 하면 상대의 실수가 나에게 이득이 될 수 있을까? 다음 기술에서 알아보자.

Winning Skill | **#76 내 실수를 상대에게 이득으로 돌려줘라**

내가 실수를 저질렀다면 반드시 상대에게 이득으로 돌려주어야 한다. 실수를 바로잡는 것만으로는 충분하지 않다. 고통받는 이가 나의 실수로 인해 어떻게 더 이득을 볼 수 있을지 고민해보라. 이를 통해 실수가 결국 나에게도 유리하게 작용한다.

77

승자의 품위,
상대의 체면을 살리는 기술

나는 고객에게 이런 높은 민감성을 잘 보여주는 일화를 들었다. 그 고객은 '레이디 스테파니'라고 불리는 부유한 사교계 명사의 집에 브런치 초대를 받았다. 레이디 스테파니의 집에는 아름다운 장식용 예술품들이 가득했다. 특히 그녀의 소중한 파베르제 달걀 컬렉션은 모든 이의 감탄을 자아냈다.

우아한 샴페인 브런치가 끝나고 내 고객은 다른 손님들과 수다를 떨려고 밖으로 나갔다. 그때 레이디 스테파니가 밖으로 나가려는 한 여성과 함께 나가며 말했다. "파베르제 컬렉션을 그렇게 마음에 들어 하시다니 기쁘네요." 그러더니 그 손님의 밍크코트 주머니에서 엄청난 고가의 달걀을 꺼냈다. "햇빛 아래에서 달걀을 바라보고 싶으셨던 거죠? 그럼 함께 가서 햇살을 받는 모습을 감상해볼까요?"

밍크코트를 입은 도둑은 자신을 바라보는 시선을 피하려 했지만,

모든 사람이 그녀의 행동을 보고 있었다. 그럼에도 레이디 스테파니는 상황을 유연하게 다루었다.

그 후로도 레이디 스테파니와 도둑은 "햇빛에 반짝이는 파베르제 달걀"을 함께 감상했다. 그 후, 스테파니는 그 보물을 안전한 곳에 두기 위해 집 안으로 들어갔고, 도둑은 자리를 떠났다. 이후로 도둑은 스테파니의 파티에 다시 초대받을 수는 없었지만, 그래도 여주인은 손님으로 왔던 도둑을 자존심이 크게 상하지 않은 채로 돌려보냈다.

하지만 레이디 스테파니도 얻은 게 있었다. 당시 현장에 있었던 사람들이나 레이디 스테파니가 도둑을 잡은 이야기를 전해 들은 사람들은 모두 그녀를 한층 존경하게 되었다. 도둑을 붙잡았지만 도둑의 자존심은 지켜준 것이 '최고의 호스티스'라는 그녀의 명성을 더 공고히 했다.

결과적으로, 레이디 스테파니는 더 큰 존경을 받게 되었다. 그녀는 도둑의 자존심을 지켜주면서 '최고의 호스티스'로서의 명성을 확고히 했다. 문제를 지적할 때는 상대방이 고쳐나갈 수 있다는 믿음으로, 격려하는 태도로 말하는 것이 중요하다. 레이디 스테파니처럼 체면을 세워주면서 문제를 지적하는 것이 상대방의 성장을 도울 수 있는 슬기로운 방법이다.

일본에서는 체면이 목숨보다 중요하다는 말이 있다. 미국에서도 중요시하지만, 차이가 있다면 체면을 손상당했을 때, 체면을 망가뜨린 사람의 죽음을 원할 정도라는 것이다.

굳이 적을 만들 필요가 있을까? 부정행위자나 거짓말쟁이를 잡아내는 게 당신의 책임이 아니라면, 당신의 체면을 구긴 사람은 그냥 놔두자. 그저 당신의 삶에서, 또는 당신이 돌보는 이들의 삶에서 그들을 배제하면 그만이다. 쥐가 쥐덫에 걸렸어도 빠져나가게 내버려 두라는 이야기다.

내 탓이요 전략

토론토 주민들은 품위 있는 태도로 잘 알려져 있다. 지난해 토론토의 한 약국에서 일어난 일이다. 한 쇼핑객이 훔친 물건을 주머니에 숨기고 매장의 보안 시스템을 통과하다 적발되었다.

미국의 매장들처럼 시끄러운 경보음이 아닌, 은은한 종소리가 울렸고, 매장에서는 사랑스러운 목소리로 방송이 나왔다. "실례합니다만, 재고관리 시스템에서 오류가 발생했습니다. 저희 고객 관리 담당자가 가서 도와드릴 때까지 잠시만 기다려 주세요." 이는 "잡으러 갈 때까지 꼼짝 말고 있어라"를 점잖게 전하는 방식이었다.

승자들은 앞으로 관계를 계속 이어가고 싶은 친구가 작은 잘못을 저지르면 자기가 책임지는 식으로 친구가 빠져나갈 구멍을 만들어준다. 그들은 만약 집에 방문하기로 한 친구가 길을 잃어 한 시간이나 늦게 도착하면 "내가 길을 제대로 알려주지 못했나 보네"라고 한다. 친구가 아끼던 그릇을 깨뜨렸다면? "내가 위험한 곳에 놔두지 말아야 했는데"라고 말한다. 이 '내 탓이요' 기법은 모든 사람이 당신을 사랑하게 만들어준다.

이제, 다른 사람들이 실수 없이 우리에게 최선을 다하게 하는 기술에 대해 배워보자.

거짓말하는 사람, 도둑, 과장하는 사람, 왜곡하는 사람, 기만하는 사람에게 잘못을 직접 지적하지 마라. 그 사람을 바로 잡거나 다른 사람이 피해를 입는 것을 막아야 할 경우가 아니라면, 그대로 두고 앞으로 두 번 다시 보지 않으면 된다.

78

당신을 VIP로 만들어줄
똑똑한 전략

사람들은 '버터컵'butter-cup이라 불리는 칭찬 편지를 통해 상대방에게 부드럽게 칭찬을 전할 수 있다. 칭찬 자체도 좋지만, 효과를 극대화하려면 상대방의 상사에게 직접 칭찬하는 것이 더욱 효과적이다.

한번은 사무용품점에 대량 복사 작업을 맡겼는데, 직원이 주말까지 끝내기 어려울 것이라고 했다. 그러나 그는 투덜거리면서도 "노력해보겠습니다"라고 대답했다. 나는 그의 열정에 감동받아 "정말 친절하시네요! 상사분 성함이 어떻게 되시나요? 당신의 헌신적인 태도에 감사 인사를 전하고 싶습니다"라며 칭찬했다.

놀랍게도 인쇄 작업은 예상보다 이틀이나 일찍 끝났다. 게다가 내가 매장에 들를 때마다 그 직원은 레드 카펫이라도 깔린 듯 열렬하게 반겨주었다.

이 경험은 내게 깨달음을 주었다. 호의를 얻는 것이 그리 어렵지 않으며, 칭찬 편지가 그 열쇠가 될 수 있다는 사실을 알게 된 것이다. 그래서 내 상담 고객 중 저명 인사들을 대상으로 이 아이디어를 시험해보기로 했다.

친구이자 여행사 직원인 팀은 무엇이든 가능하게 만들어준다. 불가능해 보이는 이벤트 티켓이나 마감된 비행기 좌석과 호텔 예약까지도 그는 해결해줄 수 있다.

팀과 이 방법의 효과에 대해 이야기했더니 그는 웃으며 말했다. "레일, 물론이지. 상대의 상사에게 칭찬 편지를 보내거나 보낸다고 약속하는 것은 아주 훌륭한 보험이야. 그 편지는 공식적인 문서처럼 취급되어 앞으로 큰 도움이 될 거야."

내 노트북에는 추천 편지의 기본 양식이 들어 있다. 보통 추천 편지는 이렇게 쓴다.

〔상대의 상사 이름〕 님께,
먼저 귀사의 탁월한 고객 서비스에 대한 감동을 받았기에, 이 편지를 통해 〔직원 이름〕 님의 뛰어난 서비스 정신을 칭찬하고자 합니다. 〔직원 이름〕 님은 타의 추종을 불허하는 고객 서비스를 제공했습니다. 〔직원 이름〕의 훌륭한 서비스 덕분에 저는 〔업체명 또는 매장명〕을 앞으로도 계속 이용할 것입니다.
진심으로 감사드립니다. 〔서명〕

이러한 감사 메시지를 주차장 관리자부터 보험회사 사장, 자주 가는 쇼핑 매장 관리자에 이르기까지 여러 곳에 전달했다. 주차장이 만차일 때도 걱정 없이 주차 자리를 구하고, 보험회사 직원으로부터 항상 즉각 연락을 받으며, 쇼핑 시마다 세심한 서비스를 받는 것도 모두 그 덕분일 것이다.

그러나 주의할 점이 있다! "당신의 상사 이름이 뭐죠?"라고 직접적으로 물어서는 안 된다. 이러한 질문을 듣게 되면 직원은 불안해할 수 있기 때문이다. 대신 칭찬의 말을 더하며 물어야 한다. "정말 친절하십니다. 상사분께 칭찬의 편지를 보내고 싶은데, 상사분 이름을 여쭤봐도 될까요?"라고 하면 된다. 그런 다음 편지를 쓰면 그 직원이 당신을 영원한 VIP로 여기게 될 것이다.

다음 기술은 무리 속에서 눈에 띄는 VIP가 되는 방법을 알려준다.

Winning Skill | #78 상대의 상사에게 칭찬 메시지를 남겨라

특별한 관심을 받고 싶은 사람이 있다면, 매장 직원, 회계사, 로펌 직원, 자동차 정비사, 레스토랑 지배인, 아이의 선생님 그리고 모든 서비스업 종사자 등 가릴 것 없이 이 기술을 적용해보라. 그들에게 특별한 관심을 받게 만드는 가장 확실한 방법은 상사에게 그들을 칭찬하는 메시지를 보내는 것이다.

79

리더는
먼저 박수를 친다

매카시 시대(미국에서 1950년부터 약 4년간 휘몰아친 극단적인 반공산주의 열풍의 시대─옮긴이)에는 정부 스파이들이 '국가 보안에 위험한' 인물들을 찾아내기 위해 정치 집회에 잠입했다. 그 요원들은 박수를 관찰하는 훈련된 전문가들이었다. 가장 먼저 박수를 치고, '브라보'를 가장 크게 외치며, 마지막까지 가장 길게 웃는 사람들을 '위험 인물'로 분류했다. 이들은 그런 현장에서 가장 먼저 반응을 보이는 사람들이 추종자들을 설득하고, 군중을 이끄는 카리스마를 가진 자신감 충만한 이들이라고 판단했다.

비정치적 모임에서도 상황은 비슷하다. 주변을 둘러보지 않고 발표나 사건에 먼저 반응하는 사람들은 리더십의 자질을 가진 이들이다. 이들은 영향력을 행사하고 사람들을 설득하는 데 탁월한 재능을 보인다.

첫 박수의 힘: 리더를 만드는 응원

수백 명의 동료와 함께 강당에 앉아 대표의 새 아이디어 발표를 청취하고 있다고 해보자. 당신은 자신의 표정이 연단에 선 사람에게 보이지 않을 것이라고 생각할 수도 있다. 하지만 오산이다. 연단에 선 사람은 청중의 미소, 찡그림, 빛나는 눈동자, 인간의 지성을 상징하는 여러 신호들을 모두 파악한다.

　대표 역시 발표하는 동안 청중들을 다소 초조하게 살피며 모든 것을 본다. 시선, 공감하거나, 공감하지 않는 직원들 그리고 승자가 될 잠재력을 가진 이가 누구인지도 알아차린다. 어떻게 그럴까?

　청중석의 승자는 사장의 의견에 동의하지 않을 때도 지지를 보내기 때문이다. 그들은 연단에 서는 것이 어떤 것인지 잘 알고 있다. 아무리 강한 사람이라도 사람들 앞에서 연설할 때는 어떤 반응이 나올지 걱정될 수밖에 없다는 것을 이해하고 있다.

　회사의 거물이 마이크 앞에 서서, 장내를 뜨겁게 달구고 마지막 멋진 대사로 사람들의 마음을 사로잡을 때, 과연 그 리더가 누가 감동을 받았는지, 누가 무덤덤한지를 모를까? 그는 연설을 마무리 짓고 고개를 숙여 감사의 인사를 하면서도, 누가 첫 박수를 보냈는지, 박수를 얼마나 빠르고 열정적으로 쳤는지 정확히 기억한다. 가장 먼저 박수를 치고, 가장 먼저 일어서고, 그리고 분위기가 허락한다면 가장 먼저 '브라보'를 외쳐라. 이렇게 하면 연단 위의 사람이 누리는 기운의 일부를 공유할 수 있다.

　청중의 규모가 아무리 작아도, 격식 없는 자리여도 가장 먼저 박수를 쳐라. 기다렸다가 다른 사람들의 반응을 확인하지 마라. 몇 명만 있는 소규모 그룹에서도 발표자의 말에 가장 먼저 공감하고, 가장 먼저 "좋은 생각이야"라고 말하는 사람이 되어라. 그것은 자신의 본능을 믿는다는 뜻이다.

Winning Skill | **#79 청중을 리드하는 자가 리더다**

아무리 강한 사람이라도 연단에 설 때는 청중의 반응을 걱정하는 작은 고양이가 된다. 승자들은 다른 승자를 알아본다. 승자는 다른 승자가 연설할 때 청중석에서 긍정적인 반응을 리드하기 때문이다. 가장 먼저 박수를 치거나, 연설하는 사람을 공개적으로 칭찬하라.

80

고수는
자기 객관화에 뛰어나다

미식축구 팬들은 항상 경기의 점수를 알고 있으며, 일요일에 맥주 한 캔을 손에 쥐고 TV 앞에서 축구 경기를 즐기는 이들도 마찬가지다. 그를 깨워 물어보면 누가 앞서고 있는지, 점수 차이가 얼마나 되는지 정확히 답할 수 있다.

인생의 승자들도 이와 다르지 않다. 쉬고 있어 보여도, 그들은 자신과 주변 사람들의 '점수판'을 늘 의식하고 있으며, 가족과 친구들에 대해서도 그렇다. 그들은 누가 선두를 달리고 누가 뒤처져 있는지, 그 차이가 얼마나 되는지를 안다.

일본에서 두 사업가가 인사할 때, 고개를 숙이는 각도로 서열이 명확해진다. 코를 더 바닥에 가깝게 숙이는 사람이 지위가 낮은 것이다. 미국에서는 인사로 서열이 드러나진 않지만, 비즈니스 세계의 리더들은 항상 위계질서를 인지하고, 그것이 언제든 변할 수 있음을 잘 알고 있다.

지위가 낮은 사람은 더 공손히 인사하고, 상대방의 사무실에서 미팅을 제안하며, 식사 비용을 부담하고 상대의 시간을 존중해야 한다. 만약 윗사람에게 적절한 경의를 표하지 못한다면, 그 실수로 인해 미래의 큰 기회를 놓칠 수 있다.

내 친구 로라의 사례가 이를 잘 보여준다(앞에서 언급했던 친구다). 마지막으로 그녀를 만났을 때, 그녀는 프레드라는 슈퍼마켓 체인점 분야의 거물과 일할 기회를 잃었다. 그녀는 주소를 여러 번 헷갈리고, 펜이 안 나온다며 투덜거리는가 하면, 프레드가 제공한 제품 샘플 발송 기회마저, 택배사 선택을 두고 문제를 일으키며 낭비했다. 프레드가 페덱스를 추천하자, 로라는 냉장 트럭이 있는지를 물으며 상황을 더욱 복잡하게 만들었다.

당시 나는 로라가 스스로 기회를 걷어차고 있다는 것을 알 수 있었다. 슈퍼마켓의 황제에게 어떤 택배사를 이용해야 하느냐고 시답잖은 질문까지 하다니. 로라는 프레드에게 감사하고 다음 날 직접 그의 슈퍼마켓까지 밀크셰이크를 배달했어야 했다. 하지만 그녀는 모르고 있었다, 모든 것에는 점수가 매겨진다는 사실을. 그날 프레드가 모든 점수를 매겼고, 그녀는 1점도 얻지 못했다.

성공하는 사람들은 행동에 나서기 전에 내적으로 신속하게 계산한다. "이 관계로부터 가장 큰 이득을 얻는 사람은 누구지? 내 점수를 올리려면 어떻게 해야 할까?" 들고 있는 펜, 타이핑하는 손가락, 들리는 수화기, 누군가와 맺는 악수 모두가 관계의 균형을 재는 계기가 된다.

부지불식간에 매겨지는 점수

자세히 들여다보면 가정과 우정에서도 투명한 평가판이 돌아간다. 그 점수는 주가처럼 일상에서 요동친다. 실수를 저질렀을 때, 당신은 만회하기 위해 훨씬 더 많은 노력을 기울여야 하며, 결국엔 동점을 만들어내야만 한다. 자기 점수판을 잘 관리해야만 관계도 지속될 수 있다.

며칠 전, 전시회에서 만난 멋진 남자 찰스와 좋아하는 음식에 대해 이야기를 나눴다. 그는 직접 만든 페스토 소스 파스타를 좋아한다고 했다. 나는 찰스가 마음에 들었고, 나 역시 페스토 소스를 잘 만드는 편이었다. 이 두 가지 사실에 용기를 얻어 그를 저녁 식사에 초대했고, 그는 흔쾌히 수락했다. 우리는 다음 주 화요일 저녁 7시 30분으로 약속을 잡았다.

화요일 오후, 나는 중요한 날을 위한 준비를 시작했다. 벽에 걸린 뻐꾸기시계를 계속 확인했다. 5시에는 슈퍼마켓에 잣을 사러 갔다. 6시에는 집으로 돌아와 바질과 마늘을 갈았다. 7시, 나는 식탁 위에 잔뜩 접힌 냅킨과 새 양초를 놓았다. 시간은 촉박하게 흘러, 나는 빠르게 옷을 갈아입고 단장을 마쳤다. 7시 30분에 모든 준비가 끝났다. 페스토 소스와 함께 찰스를 기다렸다.

그러나 8시가 되어도 찰스의 그림자조차 보이지 않았다. 나는 마음을 가라앉히려 와인병을 열었다. 시간은 더디게 흘러갔고, 찰스는 여전히 오리무중이었다. 어느덧 뻐꾸기시계는 9시를 알렸다. 뻐꾸기 소리가 마치 나더러 '바보'라고 하는 것 같았다. 찰스는 오지 않았다. 나는 바람을 맞았다.

찰스는 다음날에야 연락을 해왔다. 차에 문제가 생겼다는 뻔한 핑계를 댔다. 내심 "화성에서 납치된 거야? 전화도 없는 곳에 숨었다 온 거야?"라고 비아냥거리고 싶었지만 참았다. 하지만 그의 다음 말이 마지막 희망을 날려버렸다.

그는 자신이 크게 점수를 잃었다는 사실을 모르는 듯했다. 실수를 만회하기 위해 맛있는 페스토 링귀니를 파는 이탈리아 레스토랑으로 초대하지는 못할망정 이렇게 말했으니 말이다.

"언제 다시 너희 집으로 갈까?"

그럴 일은 절대로 없을 거야, 찰리.

매력적인 의사소통으로 성공의 길을 여는 사람들

이 책에서 우리는 지금까지 많은 사람을 만났다. 일부 이름은 변경되었으나, 모든 이야기는 실화다. 최근에 나는 이들이 어떻게 지내고 있는지 알아보고자 했다.

직접 개발한 밀크셰이크로 성공을 꿈꿨던 로라는 대형 슈퍼마켓 거물에게 예의를 갖추지 못한 후, 여전히 원래 일을 하며 지낸다. 자신의 단체에 무료 강연을 해달라는 진짜 목적을 드러내지 않았던 샘은 더 이상 단체를 운영하고 있지 않다. 친척을 졸라 너무 성급하게 부탁 전화를 건 소니는 여전히 주유소에서 일한다. 내 부탁을 들어주고 너무 빨리 보답을 원했던 타니아는 더 이상 업계 최고의 연예기획사에서 일하지 않는다. 5년 전 크리스마스 파티에서 상사에게 일 이야기를 꺼낸 우편물실 직원 제인은 지금도 여전히 우편물실에서 일한다. 자동응답기에 기나긴 동기부여 메시지를 남긴 댄의 전화 번호는 지금은 없는 번호가 되어버렸다. 분명히 좋은 결과는 아니다.

다른 이야기도 있다. 사람들에게 시간의 색깔을 물었던 배리는 최근에 전미 토크쇼 진행자 협회에서 올해의 방송인으로 선정되었다. 상대와 나눈 대화를 명함 뒷면에 메모하던 조는 현재 주 상원의원이다. '눈빛 영업'의 전문가 지미는 최근 『석세스』에 소개글이 실렸다. 직원들에게 걸려 오는 모든 전화를 반갑게 받으라고 지시하는 스티브는 현재 케이블에서 매우 인기 있는 강연자다. 서비스가 마음에 들면 직원의 상사에게 칭찬 편지를 보내던 팀은 지금 여행사를 운영 중이다. 어디서든 자기를 상황에 맞게 어필할 줄 알았던 미용사 글로리아는 최근 뉴욕 5번가에 미용실을 열었다.

처음에 언급된 사람들이 실패했던 건 단지 무례함 때문일까? 후자가 성공한 이유는 주변에 미소를 선사했기 때문일까? 사실 그들의 평범한 일상 속 작은 행동들이 모여 결과를 만든 것이다.

생각해보라. 만약 로라나 소니, 타니아, 제인, 댄과 같은 사람들 때문에 불편했다면 그들이 도움을 청했을 때 기꺼이 도와주고 싶다는 생각이 들겠는가? 아마 그렇지 않을 것이다. 그들의 깔끔하지 못한 행동이 여전히 생생한 기억으로 남아있을 테니까 말이다.

그러나 배리, 조, 지미, 스티브, 팀, 글로리아와의 즐거웠던 대화는 여전히 당신을 기쁘게 할 것이다. 그런 사람들이라면 기꺼이 도와주고 싶어진다.

사소한 관계의 기술은 당신의 이익을 그야말로 수천 배로 불려줄 수 있다. 앞서 본 것처럼, 모든 성공은 혼자 힘으로 이루어진 것이 아니다. 승자들의 유창한 대화 기술은 많은 사람의 마음을 사로잡아,

그들의 도움으로 성공의 계단을 한 단계씩 오르게 했다.

어떻게 하면 울퉁불퉁한 길이 아니라 매끄러운 길로 나아갈 수 있을까? 지난겨울의 눈 내리는 어느 날, 눈처럼 투명한 답을 찾았다. 깔끔하게 단장된 크로스컨트리 스키 코스를 느릿느릿 내려가다가 같은 코스에서 빠르게 내려오는 사람을 발견했다. 그의 움직임만 봐도 프로임을 알 수 있었다.

마지막 힘을 짜내 욱신거리는 다리를 이끌고 코스 밖으로 나가려고 할 때, 그 스키어는 능숙하게 홈을 피하고 가뿐하게 내 옆을 스쳐 지나갔다. 나를 위해 길을 다져놓으면서 말이다. 그는 내 쪽으로 다가올 때 속도를 살짝 늦추더니 미소를 지으며 고개를 끄덕이며 말했다. "좋은 아침이네요. 스키 타기에 좋은 날씨죠?"

배려에 감사했다. 그는 "내가 지나간다!"가 아니라 "당신이 거기 있군요, 제가 자리를 비켜 드릴게요"라고 생각한 것이다.

이 책의 시작에서 언급했듯, 이 두 가지 태도를 가진 사람들이 인생에서 거두는 성공에는 엄청난 차이가 난다. 그 멋진 스키어는 어떻게 그렇게 우아한 동작을 해낼 수 있었을까? 타고난 기술일까? 아니다. 그것은 연습과 의도적인 행동 덕분이다.

연습은 원활한 의사소통의 원천이다. 탁월함은 우리가 이 책에서 살펴본 80가지 기술처럼 작지만 매끄러운 움직임이 오랫동안 모여 만들어진 결과다. 그리고 이 움직임은 당신의 운명을 만든다.

기억하라. 행동을 반복하면 습관이 된다.
당신의 습관이 당신의 성격을 만든다.

그리고 당신의 성격은 당신의 운명을 결정한다.

이제부터 성공은 당신의 운명이다.

Winning Skill | #80 소통의 품격을 높이라

성공적인 인간관계는 상대와 자기 자신의 '점수판'을 알고 적절히 작용하는 의사소통 기술에서 비롯된다. 비즈니스나 개인적인 상황에서 지위를 의식하고 존중의 표현을 하는 것은 원활한 관계 진전에 필수적이다. 작은 실수도 관계에서의 '점수'에 큰 영향을 미치며, 이를 회복하려면 상당한 노력이 필요하다. 그리고 유창한 대화 기술은 다른 이들과의 긍정적인 관계 구축 및 유지에 중요한 역할을 한다.

HOW TO TALK TO ANYONE

1   Ekman, Paul. 1985. *Telling Lies: Clues to Deceit in the Marketplace, Politics, and Marriage*. New York: W. W. Norton Co., Inc.

2   Cheng, Sha, et al. 1990. "Effects of Personality Type on Stress Response." *Acta-Psychologica-Sinica* 22(2):197–204.

3   Carnegie, Dale. 1936. *How to Win Friends and Influence People*. New York: Simon & Schuster.

4   Goleman, Daniel. 1989. "Brain's Design Emerges as a Key to Emotions," quoting Dr. Joseph LeDoux, psychologist at Center for Neural Science at New York University. *New York Times*, August 15.

5   Kellerman, Joan, et al. 1989. "Looking and Loving: The Effects of Mutual Gaze on Feelings of Romantic Love." Conducted at the Agoraphobia Treatment & Research Center of New England. *Journal of Research in Personality* 23(2): 145–161.

6   Argyle, Michael. 1967. *The Psychology of Interpersonal Behavior*. Baltimore: Pelican Publications.

7   Wellens, A. Rodney. 1987. "Heart-Rate Changes in Response to Shifts in Inter-

personal Gaze from Liked and Disliked Others." *Perceptual and Motor Skills* 64(2):595–598.

8 위의 책.

9 지그 지글러Zig Ziglar는 동기부여의 대가로서 다음과 같은 베스트셀러로 유명하다. *See You at the Top, Secrets of Closing the Sale, Over the Top,* and *Something to Smile About.*

10 Curtis, Rebecca C., and Miller, Kim. 1986. "Believing Another Likes or Dislikes You: Behaviors Making the Beliefs Come True." *Journal of Personality and Social Psychology* 51(2):284–290.

11 Hayakawa, S. I. 1941. *Language in Thought and Action.* New York: Harcourt Brace Jovanovich.

12 교육 발전을 위한 카네기 재단Carnegie Foundation for the Advancement of Teaching과 카네기 기술 연구소Carnegie Institute of Technology의 1930년대 연구에 따르면 공학과 같은 기술 분야에서조차 재정적인 성공의 85퍼센트는 의사소통 기술에 기인한다.

13 미국 고용, 훈련 및 경영 관행 인구총조사국U.S. Census Bureau of Hiring, Training, and Management은 전국 3,000명의 고용주를 대상으로 설문조사를 실시했다. 그 결과 고용주가 지원자들에게 선호하는 자질은 중요성 순으로, 태도, 의사소통 기술, 이전 업무 경험, 현재 고용주의 추천, 이전 고용주의 추천, 산업 기반 자격증, 학력, 면접시험 점수, 학업 성적(학점), 출신 학교의 평판, 교사 및 교수 추천 순으로 나타났다.

14 Walsh, Debra G., and Hewitt, Jay. 1985. "Giving Men the Come-On: Effect of Eye Contact and Smiling in a Bar Environment." *Perceptual and Motor Skills* 61(3, Part 1): 873–874.

15 Walters, Lilly. 1995. *What to Say When You're Dying on the Platform.* New York: McGraw-Hill.

16 Axtell, Roger. 1994. *Do's and Taboos Around the World.* New York: John Wiley & Sons, Inc.

Bosrock, Mary. 1997. *Put Your Best Foot Forward series.* Minneapolis: International Education Systems.

Nwanna, Gladson. 1998. *Do's and Don'ts Around the World serie*s. Baltimore: World Travel Institute.

아주 작은 대화의 기술

1판 1쇄 발행 2024년 5월 24일
1판 6쇄 발행 2024년 10월 11일

지은이 레일 라운즈
옮긴이 정지현
발행인 박명곤 **CEO** 박지성 **CFO** 김영은
기획편집1팀 채대광, 김준원, 이승미, 김윤아, 이상지
기획편집2팀 박일귀, 이은빈, 강민형, 이지은, 박고은
디자인팀 구경표, 유채민, 임지선
마케팅팀 임우열, 김은지, 전상미, 이호, 최고은

펴낸곳 (주)현대지성
출판등록 제406-2014-000124호
전화 070-7791-2136 **팩스** 0303-3444-2136
주소 서울시 강서구 마곡중앙6로 40, 장흥빌딩 10층
홈페이지 www.hdjisung.com **이메일** support@hdjisung.com
제작처 영신사

© 현대지성 2024

"Curious and Creative people make Inspiring Contents"
현대지성은 여러분의 의견 하나하나를 소중히 받고 있습니다.
원고 투고, 오탈자 제보, 제휴 제안은 support@hdjisung.com으로 보내 주세요.

현대지성 홈페이지

이 책을 만든 사람들
기획·편집 채대광 **디자인** 구혜민